Nuevas investigaciones sobre la gestión de la empresa familiar en España

Editor: Dr. Vicenc Fernandez

Editor: Dr. Vicenc Fernandez

Universitat Politècnica de Catalunya, BarcelonaTech

vicenc.fernandez@upc.edu

ISBN: 978-84-940234-5-3

DL: B-10532-2013

DOI: http://dx.doi.org/10.3926/oms.14

© OmniaScience (Omnia Publisher SL) 2013

Diseño de cubierta: OmniaScience

Impreso por Createspace

Índice

OmniaScience

Presentación

Avance en el conocimiento de la empresa familiar española

Vicenc Fernandez

Universitat Politècnica de Catalunya. BarcelonaTech (España)

vicenc.fernandez@upc.edu

Doi: http://dx.doi.org/10.3926/oms.104

1. Introducción

En la actualidad, la sociedad española está en un proceso de cambio hacia un nuevo modelo productivo, basado en actividades de alto valor añadido y de la economía del conocimiento, que permita mejorar la productividad y por tanto la competitividad. Para ello, es necesario estimular la innovación en el tejido empresarial español, en donde las empresas familiares tienen un destacable lugar.

Este libro se centra en aportaciones científicas que permitan comprender la situación actual de la empresa familiar española, las causas que han llevado a ella y su posible evolución a medio y largo plazo. También intenta proporcionar estrategias y pautas que permitan superar la situación actual de crisis desde distintas y diversas perspectivas. Las aportaciones proporcionan una visión, tanto global como específica, de diversas áreas de la empresa sobre cómo las empresas familiares españolas podrían seguir o llegar a ser más competitivas.

Los colaboradores del libro son expertos provenientes del mundo académico y profesional, especialistas en los campos de la Estrategia, la Economía, la Producción y la Logística, la Dirección de Personas, los Sistemas y las Tecnologías de la Información, la Dirección Financiera, el Marketing, y las Ciencias de la Información. Inicialmente se recibieron 19 propuestas de investigación, que tras dos rondas de revisión se redujeron a 8 capítulos científicos de una alta calidad. Los 22 investigadores que han participado en la elaboración de este libro pertenecen a 7 prestigiosas universidades.

2. Marco conceptual

Los lectores podrán comprobar que los capítulos científicos seleccionados, e incluidos en este libro, cumplen altos criterios de calidad y forman un amplio abanico de temas propios de la investigación en empresas familiares. El libro se divide en 4 secciones: Introducción, Comportamiento organizativo en la empresa familiar, Estrategia y planificación en la empresa familiar, y Educación, formación y habilidades profesionales en la empresa familiar.

La sección "Introducción" está compuesta por dos capítulos: la presente editorial en donde se expone un breve resumen de las principales contribuciones de los capítulos científicos que forman este libro; y un capítulo escrito por Marc Bernadich y David Urbano, cuyo objetivo es realizar una revisión de literatura sobre los factores del entorno que condicionan la creación y el desarrollo de empresas familiares a la luz del enfoque institucional. Más concretamente, los autores identifican y analizan los trabajos que tratan factores socio-culturales, profundizando en aquéllos que la literatura considera más relevantes. Dicha revisión de la literatura propone un enfoque distinto a las aproximaciones teóricas utilizadas hasta la fecha, centrándose en los factores socio-culturales que afectan a la creación y desarrollo de empresas familiares.

La segunda sección, denominada "Comportamiento organizativo en la empresa familiar", también esta formada por dos capítulos. El primero está escrito por Pedro Juan Martín Castejón y Lorena Martínez Martínez, cuyo tema de estudio es la gestión de conflictos en la empresa familiar. Acorde con su trabajo, las empresas familiares se caracterizan por la combinación de temas laborales y familiares, lo que conlleva a un sistema sumamente complejo en interacciones, puesto que al tratamiento de las emociones de la familia deben sumarse las decisiones estratégicas que la empresa debe tomar. En consecuencia la empresa familiar se encuentra ante el dilema de posicionarse y orientarse al mercado y lograr así la máxima eficiencia u orientarse y posicionarse hacia la familia, para atender sus necesidades. Desde esta premisa, Pedro Juan Martín Castejón y Lorena Martínez Martínez presentan y analizan las principales causas de conflicto en la empresa familiar.

El segundo capítulo escrito por Pep Simo, Jose M. Sallan y Manel Rajadell trata de los distintos compromisos existentes en las empresas familiares. Para ello, los autores realizan una revisión de la literatura sobre las distintas perspectivas y clasificaciones del compromiso organizativo como paso previo a un estudio empírico del compromiso organizativo en empresas familiares españolas. El objetivo del estudio es analizar la existencia de distintos tipos de compromiso, así como comprobar la presencia de relaciones entre el compromiso, ciertos comportamientos organizativos y algunos indicadores clásicos.

La tercera sección "Estrategia y planificación en la empresa familiar" tiene tres capítulos científicos. El primero de ellos está desarrollado por los investigadores Tomás Bañegil Palacios,

Ascensión Barroso Martínez y Ramón Sanguino Galván. Acorde con los autores, el aspecto más distintivo y valioso que poseen las empresas familiares es el conocimiento, del que se derivan la mayor parte de sus características propias. En esta línea, una de las claves de la supervivencia de la empresa familiar es la transferencia de conocimientos entre los miembros de la familia y los cambios que las nuevas generaciones deben llevar a cabo para adaptarse. Además, el capítulo muestra el ciclo SECI: una adaptación en el ámbito de las empresas familiares de la espiral de creación de conocimiento de Nonaka y Takeuchi.

El siguiente capítulo de la sección trata la planificación fiscal de la sucesión de la empresa familiar y está escrito por Mª Gabriela Lagos Rodríguez. El objetivo de este capítulo es poner de manifiesto la importancia de la planificación fiscal en el proceso de sucesión, desde el carácter instrumental de la fiscalidad respecto a los objetivos estratégicos de la empresa. El resultado no es una propuesta genérica para la sucesión empresarial a partir del mero análisis de la fiscalidad, sino que, considerando las diferentes opciones que se pueden presentar en la sucesión, se analiza cómo los instrumentos fiscales se pueden adaptar con el objetivo de facilitar el traspaso generacional y minorar su carga.

El último capítulo de esta sección está escrito por Alfonso Chiner Furquet, y expone una listado de buenas prácticas basadas en aplicaciones reales de Protocolos Familiares en las empresas familiares en España. A partir del trabajo iniciado en su tesis doctoral y tras más de diez años de experiencia analizando la influencia que han tenido los Protocolos Familiares en la propiedad, el gobierno y la gestión de distintas empresas familiares de España que disponen de un Protocolo Familiar, el autor ha sido capaz de exponer diez razones contrastadas que se han producido recurrentemente, y que desde el marco académico ha ido conceptualizando.

La cuarta y última sección de este libro "Educación, formación y habilidades profesionales en la empresa familiar" está formada por dos capítulos, ambos escritos por los autores Linda García Rodriguez, Darío Fuentes Guevara, Beatriz Pico González, Marta Mas Machuca y Miquel Subirachs Torne. El primer capítulo tiene como propósito principal el diseño de un plan estratégico docente, con características interdisciplinarias para la formación de estudiantes universitarios hacia la creación y dirección de empresas familiares, dando respuesta a las necesidades y demandas de la sociedad. Especialmente, tras observar que la educación a nivel universitario en gestión, dirección y administración de empresas es muy general y centra su atención en el análisis de las grandes empresas y en su administración más que en su creación.

El objetivo principal del segundo capítulo de esta sección se enfoca en el diseño de un modelo de planificación aplicando la Teoría del Caos y la Complejidad, sustentado en la estructura, los procesos, la responsabilidad social y el perfil directivo para la gestión directiva de empresas privadas y familiares del sector educativo de nivel superior. Todo ello con la finalidad de proporcionar una herramienta a las universidades que les permita ser sostenibles y productivas, permitiendo garantizar así su existencia y teniendo en cuenta que los sistemas administrativos constituyen una función básica en las organizaciones.

3. Agradecimientos

Finalmente, me gustaría agradecer el trabajo de todos los autores que han participado en la elaboración del presente libro, así como el apoyo constante que hemos recibido por parte de los responsables de la editorial OmniaScience.

Referenciar este libro

Fernandez, V. (Ed.) (2012). *Nuevas investigaciones sobre la gestión de la Empresa Familiar en España*. Barcelona: OmniaScience.

Capítulo 1

Creación y desarrollo de Empresas Familiares: Una revisión de literatura desde el enfoque institucional

Marc Bernadich, David Urbano

Universitat Autònoma de Barcelona (España)

mbernadich@fub.edu, david.urbano@uab.cat

Doi: http://dx.doi.org/10.3926/oms.13

1. Introducción

En las últimas décadas la investigación sobre Empresa Familiar se ha desarrollado de forma muy notable, acentuándose su importancia como campo de investigación dentro del área de la Dirección de Empresas (Rogoff & Heck, 2003; Debicki, Matherne, Kellermanns & Chrisman, 2009; Benavides Velasco, Guzman Parra & Quintana Garcia, 2011). Así mismo, medir la importancia en términos relativos de la Empresa Familiar con respecto al total del tejido empresarial, resulta una labor muy compleja, sobre todo por la falta de consenso en su definición. A pesar de ello, existen estudios que indican que en España el peso de la Empresa Familiar se encuentra alrededor del 80% del total de empresas (González & Gómez, 2009), mientras que en la zona euro y en Estados Unidos alcanza el 60% y 90%, respectivamente (Howorth, Rose, Hamilton & Westhead, 2010; Lumpkin, Steier & Wright, 2011). Estos datos ilustran la relevancia de este campo de estudio y justifican el interés de la academia por conocer cómo se crean y desarrollan las empresas familiares (Sharma, 2004). Aún así, pocos estudios existen hasta el momento sobre la evolución de la literatura al respecto, sobre todo desde una perspectiva institucional.

Así pues, el objetivo principal de este trabajo es realizar una revisión de literatura sobre los factores del entorno que condicionan la creación y el desarrollo de empresas familiares a la luz del enfoque institucional (North, 1990, 2005). En este sentido, después de una breve aproximación al concepto de Empresa Familiar, se identifican y analizan los trabajos que tratan sobre los factores socio-culturales que condicionan la creación y el desarrollo de empresas familiares, profundizando en aquéllos que la literatura considera más relevantes.

En cuanto a la metodología, se han realizado dos tipos de búsquedas bibliográficas. La primera de ellas hace referencia a la revisión de artículos que contenían las palabras clave "entrepreneurship" (emprendimiento) y "family business/firm" (Empresa Familiar) con la intención de delimitar el estado de desarrollo de las investigaciones acerca de la creación y desarrollo de empresas familiares. La segunda búsqueda se ha efectuado a través de las palabras clave "socialization process" (proceso de socialización), "role models" (modelos de referencia), "social networks" (redes sociales) y "attitudes" (actitudes) combinadas con "family business/firm", con la finalidad de profundizar en el análisis de los factores socio-culturales que intervienen en el proceso de creación y desarrollo de las empresas familiares. Para ambas búsquedas se consideró el periodo 1980-2011 y se seleccionaron las revistas del *Social Sciences Citation Index* (SSCI) de Thomson Reuters incluidas en el *Journal Citation Reports* (JCR), relativas al área de Empresa Familiar (*Family Business Review*) y de emprendimiento (*Small Business Economics, International Small Business Journal, Journal of Business Venturing, Journal of Small Business Management, Entrepreneurship Theory & Practice, Entrepreneurship & Regional Development and Strategic Entrepreneurship Journal*). Además también se consideraron las publicaciones de carácter más general y de mayor impacto JCR correspondientes al área de gestión de empresas (*Academy of Management Review, Academy of Management Journal and Strategic Management Journal*). Adicionalmente se agregó bibliografía procedente de revistas con otros índices de impacto y libros clásicos del área, para facilitar la comprensión de los conceptos clave desarrollados en este trabajo.

Por lo que respecta a las principales contribuciones, la presente revisión de literatura propone un enfoque distinto a las aproximaciones teóricas utilizadas hasta la fecha, centrándose en los factores socio-culturales que afectan a la creación y desarrollo de empresas familiares. Como se verá más adelante, la mayoría de investigaciones realizadas han utilizado la teoría de la agencia para analizar los aspectos relacionados con la eficiencia y los resultados de la Empresa Familiar, y la teoría de recursos y capacidades para estudiar las similitudes y diferencias entre los recursos de las empresas familiares y no familiares. Sin embargo, estos enfoques no consideran el entorno socio-cultural, especialmente muy relevante para el caso de la Empresa Familiar. En este sentido, la perspectiva institucional (North, 1990, 2005) puede ser de gran utilidad para analizar este tipo de factores. En concreto, los resultados obtenidos en el presente trabajo ponen de manifiesto la repercusión que los factores institucionales informales (entre ellos, el proceso de socialización, los modelos de referencia, las redes sociales y las actitudes) tienen en el estímulo y desarrollo de este sector empresarial. Además, desde una perspectiva práctica, tales resultados pueden ser de gran utilidad para orientar a los organismos y administraciones públicas responsables del diseño de políticas de estímulo de la creación y desarrollo de empresas familiares.

En referencia a la estructura del trabajo, después de esta breve introducción se propone el marco conceptual de referencia para el análisis de las investigaciones publicadas sobre creación y desarrollo de Empresas Familiares. En el siguiente apartado se discuten los principales resultados del estudio y finalmente, se presentan las conclusiones más relevantes del trabajo así como posibles líneas futuras de investigación.

2. Marco conceptual

2.1. La Empresa Familiar: Propuesta de una definición y trayectoria del área de investigación

Como se ha comentado anteriormente, en los últimos años se ha producido un creciente interés en el estudio de las empresas familiares desde diversos campos y disciplinas (Stewart, 2008). Esta tendencia no es sorprendente dado que el tejido económico de la mayoría de países occidentales está dominado por las empresas familiares (Astrachan, Klein & Smyrnios, 2002; Howorth et al., 2010). En concreto, existe la necesidad de aplicar marcos conceptuales innovadores en el análisis de las particularidades de la Empresa Familiar. Para ello, es importante contar con un concepto de Empresa Familiar que permita comparar resultados, por un lado, y construir un marco teórico sólido, por otro. No obstante, hasta el momento no existe un criterio claro ni una definición unánimemente aceptada (Colli, 2003; Chrisman, Chua & Sharma, 2005; Debicki et al., 2009), aunque sí se han destacado las dimensiones y características fundamentales de la Empresa Familiar. A continuación, en la Tabla 1 se sintetizan algunas de las definiciones más relevantes.

De las definiciones anteriores, se destaca la de Litz (1995), que además de considerar el papel fundamental del tipo de propiedad y de dirección, refleja también la intención de los miembros de la Empresa Familiar, en la formación y desarrollo de la misma, aproximándose en mayor medida a los aspectos culturales de interés para la presente investigación. En esta misma línea, el modelo de los tres círculos de Tagiuri y Davis (1996) constituye una propuesta a la estructura de la Empresa Familiar, así como a los posibles roles que se pueden producir en la misma, donde existe una clara interdependencia entre familia, empresa y propiedad (ver Figura 1).

En cuanto a los enfoques teóricos desarrollados en este campo, cabe destacar especialmente los trabajos que emplean la teoría de la agencia para analizar los aspectos relacionados con la eficiencia y los resultados de la Empresa Familiar (por ejemplo, Gallo, 1996; Schulze, Lubatkin & Dino 2003; Pearson, Carr & Shaw, 2008), y aquellos que hacen uso de la teoría de recursos y capacidades para analizar las similitudes y diferencias entre los recursos de las empresas familiares y no familiares (por ejemplo, Steier, 2003; Zahra, Hayton, & Salvato, 2004). Sin embargo, si bien estas perspectivas resultan válidas para un análisis más economicista, dejan al margen el estudio de la repercusión que tienen los factores del entorno, los cuales son muy importantes especialmente para el caso de la Empresa Familiar (Hall, Melin & Nordqvist, 2001; Thornton, Ribeiro-Soriano & Urbano, 2011). Por ello, esta investigación utiliza, tal como se verá en el siguiente apartado, la teoría económica institucional (North, 1990, 2005) como marco teórico de referencia, dada su adecuación para el estudio de los factores socioculturales que condicionan la creación y desarrollo de empresas familiares.

Autor-es (año)	Definición
Donnelley, 1964	Una empresa se considera Empresa Familiar cuando se identifican en la misma al menos dos generaciones de una familia y cuando este vínculo ha tenido una influencia en la política de la empresa y sobre los intereses y objetivos de la familia.
Barry, 1975	La empresa, que, en la práctica, está controlada por los miembros de una misma familia.
Barnes & Harrison, 1976	Empresa en la cual, el control y la propiedad están en manos de miembros de una misma familia.
Dyer, 1988	Una Empresa Familiar es una organización en la que las decisiones respecto a su propiedad y/o gestión dependen de una familia (o varias familias).
Churchill, 1986	Se suele entender por Empresa Familiar aquella empresa donde hay un joven miembro de la familia que va a asumir el control del negocio de manos de un antecesor miembro de la familia.
Lansberg, 1988	Una empresa en la que los miembros de una familia tienen el control legal sobre propiedad.
Litz, 1995	Aquella empresa donde la propiedad y la dirección están concentradas dentro de la unidad familiar, y que dicha unidad familiar se esfuerza para mantener y aumentar las relaciones intra-organizacionales basadas en las relaciones familiares.
Tagiuri & Davis, 1996	Es la interacción entre dos tipos de organización, la familia y las empresas, que establece el carácter básico de la Empresa Familiar, y define su singularidad.
Chua, Chrisman & Sharma, 1999	La Empresa Familiar puede definirse a partir de la propiedad y control por parte de la familia, pero es necesario distinguir en cuanto al tipo de control de la propiedad.
Astrachan, Klein & Smyrnios, 2002	Una cuestión más importante aún que si una empresa es o no familiar, sería en qué medida y manera la familia influencia en la Empresa Familiar. Así pues, hay tres dimensiones que condicionan el desarrollo de la Empresa Familiar: el poder, la experiencia y la cultura.
Chrisman, Chua & Sharma, 2005	Las definiciones de Empresa Familiar parecen coincidir en las dimensiones de "implicación" en la gestión y de "esencia" (influencia, deseo de mantener el control de la empresa, comportamiento empresarial y la propiedad de recursos y capacidades inherentes a la familia). La definición de Empresa Familiar tiene que permitir diferenciarlas de las no familiares a efectos teóricos y prácticos.
Sharma, Chrisman & Gersick, 2012	En la línea de Chrisman, Chua y Sharma (2005), en la literatura destacan dos aproximaciones para definir Empresa Familiar y distinguirla de otro tipo de organizaciones. La primera tiene que ver con la naturaleza y el grado de implicación de la familia en la empresa. La segunda se refiere a la implicación de la familia en la empresa, pero también a las aspiraciones que tiene la familia, combinación que origina un comportamiento y unos resultados determinados en la Empresa Familiar.

Tabla 1. Definiciones más relevantes de Empresa Familiar

Tal como se mencionó anteriormente, Benavides et al. (2011) sintetizan la trayectoria de la investigación en Empresa Familiar desde el primer artículo publicado por Trow (1961) hasta la actualidad. Este análisis coincide con el de Debicki et al. (2009), que sugiere que el lanzamiento de esta disciplina se produjo a mediados años 80 cuando la publicación de artículos relacionados con la Empresa Familiar tomó un volumen importante. También cabe señalar que las temáticas de investigación se han ido multiplicando a medida que se ha ido desarrollando la disciplina. Tradicionalmente los temas más tratados han sido la sucesión, el gobierno corporativo y la dirección estratégica (Howorth et al., 2010). A mediados de los años 90 empieza la irrupción de las investigaciones referentes a emprendimiento e innovación (Lumpkin et al., 2011), siendo en la actualidad el séptimo tema más tratado (Benavides et al., 2011).

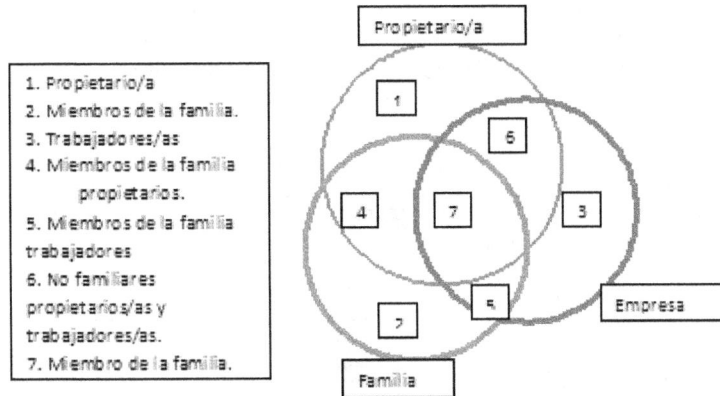

1. Propietario/a
2. Miembros de la familia.
3. Trabajadores/as
4. Miembros de la familia propietarios.
5. Miembros de la familia trabajadores
6. No familiares propietarios/as y trabajadores/as.
7. Miembro de la familia.

Figura 1. Roles en la Empresa Familiar (Tagiuri & Davis, 1996)

2.2. Creación y desarrollo de empresas familiares

A partir de la metodología de búsqueda de trabajos explicada anteriormente, se han derivado varios resultados descriptivos. Por lo que hace referencia a los años de publicación, en la Figura 2 se observa que la aparición de artículos sobre creación y desarrollo de empresas familiares se sitúa alrededor de 1993 (Brockhaus, 1994). Posteriormente se han multiplicado las aportaciones, especialmente en los últimos años, hecho que indica el aumento de interés por parte de los investigadores.

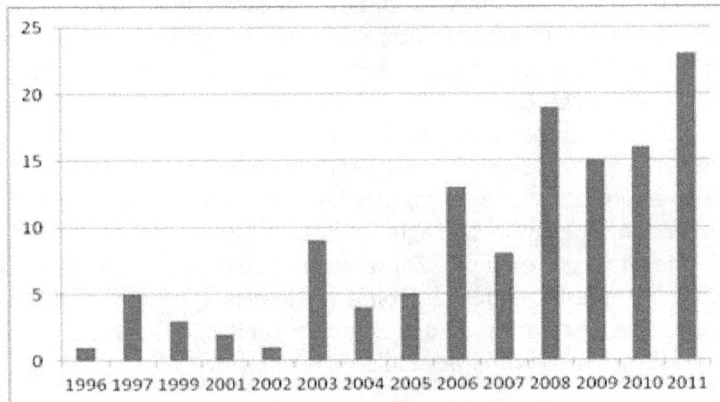

Figura 2. Publicaciones por año en creación y desarrollo de empresas familiares

Respecto a las revistas, son *Entrepreneurship Theory and Practice* (27) y *Journal of Business Venturing* (18) y la especializada *Family Business Review* (26), las que mayor número de publicaciones han registrado sobre esta temática (ver Tabla 2). Además, cabe añadir, que varias de las revistas consideradas han publicado números especiales sobre el tema en cuestión, como por ejemplo: *Journal of Business Venturing* (2003), *Journal of Small Business Management*

(2008), *Family Business Review* (2009), *Entrepreneurship Theory and Practice* (2010) y *Strategic Entrepreneurship Journal* (2011). De esta manera, se puede afirmar que tanto el aumento de artículos como de números especiales publicados, están contribuyendo a la consolidación de esta área de estudio.

Revista	Nº artículos	%
Entrepreneurship Theory and Practice	27	21,77
Family Business Review	26	20,97
Journal of Business Venturing	18	14,52
Small Business Economics	13	10,48
Journal of Small Business Management	12	9,68
Entrepreneurship and Regional Development	11	8,87
International Small Business Journal	11	8,87
Strategic Entrepreneurship Journal	5	4,03
Academy of Management Review	1	0,81
Total	**124**	**100**

Tabla 2. Revistas con más artículos publicados

Por lo que hace referencia a los artículos, en la Tabla 3 se presentan los autores y trabajos que han recibido mayor número de citaciones (según JCR). A continuación se muestran los 10 trabajos más citados.

El artículo que cuenta con más citas (126) es el de Aldrich y Cliff (2003) que da una visión amplia del tema del emprendimiento en el ámbito familiar, profundizando en temas relacionados con los valores culturales de la familia. En segundo lugar, la investigación de Stewart, Watson, Carland y Carland (1999) -con 95 citas-, analiza los factores que afectan a la propensión a emprender basándose en tres aspectos básicos: la autorrealización, la propensión al riesgo y la preferencia por la innovación. En el caso de la autorrealización, se señala que el entorno familiar es muy determinante. En tercer lugar, el trabajo de Greve y Salaff (2003) -con 94- constituye un valioso estudio sobre las redes sociales y su impacto en la creación de empresas. Los autores sugieren que los emprendedores siguen manteniendo las relaciones que tenían con anterioridad a la fundación de la empresa, y destacan que las redes familiares están presentes en todas las fases previas a la creación de la empresa. Seguidamente, existen varios artículos que cuentan con un número similar de citas, por ejemplo: Zahra et al. (2004) investigan el efecto de la cultura organizativa tanto en empresas familiares como no familiares. Kuratko, Hornsby y Naffziger (1997) explican el proceso de creación de una Empresa Familiar, destacando la importancia de la variable seguridad familiar en las primeras etapas de la empresa.

Puede decirse, a partir de lo expuesto anteriormente, que el campo de investigación sobre la creación y desarrollo de empresas familiares se está desarrollando paulatinamente, aunque en los últimos años se ha acelerado la publicación de artículos sobre esta materia. No obstante, el estudio y la profundización de los factores explicativos del emprendimiento familiar, precisa de nuevos enfoques teóricos que permitan avanzar en la comprensión de cómo se crean y desarrollan las empresas familiares. A continuación se propone la Teoría Económica Institucional como marco teórico de referencia para contribuir a ello.

Autor-es (año)	Título	Revista	Citas
Aldrich & Cliff, 2003	"The pervasive effects of family on entrepreneurship: toward a family embeddedness perspective"	Journal of Business Venturing	126
Stewart, Watson, Carland & Carland, 1999	"A proclivity for entrepreneurship: A comparison of entrepreneurs, small business owners, and corporate managers"	Journal of Business Venturing	95
Greve & Salaff, 2003	"Social networks and entrepreneurship"	Entrepreneurship Theory and Practice	94
Zahra, Hayton, & Salvato, 2004	"Entrepreneurship in family vs. non-family firms: A resource-based analysis of the effect of organizational culture"	Entrepreneurship Theory and Practice	66
Kuratko, Hornsby & Naffziger, 1997	"An examination of owner's goals in sustaining entrepreneurship"	Journal of Small Business Management	64
Zahra, 2005	"Entrepreneurial risk taking in family firms"	Family Business Review	62
Zahra, 2003	"International expansion of US manufacturing family businesses: the effect of ownership and involvement"	Journal of Business Venturing	60
Buttner & Moore, 1997	"Women's organizational exodus to entrepreneurship: Self-reported motivations and correlates with success"	Journal of Small Business Management	53
Wright, Robbie & Ennew, 1997	"Venture capitalists and serial entrepreneurs"	Journal of Business Venturing	48
Olson, Zuiker, Danes, Stafford, Heck & Duncan, 2003	"The impact of the family and the business on family business sustainability"	Journal of Business Venturing	42

Tabla 3. Artículos con mayor número de citas

2.3. El enfoque institucional y la creación y desarrollo de empresas familiares

La Teoría Económica Institucional y más concretamente North (1990, 2005) considera un concepto amplio de instituciones, definiéndolas como las reglas de juego que hacen posible la interacción humana. A su vez, North distingue entre instituciones formales (reglamentaciones, constituciones, normativas, etc.) e informales (creencias, valores, ideas, actitudes, etc.). La relación dinámica entre ambas constituirá el marco institucional en el cual se lleva a cabo dicha interacción humana.

En este sentido, si aplicamos los planteamientos de North para el estudio del emprendimiento, se deduce que las instituciones formales representan los costes, trámites, procedimientos en la creación de una empresa, las ayudas y los mecanismos de apoyo, etc., mientras que las instituciones informales tendrán que ver con el espíritu emprendedor, la cultura emprendedora, etc.

Varios son los autores del campo de la creación de empresas que han utilizado dicha teoría como sustento conceptual de sus investigaciones (Welter, 2005; Aidis, Estrin & Mickiewicz, 2008; Veciana & Urbano, 2008; Alvarez & Urbano, 2011; Thornton et al., 2011; entre otros), aunque ninguno de ellos específicamente en el área de Empresa Familiar.

Según este enfoque, el entorno condiciona las decisiones y el comportamiento de los individuos (Shapero & Sokol, 1982). De esta manera, la decisión de crear una empresa vendrá explicada tanto por las instituciones formales como por las informales, a pesar de que en el caso de la Empresa Familiar, la importancia de las instituciones formales (trámites de constitución, ayudas de las administraciones públicas, etc.) serán menos relevantes, ya que afectará de forma similar a toda empresa de un mismo marco institucional, mientras que las informales (aspectos culturales relacionados con el emprendimiento) serán fundamentales para explicar la existencia de la Empresa Familiar (Colli, 2003; Corbetta & Salvato, 2004; Ward, 2006). Así pues, y en la línea de la sugerencia de Stewart (2008) de utilizar nuevos marcos teóricos para los trabajos en Empresa Familiar, la presente revisión de literatura se centrará en las instituciones informales como determinantes de la creación y desarrollo de las empresas familiares.

2.4. Las instituciones informales y la creación y desarrollo de empresas familiares

Análisis cualitativo

En esta investigación, las instituciones informales estarán constituidas por los siguientes aspectos socio-culturales: el proceso de socialización, los modelos de referencia, las redes sociales y las actitudes hacia la creación de empresas. Una vez efectuada la búsqueda de artículos (comentada anteriormente en el apartado introductorio - búsqueda relativa a los factores socio-culturales -) y realizado su análisis, se identificaron 75 trabajos relacionados con los factores informales que afectan a la creación y desarrollo de las empresas familiares. De los 75 artículos, la mayoría tratan sobre el proceso de socialización (44%), seguidos de las redes sociales y los modelos de referencia (ambos 17.33%) y finalmente las actitudes (13.33%) (consultar Anexo 1, para más detalle de los artículos). Además, algunos trabajos analizan más de un factor simultáneamente, considerándolos en esta revisión bibliográfica como mixtos (8%). A continuación se desarrolla cada unos de los factores considerados.

Proceso de socialización

La socialización es el proceso mediante el cual los individuos pertenecientes a una sociedad determinada aprenden e interiorizan un repertorio de valores culturales y formas de percibir la realidad, que les permite desempeñarse satisfactoriamente en la interacción social (Vallejo, 2008). Si nos centramos en el caso de la Empresa Familiar, el proceso de socialización es el proceso mediante el cual los miembros de la familia aprenden los valores, normas, tradiciones y comportamientos que influyen tanto en su personalidad como en la empresa (Garcia-Alvarez, Lopez-Sintas & Saldana, 2002; Astrachan et al., 2002; Sharma, 2004; Sharma & Manikutty, 2005). Según la revisión de la literatura efectuada, el 44% de los trabajos encontrados indagan sobre las creencias y valores que comparten los miembros de la familia. En este sentido existen investigaciones que profundizan en aspectos étnicos (Bhalla, Henderson & Watkins, 2006; Steier, 2009), en temas relativos a los valores (Yan & Sorenson, 2006), a la cultura familiar (Zahra, Hayton & Salvato, 2004; Steier, Chrisman & Chua, 2004; Zahra, Hayton, Neubaum, Dibrell & Craig, 2008; Chirico & Nordqvist, 2010) y sobre las relaciones entre el poder, la experiencia y la cultura en la Empresa Familiar (Klein, Astrachan & Smyrnios, 2005; Bjoernberg & Nicholson, 2007, Rutherford, Kuratko & Holt, 2008; Holt, Rutherford & Kuratko, 2010).

Las características de la comunidad donde opera la empresa puede influir en el proceso de socialización y por ello también se trata en algunos de los artículos identificados (Sharma & Manikutty, 2005; Yan & Sorenson, 2006; Zahra et al., 2008; Fitzgerald, Haynes, Schrank & Danes, 2010). Además existen numerosos trabajos acerca del capital social, su estructura en la Empresa Familiar y el efecto en su desempeño (Pearson, Carr & Shaw, 2008; Steier, 2009; Carr, Cole, Ring & Blettner, 2011).

Merece especial atención el proceso de sucesión en la Empresa Familiar. Es evidente que la forma de hacerlo influye en el proceso de socialización de las personas pertenecientes a la familia, y muy especialmente a las nuevas generaciones (Gersick, Davis, Mccollom & Lansberg, 1997; Pistrui, 2005; Salvato, Chirico & Sharma, 2010). Este tema ha sido tratado profundamente, aunque casi siempre desde una perspectiva de continuidad en el negocio y poco en lo que hace referencia a la transmisión del espíritu emprendedor (Steier, Chrisman & Chua, 2004, Steier, 2009). Los trabajos que exploran los procesos de sucesión destacan los factores intervinientes así como las formas que se utilizan y su impacto en el desempeño de la Empresa Familiar (Royer, Simons, Boyd & Rafferty, 2008).

El conflicto Empresa Familiar-Familia también es un tema recurrente, destacan los trabajos de Shepherd y Haynie (2009) y Chirico, Sirmon, Sciascia y Mazzola (2011) donde se investiga como el conflicto puede incentivar las actitudes emprendedoras en el seno de la Empresa Familiar. También el efecto de las nuevas incorporaciones a la familia y su influencia en la cultura familiar es un aspecto que recientemente ha llamado la atención de los investigadores (Howorth et al., 2010). En este sentido Mehrotra, Morck, Shim y Wiwattanakantang (2011), analiza el efecto de los matrimonios en la Empresa Familiar, y Oezcan (2011) explora el rol que desarrollan las parejas de los empresarios/as en el proceso de creación de empresas. Por último, las adversidades o problemas derivados del fracaso de la Empresa Familiar y que afectan a la familia también ha sido estudiado recientemente (Shepherd, 2009).

Modelos de referencia

En el desarrollo de las personas, los modelos de referencia, es decir, las personas que se consideran un ejemplo a seguir, constituyen un factor clave. Específicamente, los modelos de referencia explican por qué en determinadas zonas geográficas se produce un mayor y mejor tejido empresarial que en otras áreas. El entorno en el que predomina la abundancia de un sector industrial o bien la existencia de modelos de emprendedores de éxito a seguir, produce un efecto de arrastre que estimula la aparición de nuevos empresarios (Nueno, 1996). Si en dicho entorno, existe una legitimación social hacia el empresario o el fenómeno emprendedor, en la medida que el empresariado está bien valorado (prestigio social), puede producir cambios en las preferencias individuales e incentivar la creación de empresas (Vaillant & Lafuente, 2007; Radu & Redien-Collot, 2008). De esta forma, si una persona identifica otros individuos que en circunstancias similares han creado una empresa, es más probable que decida emprender y crear su propia empresa. Así mismo, la presencia de empresarios experimentados en una zona determinada y los modelos de roles empresariales de éxito en la comunidad tienen un efecto igualmente notorio en la creación de empresas (Begley & Boyd, 1987; Baron, 2000).

Por otra parte, un entorno familiar donde han existido roles de empresario condicionan la inclinación de los hijos hacia este tipo de actividades empresariales más que hacia otras profesiones, proporcionándoles estímulos y apoyo social. De este modo, si una persona, desde su infancia, ha estado inmersa en un ambiente familiar empresarial, estará más motivado y tendrá mayor propensión a crear una empresa en su madurez. La actividad empresarial se encuentra relacionada, de algún modo, con los valores presentes en el seno familiar, valores que se mantienen al inculcar en la niñez la iniciativa, la autorrealización y el éxito (Mungai & Velamuri, 2011).

En la revisión de la literatura realizada el 17.33% de los trabajos corresponden al efecto de los modelos de referencia en las generaciones susceptibles a seguir en la Empresa Familiar o fundar nuevas empresas. Así pues, es importante considerar los roles que desempeñan los diferentes componentes de la familia dentro de la empresa en particular el rol de liderazgo (Stavrou, Kleanthous & Anastasiou, 2005; Mitchell, Hart, Valcea & Townsend, 2009; Vallejo, 2009). También ha centrado la atención de algunos autores el hecho de que la dirección de la Empresa Familiar esté en manos de personas externas a la familia y el consecuente impacto en el desempeño (Salvato & Melin, 2008; Rothausen, 2009; Wennberg, Wiklund, Hellerstedt & Nordqvist, 2011).

La influencia de los padres empresarios a los hijos en posición de heredar la Empresa Familiar o de emprender su propio negocio es otro aspecto interesante a comentar. Particularmente, Mungai y Velamuri (2011) identifican los factores determinantes de la salida de los sucesores potenciales de la Empresa Familiar y la correlación positiva con el emprendimiento, Zellweger, Sieger y Halter (2011) investigan las razones que afectan a la elección de la carrera profesional de los estudiantes con familiares empresarios, y Salvato, Chirico y Sharma (2010) profundizan en cómo se transmite el espíritu emprendedor generación tras generación.

Redes sociales

Autores como Birley (1985), Aldrich y Zimmer (1986) y Johannisson (1988) han puesto de manifiesto el gran impacto de las redes sociales en el proceso de creación de empresas. A pesar de la extensa literatura que relaciona las redes sociales con el emprendimiento, hay relativamente pocas investigaciones que exploren la existencia y estructura de redes en el entorno de la Empresa Familiar, y su impacto en la creación de este tipo de empresas.

La teoría de redes plantea que el conjunto de relaciones específicas entre varios grupos o actores proporciona múltiples interconexiones y reacciones en cadena, cuyo resultado es hacer circular la información y las ideas, y facilitar la creación de la empresa. Para que surjan empresarios dentro del entorno de una red es indispensable concebir una estructura de organización apropiada, en la cual se especifique el medio más favorable para que ocurran diferentes tipos de interacción (Aldrich & Zimmer, 1986). La interacción entre las empresas genera nueva información económicamente valiosa dando lugar a lo que se conoce como aprendizaje mediante interacción (Johannisson, 1988, 1995). En cuanto a los tipos de redes, nos encontramos con una gran variedad según los distintos autores. Concretamente, Szarka (1990) distingue los siguientes tipos de redes: redes de intercambio (constituidas por empresas y organizaciones con las que el empresario tiene relaciones comerciales), redes de comunicación (constituidas por los individuos y las organizaciones con las que el empresario no mantiene vínculos comerciales, pero le informan de aspectos del negocio) y redes sociales (constituidas por la familia y los amigos).

Curran, Jarvis, Blackburn y Black (1993) distingue entre redes obligatorias (aquellas a las que debe pertenecer el empresario para poder sobrevivir) y voluntarias (aún no siendo necesarias para su supervivencia, refuerzan su posición en el mercado). Birley (1985), por su parte, diferencia las redes formales (bancos, profesionales, cámaras de comercio) de las informales (familias, amigos, compañeros de trabajo), señalando que los nuevos empresarios se sirven más de estas últimas que de las redes formales.

Al respecto de la revisión de la literatura realizada, también 17.33% del total de artículos identificados desarrollan el papel de las redes sociales en el entorno familiar. Greve y Salaff (2003) hacen una valiosa contribución con un trabajo que examina cómo funcionan las redes sociales en lo que hace referencia al emprendimiento. Desde esta óptica, algunos trabajos inciden en como las redes informales son de vital importancia en el inicia de la actividad empresarial Anderson, Jack & Dodd, 2005). Más centrados en la Empresa Familiar propiamente, existen contribuciones interesantes en lo que se refiere las redes internas a la empresa (Lee, 2006; Pagliarussi & Rapozo, 2011; Distelberg & Blow, 2011) y a la incidencia de la confianza (Zahra, Yavuz, & Ucbasaran, 2006; Sundaramurthy, 2008) o el altruismo en ellas (Karra, Tracey & Phillips, 2006). Las relaciones de la empresa con su entorno también han contado con algunos trabajos (Lester & Cannella, 2006; Kontinen & Ojala, 2011), confirmando la habilidad de la Empresa Familiar en tejer redes (sobre todo informales) con su entorno que le permiten acceder a valiosos recursos tangibles e intangibles claves por su desempeño. Por último, algunos trabajos investigan el papel de las redes en momentos de contracción económica (Dyer & Mortensen, 2005).

Actitudes hacia la creación de empresas

Existen diferentes modelos que explican el desarrollo de las actitudes emprendedoras. En general, dichos modelos coinciden en destacar la influencia que tienen los factores del entorno, la formación y la experiencia en las competencias personales, éstos en las intenciones, y finalmente en el comportamiento empresarial. En el proceso empresarial, las intenciones emprendedoras son de vital importancia porque determinan, en gran parte, el comportamiento final de crear una empresa (Krueger, Reilly & Carsrud, 2000).

Entre las aproximaciones teóricas más relevantes, merece especial mención la teoría de la acción razonada de Fishbein y Ajzen (1975). Sus ideas básicas subrayan que el comportamiento de un individuo se encuentra determinado por sus intenciones, las cuales, a su vez, están condicionadas por la actitud y opinión de las personas pertenecientes a su entorno social – también denominado normas subjetivas– (Fishbein & Ajzen, 1975; Ajzen & Fishbein, 1980; Ajzen, 1987). De este modo, las actitudes, las normas subjetivas y las intenciones se combinan para producir una conducta determinada. Posteriormente Ajzen (1991) revisa la teoría de la acción razonada e incluye un nuevo condicionante de la intención, el control percibido, que refleja la percepción del individuo sobre su propia capacidad de influir en el resultado.

El nuevo modelo ampliado, denominado teoría de la conducta planificada, permite interpretar la intención de emprender, condicionada por el resultado que espera conseguir el emprendedor, las expectativas que en su entorno existen sobre su conducta y la percepción que tenga el emprendedor de su capacidad para controlar y conseguir los resultados de su acción emprendedora.

Tal y como se ha mencionado, la teoría de la conducta planificada de Ajzen (1991) postula la existencia de tres principales elementos determinantes de la intención y de las acciones: creencias hacia la conducta, creencias normativas que constituyen la base de los determinantes de las normas subjetivas y el grado de control percibido de la conducta. Shapero y Sokol (1982) introducen el término "desplazamiento" para identificar el cambio de rumbo que motiva el comportamiento emprendedor, añadiendo un nuevo concepto a los planteamientos de Ajzen y Fishbein (1980). Además, el cambio de actitud de una persona se puede producir como consecuencia de desplazamientos positivos o negativos. Específicamente, de acuerdo con Shapero y Sokol (1982)es más probable que los individuos constituyan sus empresas bajo un acontecimiento negativo (no encontrar trabajo) que positivo. Sin embargo, el hecho de poseer apoyo financiero o un entorno económico adecuado, ambos desplazamientos positivos, pueden desencadenar también en la creación de una empresa. Asimismo, los desplazamientos pueden ser internos, cuando se relacionan con hechos concretos que alteran la trayectoria vital del emprendedor, tales como la finalización de sus estudios o el llegar a una determinada edad, y externos, como la pérdida del puesto de trabajo (Shapero & Sokol, 1982).

Aun existiendo desplazamientos positivos o negativos que predisponen al individuo a la creación de su empresa, es necesario el deseo y la viabilidad de la acción. Además, las percepciones de deseo y viabilidad actúan recíprocamente. Así, por ejemplo, si se percibe excesivamente difícil la creación de una empresa, se podría llegar a no desearla como opción profesional. Del mismo modo, si no se desea crear una empresa, es difícil que se considere su viabilidad (Shapero & Sokol, 1982).

El modelo de Shapero y Sokol (1982), denominado "teoría de la conducta empresarial", consta de tres etapas. En la primera etapa, una serie de acontecimientos, positivos o negativos, predisponen al emprendedor a constituir su empresa. En la segunda etapa se genera el deseo a partir de determinadas circunstancias, entre las que se encuentran la formación del emprendedor, la familia, la cultura y las amistades. Finalmente, tiene lugar la fase de acción en la que, bajo una serie de condiciones, la persona finalmente se decide a crear su propia empresa. Por último, hay que resaltar el modelo del potencial empresarial de Krueger y Brazeal (1994), el cual ha sido considerado por algunos autores (Smallbone & Welter, 1999; Arenius & Minniti, 2005; Liñán & Wen Chen, 2009) como el enfoque teórico más adecuado para analizar el proceso de creación de empresas.

Krueger y Brazeal (1994) sugieren que los emprendedores desarrollan una forma de pensar que acentúa las oportunidades percibidas sobre las amenazas, siendo este proceso de identificación de oportunidades un proceso intencional. El modelo de Krueger y Brazeal (1994) se apoya en la Teoría de la conducta empresarial de Shapero y Sokol, (1982) y la Teoría del comportamiento planificado de Ajzen (1991) centrándose en el análisis de la percepción del deseo y de la viabilidad como origen de la intención de crear una empresa. Desde este punto de vista, son las percepciones de las personas, canalizadas a través de sus intenciones, las que pueden impulsar o inhibir la identificación de nuevas oportunidades empresariales que se encuentran en los inicios del proceso de crear una empresa (Krueger et al., 2000). Una vez que se percibe la creación de una empresa como un hecho deseable y viable, se obtiene un grado de "credibilidad" sobre la posibilidad, que aporta una mayor motivación al emprendedor para afrontar el posible atrevimiento. Ahora bien, cuando existe un individuo con un potencial empresarial significativo, no es necesario que tenga intención de hacerlo realidad, bastará con que se produzca algún suceso que desencadene el proceso de creación ("desplazamiento") que, junto con la identificación de una oportunidad empresarial en forma de necesidad real a satisfacer en el mercado, influirá determinante en la intención final de crear una empresa (Krueger & Brazeal, 1994).

En cuanto a la revisión de la literatura realizada, a pesar de la importancia que tienen las actitudes emprendedoras en el campo de la creación de empresas, no son demasiados los trabajos que se han centrado en el ámbito de la Empresa Familiar (13.33%). Destaca por un lado, la investigación de Lee (2006) donde se identifican factores familiares, tales como la cohesión y la adaptabilidad, que afectan a la decisión de crear nuevas empresas. Otros trabajos han analizado las actitudes hacia el emprendimiento de los sucesores de la Empresa Familiar (Stavrou, 1999; Schroeder, Schmitt-Rodermund & Arnaud, 2011; Zellweger et al., 2011).

Análisis cuantitativo

Tal como se mencionó anteriormente, en la presente revisión de literatura, se seleccionaron once revistas JCR. Cabe decir que en esta segunda búsqueda bibliográfica se hallaron referencias para todas ellas excepto para las tres de carácter más general (*Academy of Management Review, Academy of Management Journal and Strategic Management Journal*). En la Tabla 4 se observa la distribución de artículos por revista.

Revista	Nº artículos	%
Family Business Review	24	32.00
Entrepreneurship Theory and Practice	22	29.33
Journal of Business Venturing	9	12.00
International Small Business Journal	6	8.00
Journal of Small Business Management	5	6.67
Strategic Entrepreneurship Journal	4	5.33
Entrepreneurship and Regional Development	3	4.00
Small Business Economics	2	2.67
Total	**75**	**100**

Tabla 4. Revistas según publicación de artículos

*Family Business Revie*w es la revista que cuenta con el mayor número de artículos (32%), seguida con un 29.33% por *Entrepreneurship Theory and Practic*e. A continuación es el *Journal of Business Venturing* que con un 12% ocupa el tercer lugar. A mayor distancia siguen el resto de revistas consideradas: *International Small Business Journal* (8%), *Journal of Small Business Management* (6.67%), *Strategic Entrepreneurship Journal* (5.33%), *Entrepreneurship and Regional Development* (4%) y por último *Small Business Economics* (2.67%).

Por lo que respecta al número de publicaciones por año, tal como se muestra en la Figura 3, la evolución es muy similar a las publicaciones por año en creación y desarrollo de empresas familiares de la Figura 2 anterior. En la siguiente figura se observa la acumulación de trabajos en los últimos años, sobre todo a partir de los números especiales sobre Empresa Familiar que han publicado las revistas citadas.

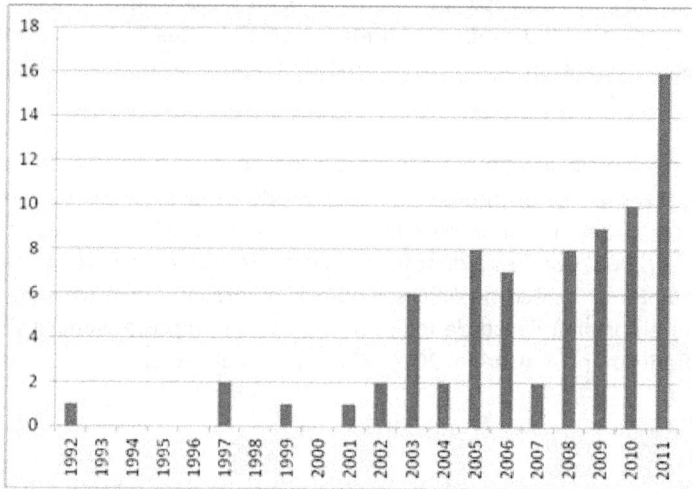

Figura 3.Publicaciones por año relativas a los factores socio-culturales

Cabe decir también que el año 2011 es en el que se han producido mayor número de publicaciones, dato que refleja el desarrollo que está experimentado este campo de estudio, así como las oportunidades de investigación que ofrece.

Por lo que hace referencia a los marcos teóricos utilizados en los distintos trabajos, en la Tabla 5 se puede observar la gran diversidad de los mismos. Destaca el hecho de que en un elevado porcentaje (18.67%) se utiliza un enfoque ecléctico, es decir una mezcla de varias teorías (Capital Social, Redes, Recursos y Capacidades, entre otras), y no un solo enfoque integrador. Como marco teórico de referencia el Capital Social (12%), Recursos y Capacidades (10.67%), la Teoría de la Agencia (9.33%), la Teoría de Redes (5.33%), los Modelos de Intención (4%) y la Teoría de la Administración, (2.67%) son los más utilizados. Seguidamente viene un grupo de enfoques más específicos como por ejemplo la Teoría de Sistemas o Teoría de la Contingencia. Por último, cabe señalar el importante peso que tienen las revisiones de literatura y las introducciones a los números especiales (14.67%).

Marcos teóricos	Nº artículos	%
Ecléctico	14	18.67
Revisiones / introducciones	11	14.67
Capital Social	9	12.00
Recursos y Capacidades	8	10.67
Teoría de la Agencia	7	9.33
Redes	4	5.33
Modelos de Intención	3	4.00
Teoría de la Administración	2	2.67
Aprendizaje Organizativo	1	1.33
Otros	16	21.33
Total	75	100

Tabla 5.Marcos teóricos utilizados

Las metodologías de investigación identificadas en los distintos trabajos analizados (Tabla 6), se pueden dividir en tres categorías. La primera de ellas se refiere a los artículos teóricos (37.33%), tanto revisiones de literatura como propuestas de modelos teóricos. La segunda tiene que ver con artículos que utilizan metodología cualitativa (24%), los cuales comprenden investigaciones empíricas efectuadas a partir del análisis de casos de estudio (94.44%) o de narrativa (5.56%). Por último, se encuentran las investigaciones empíricas de índole cuantitativo (38.67%) que utilizan diferentes técnicas estadísticas: descriptivos (48.28%), regresiones múltiples (31.03%), datos de panel (10.34%) y ecuaciones estructurales (10.34%).

Metodología	Nº artículos	%
Estudios teóricos	28	37.33
Estudios empíricos cualitativos	18	24.00
Estudio de casos	17	94.44
Narrativa	1	5.56
Estudios empíricos cuantitativos	29	38.67
Descriptivos	16	48.28
Regresiones	7	31.03
Datos de panel	3	10.34
Ecuaciones estructurales	3	10.34
Total	**75**	**100**

Tabla 6.Metodología de investigación

Las citas que tienen los artículos suelen ser un buen indicador de la calidad de los mismos en la comunidad académica. De las investigaciones identificadas y analizadas, la que cuenta con mayor número de citas es el trabajo de Schulze et al. (2003) con un total de 117 citas. Este trabajo, de carácter cuantitativo aplica la Teoría de la Agencia en el contexto de las empresas familiares. Seguidamente, Carney (2005) con un trabajo sobre el impacto de la familia en el gobierno corporativo de las empresas cuenta con 102 citas. Chrisman, Chua y Sharma (2005) tienen 101 citas de la revisión que realizan sobre los distintos enfoques teóricos utilizados en la literatura de Empresa Familiar. En la Tabla 7 se pueden observar los 10 trabajos más citados.

Autor-es (año)	Título	Revista	Citas
Schulze, Lubatkin & Dino, 2003	Toward a theory of agency and altruism in family firms	Journal of Business Venturing	117
Carney, 2005	Corporate governance and competitive advantage in family-controlled firms	Entrepreneurship Theory and Practice	102
Chrisman, Chua & Sharma, 2005	Trends and directions in the development of a strategic management theory of the family firm	Entrepreneurship Theory and Practice	101
Zahra, Hayton & Salvato, 2004	Entrepreneurship in family vs. non-family firms: A resource-based analysis of the effect of organizational culture	Entrepreneurship Theory and Practice	66
Zahra, 2003	International expansion of US manufacturing family businesses: the effect of ownership and involvement	Journal of Business Venturing	60
Klein, Astrachan & Smyrnios, 2005	The F-PEC scale of family influence: Construction, validation, and further implication for theory	Entrepreneurship Theory and Practice	58
Pearson, Carr & Shaw, 2008	Toward a Theory of Familiness: A Social Capital Perspective	Entrepreneurship Theory and Practice	51
Sharma, Manikutt, 2005	Strategic divestments in family firms: Role of family structure and community culture	Entrepreneurship Theory and Practice	40
Karra, Tracey & Phillips, 2006	Altruism and agency in the family firm: Exploring the role of family, kinship, and ethnicity	Entrepreneurship Theory and Practice	40
Stavrou, 1999	Succession in family businesses: Exploring the effects of demographic factors on offspring intentions to join and take over the business	Journal of Small Business Management	35

Tabla 7.Artículos con mayor número de citas

Por autores, sobresalen Chrisman, Steier y Zhara (participando en 4 artículos), Sharma y Chua (en 3), aunque es preciso decir que han publicado en ocasiones de forma conjunta (ver Anexo 1 para detalle de estos trabajos). Cabe destacar que dichos autores son de referencia en el ámbito de la Empresa Familiar, y por tanto sus aportaciones son de especial interés para el desarrollo de este campo de investigación (Debicki et al., 2009).

3. Conclusiones

Tal como ya se mencionó, la investigación sobre Empresa Familiar se ha desarrollado de forma muy importante en las últimas décadas, especialmente en los años recientes. De todos modos, aún son escasas las investigaciones que analizan la creación y el desarrollo de empresas familiares. En este sentido, el objetivo principal del presente trabajo ha sido realizar una revisión de literatura sobre los factores del entorno que condicionan la creación y el desarrollo de empresas familiares a la luz de la Teoría Económica Institucional (North, 1990, 2005).

Dicha revisión de literatura se ha centrado en once revistas de referencia (SSCI-JCR), siete de emprendimiento, una enfocada a la Empresa Familiar y tres de carácter general del área de gestión de empresas. Cabe decir, que se han encontrado artículos para todas las revistas consideradas excepto para las tres genéricas (tan solo uno, en *Academy of Management Review*), hecho que orienta a posibles oportunidades de desarrollo de la temática que nos ocupa en este tipo de publicaciones. Por su parte, las revistas *Entrepreneurship Theory and Practice, Family Business Review y Journal of Business Venturing*, son las que aglutinan el mayor número de artículos, aunque también es significativo que el resto de publicaciones cuenten también con varios trabajos sobre creación y desarrollo de empresas familiares, reafirmándose la relevancia que este campo de estudio tiene en la actualidad.

A pesar de ello, también se destaca en la revisión de literatura la necesidad de incorporar nuevas herramientas que permitan avanzar en la investigación contemplando enfoques distintos a los utilizados tradicionalmente (Recursos y Capacidades, Teoría de la Agencia, entre otros). En este contexto, el presente trabajo propone el enfoque institucional como marco teórico de referencia para el análisis de los factores socio-culturales que intervienen en la creación y desarrollo de empresas familiares, identificando los siguientes factores: proceso de socialización, modelos de referencia, redes sociales y actitudes emprendedoras. En base a esta operacionalización, de la búsqueda bibliográfica realizada se destacan varios aspectos. De los cuatro factores analizados, el proceso de socialización es el que más se ha tratado en la literatura, aunque es notorio señalar que los artículos examinados utilizan enfoques teóricos muy diversos y por lo tanto el conocimiento de este factor es muy fragmentado. Además, su difícil medición complica su uso en los estudios, siendo en ocasiones un constructo demasiado amplio y ambiguo que puede incluir distintas variables.

Por otro lado, las redes sociales han despertado el interés de muchos investigadores. Específicamente, en el contexto de la Empresa Familiar se han analizado en profundidad, sobre todo utilizando la teoría de redes más típica del campo del emprendimiento. De todos modos, es necesario seguir indagando en las redes familiares puesto que la mayoría de artículos sugieren que son un factor clave para la creación y desarrollo de empresas familiares, y aún más, teniendo en cuenta la especificidad que como fenómenos independientes tienen la familia, la empresa y su entorno.

En cuanto a los modelos de referencia, se han investigado relativamente poco en el campo del emprendimiento familiar. Aun así, es evidente que su impacto en las generaciones susceptibles a heredar y/o emprender es muy relevante. Entre otras temáticas, se ha analizado el efecto que tiene el liderazgo del fundador sobre las nuevas generaciones así como el prestigio social del empresario en su entorno.

Por último, las actitudes hacia el emprendimiento cuentan con una base teórica muy sólida pero son muy pocas las contribuciones que se han llevado a cabo en el contexto familiar. Se ha investigado la actitud de los miembros de la familia hacia la sucesión o el emprendimiento de las nuevas generaciones, pero no se ha estudiado en profundidad, por ejemplo, el deseo, la viabilidad y la intención de emprender.

Como conclusión final, se destaca nuevamente la importancia de aplicar el enfoque institucional como marco teórico integrador y apropiado para el estudio de los factores socio-culturales que condicionan la creación y el desarrollo de las empresas familiares, elaborando tanto trabajos empíricos (cuantitativos, cualitativos y triangulación de ambas metodologías) como aportaciones teóricas, que sirvan de base para un posterior desarrollo y consolidación de este campo de estudio. A su vez, futuras extensiones del trabajo podrían contemplar el análisis bibliométrico y de co-citación con la finalidad de profundizar en los resultados obtenidos en la presente investigación.

4. Agradecimientos

Los autores agradecen el apoyo financiero de los proyectos ECO2010-16760 (Ministerio de Ciencia e Innovación de España) y 2005SGR00858 (Departamento de universidades, investigación y sociedad de la información de Catalunya).

Referencias

Aidis, R., Estrin, S., & Mickiewicz, T. (2008). Institutions and entrepreneurship development in Russia: A comparative perspective. *Journal of Business Venturing, 23(6),* 656-672. http://dx.doi.org/10.1016/j.jbusvent.2008.01.005

Ajzen, I. (1987). Attitudes, traits & actions. Dispositional prediction of behavior in social psychology. *Advances in Experimental Social Psychology, 20(1),* 1-63. http://dx.doi.org/10.1016/S0065-2601(08)60411-6

Ajzen, I. (1991). The theory of planned behavior. *Organizational Behavior and Human Decision Processes, 50,* 179-211. http://dx.doi.org/10.1016/0749-5978(91)90020-T

Ajzen, I., & Fishbein, M. (1980). *Understanding attitudes and predicting social behavior.* Englewood Cliffs, NJ: Prentice Hall.

Aldrich, H.E., & Cliff, J.E. (2003). The pervasive effects of family on entrepreneurship: Toward a family embeddedness perspective. *Journal of Business Venturing, 18(5),* 573-596. http://dx.doi.org/10.1016/S0883-9026(03)00011-9

Aldrich, H.E., & Zimmer, C. (1986). Entrepreneurship through social networks. In D. L. Sexton and R. Smilor (Eds.), *The Art and Science of Entrepreneurship.* Cambridge, MA: Ballinger.

Alvarez, C., & Urbano, D. (2011). Environmental factors and entrepreneurial activity in Latin America. *Academia, Revista Latinoamericana de Administración, 48,* 126-139.

Anderson, A.R., Jack, S.L., & Dodd, S.D. (2005). The role of family members in entrepreneurial networks: Beyond the boundaries of the family firm. *Family Business Review, 18(2),* 135-154. http://dx.doi.org/10.1111/j.1741-6248.2005.00037.x

Arenius, P. & Minniti, M. (2005). Perceptual variables and nascent entrepreneurship. *Small Business Economics Journal, 24(3),* 233-247. http://dx.doi.org/10.1007/s11187-005-1984-x

Astrachan J. H., Klein, S.B., & Smyrnios, K.X. (2002). The F-PEC scale of family influence, a proposal for solving the family business definition problem. *Family Business Review, 15(1),* 45-58. http://dx.doi.org/10.1111/j.1741-6248.2002.00045.x

Astrachan, J.H., & Jaskiewicz, P. (2008). Emotional returns and emotional costs in privately held family businesses: Advancing traditional business valuation. *Family Business Review, 21(2),* 139-149. http://dx.doi.org/10.1111/j.1741-6248.2008.00115.x

Au, K., & Kwan, H.O.K. (2009). Start-up capital and Chinese entrepreneurs: The role of family. *Entrepreneurship Theory and Practice, 33(4),* 889-908. http://dx.doi.org/10.1111/j.1540-6520.2009.00331.x

Barnes, L. , & Harrison, S. (1976). Transfering power in the family business. *Harvard Business Review, 4(1),* 105-114.

Baron, R. (2000). Psychological perspectives on entrepreneurship, cognitive and social factors in entrepreneur's success. *Current Directions in Psychological Science, 9,* 15-19. http://dx.doi.org/10.1111/1467-8721.00050

Barry, B. (1975). The development of organization structure in family firms. *Journal of General Management, 3(2),* 42-60.

Bates, T. (1997). Financing small business creation: The case of Chinese and Korean immigrant entrepreneurs. *Journal of Business Venturing, 12(2),* 109-124. http://dx.doi.org/10.1016/S0883-9026(96)00054-7

Begley, T., & Boyd, D. (1987). Psycological Characteristics associated with performance in entrepreneurial firms and small businesses. *Journal of Business Venturing, 1(2),* 79-93. http://dx.doi.org/10.1016/0883-9026(87)90020-6

Benavides Velasco, C., Guzman Parra, V., & Quintana Garcia, C. (2011). Evolución de la literatura sobre Empresa Familiar como disciplina científica. *Cuadernos de Economía y Dirección de la Empresa, 14(1),* 78-90.

Bhalla, A., Henderson, S., & Watkins, D. (2006). A multiparadigmatic perspective of strategy - A case study of an ethnic family firm. *International Small Business Journal, 24(5),* 515-537. http://dx.doi.org/10.1177/0266242606067276

Birley, S. (1985). Networks in the entrepreneurial process. *Journal of Business Venturing, 1(1),* 107-117. http://dx.doi.org/10.1016/0883-9026(85)90010-2

Bjoernberg, A., & Nicholson, N. (2007). The family climate scales. Development of a new measure for use in family business research. *Family Business Review, 20(3),* 229-246. http://dx.doi.org/10.1111/j.1741-6248.2007.00098.x

Brockhaus, R.H. (1994). Entrepreneurship and family business research: comparisons, critique, and lessons. *Entrepreneurship: Theory and Practice, 19(1),* 12-22.

Buttner, E.H., & Moore, D.P. (1997). Women's organizational exodus to entrepreneurship. Self-reported motivations and correlates with success. *Journal of Small Business Management, 35(1)*, 34-46.

Carney, M. (2005). Corporate governance and competitive advantage in family-controlled firms. *Entrepreneurship Theory and Practice, 29(3)*, 249-265. http://dx.doi.org/10.1111/j.1540-6520.2005.00081.x

Carr, J.C., Cole, M.S., Ring, J.K., & Blettner, D. P. (2011). A measure of variations in internal social capital among family firms. *Entrepreneurship Theory and Practice, 35(6)*, 1207-1227. http://dx.doi.org/10.1111/j.1540-6520.2011.00499.x

Chang, E.P.C., Memili, E., Chrisman, J.J., Kellermanns, Fw., & Chua, J.H. (2009). Family social capital, venture preparedness, and start-up decisions a study of Hispanic entrepreneurs in New England. *Family Business Review, 22(3)*, 279-292. http://dx.doi.org/10.1177/0894486509332327

Chirico, F., & Nordqvist, M. (2010). Dynamic capabilities and trans-generational value creation in family firms: The role of organizational culture. *International Small Business Journal, 28(5)*, 487-504. http://dx.doi.org/10.1177/0266242610370402

Chirico, F., Sirmon, D.G., Sciascia, S., & Mazzola, P. (2011). Resource orchestration in family firms: Investigating how entrepreneurial orientation, generational involvement, and participative strategy affect performance. *Strategic Entrepreneurship Journal, 5(4)*, 307-326. http://dx.doi.org/10.1002/sej.121

Chrisman, J.J., Chua, J.H., & Sharma, P. (2005). Trends and directions in the development of a strategic management theory of the family firm. *Entrepreneurship Theory and Practice, 29(5)*, 555-575. http://dx.doi.org/10.1111/j.1540-6520.2005.00098.x

Chua, J.H., Chrisman, J.J., & Sharma, P. (1999). Defining the family business by behavior. *Entrepreneurship Theory and Practice, 44(4)*, 19-39.

Churchill, N. (1986). *Entrepreneurship research, directions and methods: The art of science of entrepreneurship.* Cambridge, MA: Bellinger.

Colli, A. (2003). *The history of family business, 1850: 2000.* Economic History Society, Cambridge University Press.

Corbetta, J., & Salvato, M. (2004). The board of directors in family firms, one size fits all? *Family Business Review, 18(2)*, 125-138.

Craig, Jb. , & Moores, K. (2010). Championing family business issues to influence public policy: Evidence from Australia. *Family Business Review, 23(2)*, 170-180. http://dx.doi.org/10.1177/0894486510366426

Cromie, S., & Birley, S. (1992). Networking by female business owners in Northen-Ireland. *Journal of Business Venturing, 7(3)*, 237-251. http://dx.doi.org/10.1016/0883-9026(92)90029-Q

Curran, J., Jarvis, R., Blackburn, R., & Black, S. (1993). Networks and small firms, constructs, methodological strategies and some findings. *International Small Business Journal, 11(2),* 13-25. http://dx.doi.org/10.1177/026624269301100202

Davis, J.H., Allen, M.R., & Hayes, H.D. (2010). Is blood thicker than water? A study of stewardship perceptions in family business. *Entrepreneurship Theory and Practice, 34(6),* 1093-1116. http://dx.doi.org/10.1111/j.1540-6520.2010.00415.x

Debicki, B.J., Matherne, C.F., Kellermanns, F.W., & Chrisman, J.J. (2009). Family business research in the new millennium: An overview of the who, the where, the what, and the why. *Family Business Review, 22(2),* 151-166. http://dx.doi.org/10.1177/0894486509333598

Denoble, A., Ehrlich, S., & Singh, G. (2007). Toward the development of a family business self-efficacy scale: A resource-based perspective. *Family Business Review, 20(2),* 127-140. http://dx.doi.org/10.1111/j.1741-6248.2007.00091.x

Dess, G.G., Pinkham, B.C., & Yang, H. (2011). Entrepreneurial orientation: Assessing the construct's validity and addressing some of its implications for research in the areas of family business and organizational learning. *Entrepreneurship Theory and Practice, 35(5),* 1077-1090. http://dx.doi.org/10.1111/j.1540-6520.2011.00480.x

Distelberg, B.J., & Blow, A. (2011). Variations in family system boundaries. *Family Business Review, 24(1),* 28-46. http://dx.doi.org/10.1177/0894486510393502

Donnelley, R. (1964). The family business. *Harvard Business Review, 4(2),* 93-105.

Dyer Jr, W.G (1988). Culture and continuity in family firms. *Family Business Review, 1(1),* 37-50. http://dx.doi.org/10.1111/j.1741-6248.1988.00037.x

Dyer Jr, W.G., & Mortensen, S.P. (2005). Entrepreneurship and family business in a hostile environment: The case of Lithuania. *Family Business Review, 18(3),* 247-258. http://dx.doi.org/10.1111/j.1741-6248.2005.00045.x

Fishbein, M., & Ajzen I. (1975). Be*lief, attitude, intention & behavior: An introduction to theory & research.* Addison. Wesley: Reading, MA.

Fitzgerald, M.A., Haynes, G.W., Schrank, H.L., & Danes, S.M. (2010). Socially responsible processes of small family business owners: Exploratory evidence from the national family business survey. *Journal of Small Business Management, 48(4),* 524-551. http://dx.doi.org/10.1111/j.1540-627X.2010.00307.x

Fletcher, D. (2003). Learning family business: Paradoxes and pathways. *International Small Business Journal, 21(4),* 481-484. http://dx.doi.org/10.1177/02662426030214007

Foley, S., & Powell, G.N. (1997). Reconceptualizing work-family conflict for business/marriage partners: A theoretical model. *Journal of Small Business Management, 35(4),* 36-47.

Gallo, M.A. (1996). The role of family business and its distinctive characteristics behavior in industrial activity. *Family Business Review, 2(2),* 83-97.

Garcia-Alvarez, E., Lopez-Sintas, L., & Saldana, P. (2002). Socialization patterns of successors in first- to second-generation family businesses. *Family Business Review, 5(3),* 189-203. http://dx.doi.org/10.1111/j.1741-6248.2002.00189.x

George, B.A., & Marino, L. (2011). The epistemology of entrepreneurial orientation: conceptual formation, modeling, and operationalization. *Entrepreneurship Theory and Practice, 35(5),* 989-1024. http://dx.doi.org/10.1111/j.1540-6520.2011.00455.x

Gersick, K.E., Davis, J. A., Mccollom, M., & Lansberg, I. (1997). *Generation to generation, life cycles of the family business.* Harvard Business School Press.

González, M., & Gómez, A. (2009). *La pyme familiar española y su internacionalización. Informe del Strategic Research Center.* Instituto de Empresa Familiar y Escuela de Administración de Empresas.

Greve, A., & Salaff, J. (2003). Social networks and entrepreneurship. *Entrepreneurship Theory and Practice, 28(1),* 1-22. http://dx.doi.org/10.1111/1540-8520.00029

Hall, A., Melin, L., & Nordqvist, M. (2001). Entrepreneurship as radical change in the family business: Exploring the role of cultural patters. *Family Business Review, 14(3),* 193-208. http://dx.doi.org/10.1111/j.1741-6248.2001.00193.x

Holt, D.T., Rutherford, M.W., & Kuratko, D.F. (2010). Advancing the field of family business research: Further testing the measurement properties of the F-PEC. *Family Business Review, 23(1),* 76-88. http://dx.doi.org/10.1177/0894486509349943

Howorth, C., Rose, M., Hamilton, E., & Westhead, P. (2010). Family firm diversity and development: An introduction. *International Small Business Journal, 28(5),* 437-451.

Johannisson, B. (1988). Business formation. A network approach. *Scandinavian Journal of Management, 4(4),* 83-99. http://dx.doi.org/10.1016/0956-5221(88)90002-4

Johannisson, B. (1995). Paradigms and entrepreneurial networks. Some methodological challenges. *Entrepreneurship and Regional Development, 7(3),* 215-232. http://dx.doi.org/10.1080/08985629500000014

Karra, N., Tracey, P., & Phillips, N. (2006). Altruism and agency in the family firm: Exploring the role of family, kinship, and ethnicity. *Entrepreneurship Theory and Practice, 30(6),* 861-877. http://dx.doi.org/10.1111/j.1540-6520.2006.00157.x

Klein, S.B., Astrachan, J.H., & Smyrnios, K.X. (2005). The F-PEC scale of family influence: Construction, validation, and further implication for theory. *Entrepreneurship Theory and Practice, 29(3),* 321-339. http://dx.doi.org/10.1111/j.1540-6520.2005.00086.x

Kontinen, T. , & Ojala, A. (2011). International opportunity recognition among small and medium-sized family firms. *Journal of Small Business Management, 49(3),* 490-514. http://dx.doi.org/10.1111/j.1540-627X.2011.00326.x

Krueger, N.F., Reilly, M.D., & Carsrud, A. (2000). Competing models of entrepreneurial intentions. *Journal of Business Venturing, 15(5/6),* 411-432. http://dx.doi.org/10.1016/S0883-9026(98)00033-0

Krueger, N., & Brazeal, D. (1994). Entrepreneurial potential & potential entrepreneurs. *Entrepreneurship Theory and Practice, 18(1),* 5-21.

Kuratko, D.F., Hornsby, J.S., & Naffziger, D.W. (1997). An examination of owner's goals in sustaining entrepreneurship. *Journal of Small Business Management, 35(1),* 24-33.

Lam, W. (2011). Dancing to two tunes: Multi-entity roles in the family business succession process. *International Small Business Journal, 29(5),* 508-533. http://dx.doi.org/10.1177/0266242610376357

Lansberg, I. (1988). The succession conspiracy. *Family Business Review, 1(2),* 119-144. http://dx.doi.org/10.1111/j.1741-6248.1988.00119.x

Lee, J. (2006). Impact of family relationships on attitudes of the second generation in family business. *Family Business Review, 19(3),* 175-191. http://dx.doi.org/10.1111/j.1741-6248.2006.00069.x

Lester, R.H., & Cannella, A. (2006). Interorganizational familiness: How family firms use interlocking directorates to build community-level social capital. *Entrepreneurship Theory and Practice, 30(6),* 755-775. http://dx.doi.org/10.1111/j.1540-6520.2006.00149.x

Liñán, F., & Wen Chen, H. (2009). Development and cross: Cultural application of a specific instrument to measure entrepreneurial intentions. *Entrepreneurship Theory and Practice, 33(3),* 593-617. http://dx.doi.org/10.1111/j.1540-6520.2009.00318.x

Litz, R. (1995). The family business, toward definitional clarity. *Family Business Review, 8(2),* 71-82. http://dx.doi.org/10.1111/j.1741-6248.1995.00071.x

Lumpkin, G.T., Steier, L.I., & Wright, M. (2011). Strategic entrepreneurship in family business. *Strategic Entrepreneurship Journal, 5(4),* 285-306. http://dx.doi.org/10.1002/sej.122

Marchisio, G., Mazzola, P., Sciascia, S., Miles, M., & Astrachan, J. (2010). Corporate venturing in family business: The effects on the family and its members. *Entrepreneurship and Regional Development, 22(4),* 349-377. http://dx.doi.org/10.1080/08985621003726168

Mehrotra, V., Morck, R., Shim, J., & Wiwattanakantang, Y. (2011). Must love kill the family firm? Some exploratory evidence. *Entrepreneurship Theory and Practice, 35(6),* 1121-1148. http://dx.doi.org/10.1111/j.1540-6520.2011.00494.x

Mitchell, J. R, Hart, T.A., Valcea, S., & Townsend, D.M. (2009). Becoming the boss: Discretion and post succession success in family firms. *Entrepreneurship Theory and Practice, 33(6),* 1201-1218. http://dx.doi.org/10.1111/j.1540-6520.2009.00341.x

Mungai, E., & Velamuri, S.R. (2011). Parental entrepreneurial role model influence on male offspring: Is it always positive and when does it occur? *Entrepreneurship Theory and Practice, 35(2),* 337-357. http://dx.doi.org/10.1111/j.1540-6520.2009.00363.x

Nordqvist, M., & Melin, L. (2010). Entrepreneurial families and family firms. *Entrepreneurship and Regional Development, 22(4),* 211-239. http://dx.doi.org/10.1080/08985621003726119

North, D.C (1990). *Institutions, institutional change and economic performance.* Cambridge: Cambridge University Press. http://dx.doi.org/10.1017/CBO9780511808678

North, D.C. (2005). *Understanding the process of economic change.* Princeton: Princeton University Press.

Nueno, P. (1996). Evolución de los conceptos de management. *Management Review, 1(1),* 73- 83.

Oezcan, B. (2011). Only the lonely? The influence of the spouse on the transition to self-employment. *Small Business Economics, 37(4),* 465-492. http://dx.doi.org/10.1007/s11187-011-9376-x

Olson, P.D., Zuiker, V.S., Danes, S.M., Stafford, K., Heck, R.K.Z., & Duncan, K.A. (2003). The impact of the family and the business on family business sustainability. *Journal of Business Venturing, 18(5),* 639-666. http://dx.doi.org/10.1016/S0883-9026(03)00014-4

Pagliarussi, M.S., & Rapozo, F.O. (2011). Agency relationships in a Brazilian multifamily firm. *Family Business Review, 24(2),* 170-183. http://dx.doi.org/10.1177/0894486511409573

Pearson, A.W., Carr, J.C., & Shaw, J.C. (2008). Toward a theory of familiness: A social capital perspective. *Entrepreneurship Theory and Practice, 32(6),* 949-969. http://dx.doi.org/10.1111/j.1540-6520.2008.00265.x

Pistrui, D. (2005). Perpetuating the family business. 50 lessons learned from long-lasting, successful families in business. *Family Business Review, 18(3),* 263-266. http://dx.doi.org/10.1111/j.1741-6248.2005.00046_2.x

Radu, M., & Redien-Collot, R. (2008). The social representation of entrepreneurs in the French press: Desirable and feasible models? *International Small Business Journal, 26(3),* 259-298. http://dx.doi.org/10.1177/0266242608088739

Rogoff, E.G., & Heck, R.K.Z. (2003). Evolving research in entrepreneurship and family business. Recognizing family as the oxygen that feeds the fire of entrepreneurship. *Journal of Business Venturing, 18(5),* 22-31. http://dx.doi.org/10.1016/S0883-9026(03)00009-0

Romano, C.A., Tanewski, G.A., & Smyrnios, K.X. (2001). Capital structure decision making: A model for family business. *Journal of Business Venturing, 16(3),* 285-310. http://dx.doi.org/10.1016/S0883-9026(99)00053-1

Rothausen, T.J. (2009). Management work-family research and work-family fit implications for building family capital in family business. *Family Business Review, 22(3),* 220-234. http://dx.doi.org/10.1177/0894486509337409

Royer, S., Simons, R., Boyd, B., & Rafferty, A. (2008). Promoting family: A contingency model of family business succession. *Family Business Review, 21(1),* 15-30. http://dx.doi.org/10.1111/j.1741-6248.2007.00108.x

Rutherford, M.W., Kuratko, D.F., & Holt, D.T. (2008). Examining the link between familiness and performance: Can the F-PEC untangle the family business theory jungle? *Entrepreneurship Theory and Practice, 32(6),* 1089-1109. http://dx.doi.org/10.1111/j.1540-6520.2008.00275.x

Salvato, C., & Melin, L. (2008). Creating value across generations in family-controlled businesses: The role of family social capital. *Family Business Review, 21(3),* 259-276.

Salvato, C., Chirico, F., & Sharma, P. (2010). A farewell to the business: Championing exit and continuity in entrepreneurial family firms. *Entrepreneurship and Regional Development, 22(4),* 321-348. http://dx.doi.org/10.1080/08985621003726192

Schroeder, E., Schmitt-Rodermund, E., & Arnaud, N. (2011). Career choice intentions of adolescents with a family business background. *Family Business Review, 24(4),* 305-321. http://dx.doi.org/10.1177/0894486511416977

Schulze, W.S., Lubatkin, M.H., & Dino, R.N. (2003). Toward a theory of agency and altruism in family firms. *Journal of Business Venturing, 18(4),* 473-490. http://dx.doi.org/10.1016/S0883-9026(03)00054-5

Shapero, A., & Sokol, L. (1982). *The Social dimensions of entrepreneurship. Encyclopedia of entrepreneurship.* Englewood Cliffs. New York: Prentice Hall.

Sharma, P. (2004). An overview of the field of family business studies, current status and directions for the future. *Family Business Review, 17(1),* 1-36. http://dx.doi.org/10.1111/j.1741-6248.2004.00001.x

Sharma, P., & Manikutty, S. (2005). Strategic divestments in family firms: Role of family structure and community culture. *Entrepreneurship Theory and Practice, 29(3),* 293-311. http://dx.doi.org/10.1111/j.1540-6520.2005.00084.x

Sharma. P., Chrisman, J.J., & Gersick, K.E. (2012). 25 years of family business review: Reflections on the past and perspectives for the future. *Family Business Review, 25(1),* 5-15. http://dx.doi.org/10.1177/0894486512437626

Shepherd, D.A. (2009). Grief recovery from the loss of a family business: A multi- and meso-level theory. *Journal of Business Venturing, 24(1),* 81-97. http://dx.doi.org/10.1016/j.jbusvent.2007.09.003

Shepherd, D.A., & Haynie, J.M. (2009). Family business, identity conflict, and an expedited entrepreneurial process: A process of resolving identity conflict. *Entrepreneurship Theory and Practice, 33(6),* 1245-1264. http://dx.doi.org/10.1111/j.1540-6520.2009.00344.x

Singal, M., & Singal, V. (2011). Concentrated ownership and firm performance: Does family control matter? *Strategic Entrepreneurship Journal, 5(4),* 373-396. http://dx.doi.org/10.1002/sej.119

Smallbone, D., & Welter, F. (1999). The distinctiveness of entrepreneurship in transition economies. *Small Business Economics, 16(4),* 249-262. http://dx.doi.org/10.1023/A:1011159216578

Stanley, L.J. (2010). Emotions and family business creation: An extension and implications. *Entrepreneurship Theory and Practice, 34(6),* 1085-1092. http://dx.doi.org/10.1111/j.1540-6520.2010.00414.x

Stavrou, E.T. (1999). Succession in family businesses: Exploring the effects of demographic factors on offspring intentions to join and take over the business. *Journal of Small Business Management, 37(3),* 43-61.

Stavrou, E.T. (2003). Leadership succession in owner-managed firms through the lens of extraversion. *International Small Business Journal, 21(3),* 331-347. http://dx.doi.org/10.1177/02662426030213005

Stavrou, E.T., Kleanthous, T., & Anastasiou, T. (2005). Leadership personality and firm culture during hereditary transitions in family firms: Model development and empirical investigation. *Journal of Small Business Management, 43(2),* 187-206. http://dx.doi.org/10.1111/j.1540-627x.2005.00133.x

Steier, L. (2003). Variants of agency contracts in family-financed ventures as a continuum of familial altruistic and market rationalities. *Journal of Business Venturing, 18(5),* 597-618. http://dx.doi.org/10.1016/S0883-9026(03)00012-0

Steier, L. (2009). Where do new firms come from? Households, family capital, ethnicity, and the welfare mix. *Family Business Review, 22(3),* 273-278. http://dx.doi.org/10.1177/0894486509336658

Steier, L., Chrisman, J.J., & Chua, J.H. (2004). Entrepreneurial management and governance in family firms: An introduction. *Entrepreneurship Theory and Practice, 28(4),* 295-303. http://dx.doi.org/10.1111/j.1540-6520.2004.00046.x

Stewart, A. (2008). Who could best complement a team of family business researchers-scholars down the hall or in another building?. *Family Business Review, 21(4),* 279-293.

Stewart, W.H., Watson, W.E., Carland, J.C., & Carland, J.W. (1999). A proclivity for entrepreneurship: A comparison of entrepreneurs, small business owners, and corporate managers. *Journal of Business Venturing, 14(2),* 189-214. http://dx.doi.org/10.1016/S0883-9026(97)00070-0

Sundaramurthy, C. (2008). Sustaining trust within family businesses. *Family Business Review, 21(1),* 89-101. http://dx.doi.org/10.1111/j.1741-6248.2007.00110.x

Szarka, J. (1990). Networking and small firms. *International Small Business Journal, 1(2),* 10-22. http://dx.doi.org/10.1177/026624269000800201

Tagiuri, R., & Davis, J.A. (1996). Bivalent attributes of the family firm. *Family Business Review, 9(2),* 58-69. http://dx.doi.org/10.1111/j.1741-6248.1996.00199.x

Thornton, P.H., Ribeiro-Soriano, D., & Urbano, D. (2011). Socio-cultural and entrepreneurial activity: An overview. *International Journal of Small Business, 29(2),* 105-118. http://dx.doi.org/10.1177/0266242610391930

Trow, D.B. (1961). Executive succession in small companies. *Administrative Science Quarterly, 6,* 228-239. http://dx.doi.org/10.2307/2390756

Tsang, E.W.K. (2002). Learning from overseas venturing experience - The case of Chinese family businesses. *Journal of Business Venturing, 17(1),* 21-40. http://dx.doi.org/10.1016/S0883-9026(00)00052-5

Uhlaner, L.M. (2003). Trends in European research on entrepreneurship at the turn of the century. *Small Business Economics, 21(4),* 321-328. http://dx.doi.org/10.1023/A:1026154819266

Vaillant, Y., & Lafuente, E. (2007). Do different institutional frameworks condition the influence of local fear of failure and entrepreneurial examples over entrepreneurial activity? *Entrepreneurship and Regional Development, 19(3),* 313-337. http://dx.doi.org/10.1080/08985620701440007

Vallejo, C. (2008). Is the culture of family firms really different? A value: Based model for its survival through generations. *Journal of Business Ethics, 8(1),* 261-279. http://dx.doi.org/10.1007/s10551-007-9493-2

Vallejo, C. (2009). Analytical model of leadership in family firms under transformational theoretical approach an exploratory study. *Family Business Review, 22(2),* 136-150. http://dx.doi.org/10.1177/0894486508327892

Veciana, J.M., & Urbano, D. (2008). The institutional approach to entrepreneurship research: Introduction. *International Entrepreneurship and Management Journal, 4(4),* 365-379. http://dx.doi.org/10.1007/s11365-008-0081-4

Ward, J.L. (2006). If theories of family enterprise really do matter, so does change in management education. *Entrepreneurship Theory and Practice, 30(6)*, 887- 895. http://dx.doi.org/10.1111/j.1540-6520.2006.00159.x

Welsh, D.H.B., & Raven, P. (2006). Family business in the Middle East: An exploratory study of retail management in Kuwait and Lebanon. *Family Business Review, 19(1)*, 29-48. http://dx.doi.org/10.1111/j.1741-6248.2006.00058.x

Welter, F. (2005). Entrepreneurial behavior in differing environments. In D.B. Audretsch, H. Grimm, & C.W. Wessner (Eds.). *Local heroes in the global village globalization and the new entrepreneurship policies. International Studies in Entrepreneurship*. New York: Springer.

Wennberg, K., Wiklund, J., Hellerstedt, K., & Nordqvist, M. (2011). Implications of intra-family and external ownership transfer of family firms: Short-term and long-term performance differences. *Strategic Entrepreneurship Journal, 5(4)*, 352-372. http://dx.doi.org/10.1002/sej.118

Wright, M., Robbie, K., & Ennew, C. (1997). Venture capitalists and serial entrepreneurs. *Journal of Business Venturing, 12(3)*, 227-249. http://dx.doi.org/10.1016/S0883-9026(96)06115-0

Yan, J., & Sorenson, R. (2006). The effect of Confucian values on succession in family business. *Family Business Review, 19(3)*, 235-250. http://dx.doi.org/10.1111/j.1741-6248.2006.00072.x

Zahra, S.A, Hayton, J.C., & Salvato, C. (2004). Entrepreneurship in family vs. non-family firms: A resource-based analysis of the effect of organizational culture. *Entrepreneurship Theory and Practice, 28(4)*, 363-381. http://dx.doi.org/10.1111/j.1540-6520.2004.00051.x

Zahra, S.A. (2003). International expansion of US manufacturing family businesses: The effect of ownership and involvement. *Journal of Business Venturing, 18(4)*, 495-512. http://dx.doi.org/10.1016/S0883-9026(03)00057-0

Zahra, S.A. (2005). Entrepreneurial risk taking in family firms. *Family Business Review, 18(1)*, 23-40. http://dx.doi.org/10.1111/j.1741-6248.2005.00028.x

Zahra, S.A. Yavuz, R.I., & Ucbasaran, D. (2006). How much do you trust me? The dark side of relational trust in new business creation in established companies. *Entrepreneurship Theory and Practice, 30(4)*, 541-559. http://dx.doi.org/10.1111/j.1540-6520.2006.00134.x

Zahra, S.A., Hayton, J.C., Neubaum, D.O., Dibrell, C., & Craig, J. (2008). Culture of family commitment and strategic flexibility: The moderating effect of stewardship. *Entrepreneurship Theory and Practice, 32(6)*, 1035-1054. http://dx.doi.org/10.1111/j.1540-6520.2008.00271.x

Zellweger, T., Sieger, P., & Halter, F. (2011). Should I stay or should I go? Career choice intentions of students with family business background. *Journal of Business Venturing, 26(5)*, 521-536. http://dx.doi.org/10.1016/j.jbusvent.2010.04.001

Anexo A

Autor-es / año	Título	Citas	Marco Teórico	Metodología	Resultados más relevantes	Institución Informal
Schulze, Lubatkin & Dino, 2003	Toward a theory of agency and altruism in family firms	117	Teoría de la agencia	Cuantitativo. Regresión.	El altruismo afecta las relaciones de agencia y modera el pago de incentivos en las empresas familiares.	Actitudes
Carney, 2005	Corporate governance and competitive advantage in family-controlled firms	102	Recursos y capacidades, Agencia y Capital social	Teórico	Se relaciona el gobierno corporativo de la Empresa Familiar y la ventaja competitiva de la empresa. El impacto de la familia en el gobierno actúa como moderador.	Proceso de Socialización
Chrisman, Chua & Sharma, 2005	Trends and directions in the development of a strategic management theory of the family firm	101	Revisión de literatura	Teórico	Remarca la consolidación de la teoría de la agencia y la de recursos y capacidades como marcos más utilizados. Remarcan futuros campos de investigación, los aspectos culturales, entre ellos.	Proceso de Socialización
Zahra, Hayton & Salvato, 2004	Entrepreneurship in family vs. non-family firms: A resource-based analysis of the effect of organizational culture	66	Recursos y capacidades.	Cuantitativo. Regresión.	Hay una relación no lineal entre la dimensión cultural del individuo y el emprendimiento. El emprendimiento se relaciona también con la orientación al exterior, la descentralización y la orientación a largo plazo.	Proceso de Socialización
Zahra, 2003	International expansion of US manufacturing family businesses: the effect of ownership and involvement	60	Teoría de la agencia	Cuantitativo. Exploratorio.	La propiedad de la familia en la empresa y su implicación tiene efectos positivos en la internacionalización.	Proceso de Socialización
Klein, Astrachan & Smyrnios, 2005	The F-PEC scale of family influence: Construction, validation, and further implication for theory	58	Ecléctico. Poder, experiencia y cultura	Cuantitativo. Exploratorio, confirmatorio y ecuaciones estructurales.	Se utiliza la escala F-Pec para analizar el poder, la experiencia y la cultura de la Empresa Familiar.	Proceso de Socialización
Pearson, Carr & Shaw, 2008	Toward a Theory of Familiness: A Social Capital Perspective	51	Capital Social	Teórico	Se presenta un modelo teórico, basado en el capital social, como herramienta para seguir investigando en Empresa Familiar.	Proceso de Socialización
Sharma & Manikutty, 2005	Strategic divestments in family firms: Role of family structure and community culture	40	Recursos y capacidades.	Teórico	Examina el efecto de la cultura de la comunidad y la estructura de la familia en la decisión de inversión o desinversión.	Modelos de Referencia
Karra, Tracey & Phillips, 2006	Altruism and agency in the family firm: Exploring the role of family, kinship, and ethnicity	40	Teoría de la agencia	Cualitativo. Estudio de casos.	El altruismo reduce los costes de agencia en las etapas tempranas de la empresa. Los costes de agencia aparecen cuando la empresa es mayor y más estable.	Redes Sociales
Stavrou, 1999	Succession in family businesses: Exploring the effects of demographic factors on offspring intentions to join and take over the business	35	Actitudes	Cuantitativo. Exploratorio y regresión.	Se hace una aproximación a las razones que tienen los hijos de empresarios para seguir o no en la Empresa Familiar.	Actitudes
Bates, 1997	Financing small business creation: The case of Chinese and Korean immigrant entrepreneurs	32	Recursos y capacidades.	Cuantitativo. Exploratorio.	Entre los inmigrantes emprendedores coreanos, las redes familiares son las que financian en mayor parte los proyectos empresariales.	Redes Sociales
Steier, 2003	Variants of agency contracts in family-financed ventures as a continuum of familial altruistic and market rationalities	31	Teoría de la agencia	Cualitativo. Estudio de casos.	Cuando una familia invierte en un negocio creado por otro miembro de la familia, puede comportar cambios en la organización y el gobierno de la misma. Se especifican las relaciones existentes en la familia y las primeras etapas de creación de la empresa según si son de altruismo o de orientación al mercado.	Modelos de Referencia
Cromie & Birley, 1992	Networking by female business owners in Northern-Ireland	31	Redes	Cuantitativo. Exploratorio.	Las redes sociales de las empresarias son similares a las de los empresarios.	Redes Sociales
Romano, Tanewski & Smyrnios, 2001	Capital structure decision making: A model for family business	26	Capital Social	Cuantitativo. Ecuaciones estructurales.	Se analiza la relación entre los factores sociales, familiares y financieros, destacando su complejidad.	Proceso de Socialización
Zahra, Hayton, Neubaum, Dibrell & Craig, 2008	Culture of Family Commitment and Strategic Flexibility: The Moderating Effect of Stewardship	22	Teoría de la administración. Ventaja competitiva	Cuantitativo. Exploratorio y Regresión.	El compromiso familiar con la empresa y su cultura se relacionan positivamente con la flexibilidad estratégica para aprovechar oportunidades de negocio y adaptarse al entorno. La orientación a la gestión empresarial se relaciona positivamente con la flexibilidad estratégica.	Proceso de Socialización

Autor-es / año	Título	Citas	Marco Teórico	Metodología	Resultados más relevantes	Institución Informal
Anderson, Jack, & Dodd, 2005	The role of family members in entrepreneurial networks: Beyond the boundaries of the family firm	18	Redes	Cuantitativo (exploratorio) y cualitativo (estudio de casos).	Se especifica el papel que tienen las redes informales para la obtención de recursos no tangibles en la Empresa Familiar, tales como profesionales o afectivos. Se evidencia que más allá de los límites formales existen relaciones informales.	Redes Sociales y Modelos de Referencia
Zahra, Yavuz & Ucbasaran, 2006	How much do you trust me? The dark side of relational trust in new business creation in established companies	17	Ecléctico: redes, actitudes, etc.	Teórico	Se expone el papel de la confianza en las empresas familiares como factor básico en la creación y desarrollo de las mismas. Se discute sobre el efecto positivo de la confianza en las relaciones en la empresa.	Redes Sociales
Steier, Chrisman & Chua, 2004	Entrepreneurial management and governance in family firms: An introduction	17	Número especial	Teórico	Se analizan los diferentes aspectos a tener en cuenta para futura investigación, ente ellos los factores culturales en la Empresa Familiar.	Proceso de Socialización
Lester & Cannella, 2006	Interorganizational familiness: How family firms use interlocking directorates to build community-level social capital	16	Capital Social	Teórico	Se desarrolla un modelo centrado en el capital social en confrontación con las teorías utilizadas tradicionalmente (agencia) para estudiar la configuración organizativa de la Empresa Familiar. Las redes extra-corporativas se fundamentan y crean valores compartidos, creencias y formas de resolver los problemas.	Redes Sociales
Tsang, 2002	Learning from overseas venturing experience - The case of Chinese family businesses	14	Aprendizaje organizativo	Cualitativo. Estudio de casos.	Se analiza la inversión directa extranjera por parte de empresas familiares y no familiares chinas. Las empresas familiares siguen un modelo menos estructurado que las no familiares. Mayoritariamente se confía en miembros de la familia para coordinar la inversión.	Proceso de Socialización
Astrachan & Jaskiewicz, 2008	Emotional returns and emotional costs in privately held family businesses: Advancing traditional business valuation	14	Ecléctico. Teoría Económica, Agencia, etc.	Teórico	Se presenta un modelo que compara los retornos emocionales versus los retornos económicos de tener una Empresa Familiar.	Actitudes
Salvato & Melin, 2008	Creating value across generations in family-controlled businesses: The role of family social capital	14	Capital Social	Cualitativo. Estudio de casos.	Se examina como la Empresa Familiar es capaz de contar con recursos financieros. Les resultados indican que en este tipo de empresas se produce una renovación sistemática del desarrollo social, dentro y fuera de la empresa.	Modelos de Referencia
Foley & Powell, 1997	Reconceptualizing work-family conflict for business/marriage partners: A theoretical model.	12	Capital Social	Teórico.	Se analiza y se propone un modelo sobre el conflicto entre empresa y la familia. Las características personales son clave. Las relaciones afectan a la calidad del matrimonio y a la larga también a la empresa	Modelos de Referencia
Shepherd, 2009	Grief recovery from the loss of a family business: A multi- and meso-level theory	11	Ecléctico. Teoría de sistemas, enfoque emocional	Teórico	Se propone un modelo que considera el dolor de perder una Empresa Familiar y lo que supone para la familia.	Proceso de Socialización
Rutherford, Kuratko & Holt, 2008	Examining the Link Between "Familiness" and Performance: Can the F-PEC Untangle the Family Business Theory Jungle?	11	Ecléctico. Poder, experiencia y cultura	Cuantitativo. Regresión.	Relaciona la influencia de la familia con el desempeño de la Empresa Familiar. La influencia de la familia tiene efectos sobre los ingresos, la estructura de capital, el crecimiento y el desempeño.	Proceso de Socialización
Lee, 2006	Impact of family relationships on attitudes of the second generation in family business.	10	Actitudes	Cuantitativo. Exploratorio y Regresión.	Estudia el impacto de la cohesión familiar y la adaptabilidad de la familia sobre el compromiso. También, la satisfacción y la propensión de irse de la empresa.	Actitudes
Salvato, Chirico & Sharma, 2010	A farewell to the business: Championing exit and continuity in entrepreneurial family firms	9	Ecléctico.	Cualitativo. Estudio de casos.	Se trata de un estudio de caso de una empresa productora de acero. En ella se retrata el rol del fundador de la empresa y su función en la transmisión del espíritu emprendedor en la misma.	Modelos de Referencia
Chang, Memili, Chrisman, Kellermanns & Chua, 2009	Family Social Capital, Venture Preparedness, and Start-Up Decisions A Study of Hispanic Entrepreneurs in New England	8	Recursos y capacidades, capital social, redes.	Cuantitativo. Regresión.	El capital social familiar como medida de apoyo, tiene un papel clave en la decisión de crear una empresa.	Actitudes

Nuevas investigaciones sobre la gestión de la Empresa Familiar en España

Autor-es / año	Título	Citas	Marco Teórico	Metodología	Resultados más relevantes	Institución Informal
Debicki, Matherne, Kellermanns & Chrisman, 2009	Family Business Research in the New Millennium An Overview of the Who, the Where, the What, and the Why	8	Número especial	Teórico	Se analizan las principales contribuciones de los autores que más han publicado en este campo. Se sugieren futuras líneas de investigación.	Redes Sociales
Dyer & Mortensen, 2005	Entrepreneurship and family business in a hostile environment: The case of Lithuania	8	Capital social, redes	Cualitativo. Estudio de casos.	Se estudian las estrategias que siguen 3 empresas familiares en comparación con 3 no familiares en un entorno en crisis. Se analiza el capital social para ganarse la confianza de las autoridades, clientes y proveedores locales, y usar las redes familiares para obtener capital humano y financiero.	Redes Sociales
Bjoernberg & Nicholson, 2007	The family climate scales - Development of a new measure for use in family business research	7	Teoría de sistemas	Cuantitativo. Ecuaciones estructurales.	Se utiliza la escala FCS para la medición del clima familiar en la empresa.	Proceso de Socialización
Yan & Sorenson, 2006	The Effect of Confucian Values on Succession in Family Business	7	Valores de Confucio.	Teórico	Los valores de Confucio presentes en algunas empresas, tienen una influencia decisiva en la forma de relación dentro y fuera de la empresa, muy condicionados por los factores de entorno. Se presenta como marco teórico.	Proceso de Socialización
Rothausen, 2009	Management Work-Family Research and Work-Family Fit Implications for Building Family Capital in Family Business	7	Revisión de literatura	Teórico	Se sintetizan 25 años de investigación relativa a Empresa Familiar. Se sugieren implicaciones relacionadas con el impacto del conflicto, el género, los roles, las políticas, etc.	Modelos de Referencia
Stavrou, 2003	Leadership succession in owner-managed firms through the lens of extraversion	6	Enfoque Psicológico	Cualitativo. Estudio de casos.	Se hace una aproximación a los factores psicológicos que afectan a la sucesión en las empresas familiares.	Actitudes
Shepherd & Haynie, 2009	Family Business, Identity Conflict, and an Expedited Entrepreneurial Process: A Process of Resolving Identity Conflict	5	Teoría de la identidad.	Teórico	Se examina cómo las oportunidades para emprender pueden generar conflictos de identidad en la empresa.	Modelos de referencia y Proceso de Socialización
Mitchell, Hart, Valcea & Townsend, 2009	Becoming the Boss: Discretion and Post succession Success in Family Firms	5	Teoría de la agencia	Teórico.	Se examina el proceso de sucesión desde una perspectiva de agencia, done la discreción del sucesor es un factor clave.	Modelos de Referencia
Royer, Simons, Boyd & Rafferty, 2008	Promoting Family: A Contingency Model of Family Business Succession	5	Teoría de la contingencia	Cuantitativo. Exploratorio.	El conocimiento tácito y un entorno favorable para la transacción, hace que la familia sea la opción más conveniente.	Proceso de Socialización
Holt, Rutherford & Kuratko, 2010	Advancing the Field of Family Business Research: Further Testing the Measurement Properties of the F-PEC	5	Ecléctico. Poder, experiencia y cultura	Cuantitativo. Exploratorio y confirmatorio.	Se presenta un modelo, basado en Astrachan, Klein y Smyrnios, (2002), para medir la influencia del poder, la experiencia y la cultura en la Empresa Familiar. El modelo permite hallar diferencias entre las mediciones de los tres factores y los deseos de la generación de más experiencia de la empresa y el compromiso de la siguiente generación.	Proceso de Socialización
Stewart, 2008	Who Could Best Complement a Team of Family Business Researchers-Scholars Down the Hall or in Another Building?	4	Revisión de literatura	Teórico	Se exponen cuáles son los campos de investigación futuros para la Empresa Familiar. Se destaca a parte del emprendimiento o la estrategia, que conviene considerar otros campos menos frecuentes, como el derecho, la historia o la antropología. El emprendimiento, centrado en la familia, es también un punto a considerar.	Redes Sociales
Au & Kwan, 2009	Start-Up Capital and Chinese Entrepreneurs: The Role of Family	4	Costes de transacción	Cuantitativo. Regresión.	Los fondos familiares no son los más importantes para la creación de empresas si los emprendedores perciben menos costes de transacción e interferencias de personas fuera de la familia.	Modelos de Referencia
Davis, Allen & Hayes, 2010	Is Blood Thicker Than Water? A Study of Stewardship Perceptions in Family Business	4	Teoría de la Administración	Cuantitativo. Regresión.	Se explica el rol de la familia cómo transmisora de la forma de administrar la empresa y su impacto en el desarrollo de la misma. Valores como la confianza y el compromiso son los más relevantes en la Empresa Familiar.	Modelos de Referencia

Autor-es / año	Título	Citas	Marco Teórico	Metodología	Resultados más relevantes	Institución Informal
Bhalla, Henderson & Watkins, 2006	A multiparadigmatic perspective of strategy - A case study of an ethnic family firm	4	Marco teórico específico de Whittington	Cualitativo. Narrativa.	Estudia como una familia étnica describe y construye su estrategia a lo largo de 35 años. Las creencias y los valores resultan clave.	Proceso de Socialización
Steier, 2009	Where Do New Firms Come From? Households, Family Capital, Ethnicity, and the Welfare Mix	3	Capital Social	Teórico	Se sugiere que los hogares familiares son auténticas incubadoras de empresas.	Proceso de Socialización
Stavrou, Kleanthous & Anastasiou, 2005	Leadership personality and firm culture during hereditary transitions in family firms: Model development and empirical investigation	3	Marco teórico específico de Dyer - Jungian	Teórico	Se exploran las relaciones entre la cultura organizativa, la personalidad del líder y la sucesión.	Modelos de Referencia
Vallejo, 2009	Analytical Model of Leadership in Family Firms Under Transformational Theoretical Approach An Exploratory Study	3	Teoría del liderazgo transformacional.	Cuantitativo. Ecuaciones estructurales.	En la Empresa Familiar el liderazgo es más transformacional que en las no familiares.	Modelos de Referencia
DeNoble, Ehrlich & Singh, 2007	Toward the development of a family business self-efficacy scale: A resource-based perspective	2	Capital Social.	Cualitativo Estudio de casos.	Directivos de diversas empresas familiares explican qué habilidades son necesarias para una sucesión positiva, destacando el capital social y humano.	Proceso de Socialización
Howorth, Rose, Hamilton & Westhead, 2010	Family firm diversity and development: An introduction	2	Número especial	Teórico	Introducción a la diversidad en la Empresa Familiar y su desarrollo.	Proceso de Socialización
Welsh & Raven, 2006	Family business in the Middle East: An exploratory study of retail management in Kuwait and Lebanon	2	Ecléctico: Proceso social, cultura, etc.	Cuantitativo. Exploratorio y Regresión.	Se comparan empresas familiares y no familiares de Kuwait y Lebanon, identificándose diferencias procedentes sobre todo de la cultura.	Proceso de Socialización
Nordqvist & Melin, 2010	Entrepreneurial families and family firms	2	Número especial	Teórico	Articulo introductorio al volumen especial dedicado a creación de empresas familiares.	Actitudes
Carr, Cole , Ring & Blettner, 2011	A Measure of Variations in Internal Social Capital Among Family Firms	2	Capital Social	Cuantitativo. Regresión.	Propone un modelo para examinar el efecto del capital social en el desempeño de la Empresa Familiar.	Proceso de Socialización
Zellweger, Sieger & Halter, 2011	Should I stay or should I go? Career choice intentions of students with family business background	1	Comportamiento planificado	Cuantitativo. Regresión.	Se investigan las opciones de carrera que eligen los sucesores de empresas familiares y los factores que afectan a los mismos. Los hallazgos sugieren que los estudiantes con antecedentes de empresas familiares son pesimistas acerca de tener el control en una carrera empresarial, pero optimistas acerca de su eficacia para seguir una carrera empresarial.	Modelos de referencia y Actitudes
Mehrotra, Morck, Shim & Wiwattanakan-tang, 2011	Must Love Kill the Family Firm? Some Exploratory Evidence	1	Ecléctico: Teoría de las inteligencias múltiples, enfoque cultural.	Cuantitativo. Regresión.	Se sugiere que el matrimonio puede ser una forma de implantar talento en la Empresa Familiar que permita su revitalización.	Proceso de Socialización
Stanley, 2010	Emotions and Family Business Creation: An Extension and Implications	1	Ecléctico. Enfoque emocional.	Teórico	Se explican las diferencias de experiencias emocionales entre fundadores de empresas familiares, gestores y fundadores de empresas no familiares y la propensión al riesgo en cada caso. Además, se afirma que para los fundadores de empresas familiares, esto puede influir en la cultura, la estrategia y el proceso de toma de decisiones.	Actitudes
Chirico & Nordqvist, 2010	Dynamic capabilities and trans-generational value creation in family firms: The role of organizational culture	1	Recursos y capacidades.	Teórico	La cultura de la organización emerge como factor clave para la creación de valor mediante las capacidades. La inercia familiar depende de las características de la familia y la cultura de la empresa.	Proceso de Socialización
George & Marino, 2011	The Epistemology of Entrepreneurial Orientation: Conceptual Formation, Modeling, and operationalization	1	Revisión de literatura	Teórico	Se examina la evolución del concepto de orientación emprendedora. Se sugieren nuevas formas de medición que complementen el modelo.	Proceso de Socialización

Nuevas investigaciones sobre la gestión de la Empresa Familiar en España

Autor-es / año	Título	Citas	Marco Teórico	Metodología	Resultados más relevantes	Institución Informal
Distelberg & Blow, 2011	Variations in Family System Boundaries	0	Redes	Cualitativo. Estudio de casos.	Se confrontan los modelos rígidos y difusos de límites en la Empresa Familiar. Se propone un modelo de clasificación.	Redes Sociales
Uhlaner, 2003	Trends in European Research on entrepreneurship at the turn of the century	0	Número especial	Teórico	Se identifican líneas de investigación futuras en emprendimiento, entre ellas las que hacen referencia a la Empresa Familiar.	Redes Sociales
Lumpkin, Steier & Wright, 2011	Strategic entrepreneurship in family business	0	Número especial	Teórico	Artículo introductorio al número especial sobre creación y desarrollo de empresas familiares.	Proceso de Socialización
Fitzgerald, Haynes, Schrank & Danes, 2010	Socially Responsible Processes of Small Family Business Owners: Exploratory Evidence from the National Family Business Survey	0	Teoría de la Empresa familiar sostenible	Cuantitativo. Exploratorio	Se determina el impacto de los factores familiares y de la comunidad en los procesos de responsabilidad social de las pequeñas empresas familiares, investigando la influencia del éxito financiero y las actitudes hacia la comunidad en estos procesos.	Proceso de Socialización
Chirico, Sirmon, Sciascia & Mazzola, 2011	Resource orchestration in family firms: investigating how entrepreneurial orientation, generational involvement, and participative strategy affect performance	0	Ecléctico.	Cualitativo. Estudio de casos.	El emprendimiento en la Empresa Familiar depende de la orientación emprendedora, la involucración generacional y la estrategia participativa.	Proceso de Socialización
Pistrui, 2005	Perpetuating the family business. 50 lessons learned from long-lasting, successful families in business.	0	Número especial	Teórico	Se explican las lecciones aprendidas hasta el momento sobre la gestión de empresas familiares.	Proceso de Socialización
Mungai & Velamuri, 2011	Parental Entrepreneurial Role Model Influence on Male Offspring: Is It Always Positive and When Does It Occur?	0	Aprendizaje Social.	Cuantitativo. Exploratorio.	El hecho de que los padres trabajen por cuenta propia tiene un efecto positivo sobre la elección de los hijos de trabajar por su cuenta. Esto puede no existir en caso de quiebra del negocio de los padres.	Modelos de Referencia
Oezcan, 2011	Only the lonely? The influence of the spouse on the transition to self-employment	0	Capital Social	Cuantitativo. Datos de panel.	El estado civil condiciona el emprendimiento, no solo por un tema de disponibilidad de recursos, sino también en lo referente a los riesgos que se está dispuesto a tomar.	Redes Sociales
Fletcher, 2003	Learning family business: Paradoxes and pathways.	0	Número especial	Teórico	Artículo introductorio al número especial.	Proceso de Socialización
Kontinen & Ojala, 2011	International Opportunity Recognition among Small and Medium-Sized Family Firms.	0	Redes	Cualitativo. Estudio de casos.	Para reconocer oportunidades de negocio internacionales, las empresas familiares suelen utilizar las redes informales.	Redes Sociales
Wennberg, Wiklund, Hellersted & Nordqvist, 2011	Implications of intra-family and external ownership transfer of family firms: short-term and long-term performance differences.	0	Ecléctico.	Cuantitativo. Datos de panel.	Las diferencias en el desempeño de las empresas familiares se puede explicar por el liderazgo de los familiares.	Modelos de Referencia
Dess, Pinkham & Yang, 2011	Entrepreneurial Orientation: Assessing the Construct's Validity and Addressing Some of Its Implications for Research in the Areas of Family Business and Organizational Learning	0	Número especial	Teórico	Señala un modelo para medir la orientación emprendedora de las empresas familiares.	Proceso de Socialización
Lam, 2011	Dancing to two tunes: Multi-entity roles in the family business succession process	0	Enfoque Etnográfico. Proceso social	Cuantitativo	Señala la inconsistencia entre las actitudes expresadas, las percepciones, los planes de sucesión y el comportamiento de los sucesores.	Modelos de referencia y Actitudes
Marchisio, Mazzola, Sciascia, Miles & Astrachan, J. 2010	Corporate venturing in family business: The effects on the family and its members	0	Recursos y capacidades.	Cualitativo. Estudio de casos.	Explica como el emprendimiento en empresas ya establecidas tiene efectos en la familia, sobre todo en la sucesión.	Actitudes
Singal & Singal, 2011	Concentrated ownership and firm performance: does family control matter?	0	Teoría de la agencia	Cuantitativo. Datos de panel.	No existen diferencias entre las empresas controladas por la familia y las dirigidas por personas externas.	Proceso de Socialización
Craig & Moores, 2010	Championing Family Business Issues to Influence Public Policy: Evidence From Australia	0	Ecléctico. Recursos y capacidades, agencia.	Teórico	El articulo propone que las políticas públicas pongan como objetivo el desarrollo de empresas familiares, y que se conviertan en modelos visibles a seguir	Modelos de Referencia

Autor-es / año	Título	Citas	Marco Teórico	Metodología	Resultados más relevantes	Institución Informal
Schroeder, Schmitt-Rodermund & Arnaud, 2011	Career Choice Intentions of Adolescents With a Family Business Background	0	Actitudes	Cuantitativo. Regresión.	Los determinantes de la elección de carrera profesional de los adolescentes con Empresa Familiar se pueden explicar mediante algunos rasgos de personalidad, el género, identificación con la Empresa Familiar y sobre todo a partir de factores del entorno.	Actitudes
Pagliarussi & Rapozo, 2011	Agency Relationships in a Brazilian Multifamily Firm	0	Teoría de la agencia	Cualitativo. Estudio de casos.	En el inicio de la empresa, cuando la familia es reducida y existe mucha confianza, no existen problemas en las relaciones de agencia. Cuando la empresa crece aparecen dichos problemas.	Redes Sociales
Garcia-Alvarez, Lopez-Sintas & Saldana, 2002;	Socialization patterns of successors in first- to second-generation family businesses	0	Ecléctico	Cualitativo. Estudio de casos.	Se describen las fases de socialización de las nuevas generaciones, primero en la familia y después en la empresa.	Proceso de Socialización
Sundaramurthy, 2008	Sustaining trust within family businesses	0	Capital Social	Teórico	Se propone un modelo circular para sustentar la confianza en la Empresa Familiar.	Redes Sociales

Referenciar este capítulo

Bernadich, M., & Urbano, D. (2013). Creación y desarrollo de empresas familiares: Una revisión de literatura desde el enfoque institucional. En V. Fernandez (Ed.), *Nuevas investigaciones sobre la gestión de la Empresa Familiar en España* (pp. 11-44). Barcelona: OmniaScience.

Capítulo 2

La gestión del conflicto en la Empresa Familiar como principio básico para su continuidad

Pedro Juan Martín Castejón, Lorena Martínez Martínez

Universidad de Murcia (España)

pjmartin@um.es, lorena.martinez1@um.es

Doi: http://dx.doi.org/10.3926/oms.08

1. Introducción

El concepto de Empresa Familiar y su definición ha sido materia de muchas investigaciones, además de estudios especializados al respecto. Hay investigadores que afirman que el hecho de que la empresa sea familiar o no, es una cuestión que se determina por la distribución de la **propiedad**. Otros sostienen que depende de la persona que lleva **el control** en la empresa. Para otros lo determina la **continuidad** de la propiedad de la empresa por parte de los miembros de la familia. Finalmente, para otros, es la combinación de algunas o todas las características anteriores. A modo de resumen, podemos decir que la principal característica que posee este tipo de empresa es que está conectada a la familia, puesto que ésta posee una influencia directa en la dirección y en el control de la misma (Fuentes, 2007). Por lo demás las características son exactamente iguales a las otras empresas. Sin embargo, el que dentro de la organización se mezcle lo laboral y familiar tiene ventajas y algunos inconvenientes ya que no siempre se sabe separar una parte de la otra dentro de la empresa (Monreal, Sánchez, Meroño & Sabater, 2009). Por ello, la Empresa Familiar es un sistema sumamente complejo en interacciones, puesto que al tratamiento de las emociones en la familia deben sumarse las decisiones estratégicas que la empresa debe tomar como respuesta al cambio en su entorno. Unir estas dos variables supone la creación de un ente con una complejidad extrema, en el que las medidas tomadas en una de las dimensiones indudablemente afectarán en mayor o menor medida a la otra (Casillas, Moreno & Barbero, 2010).

En consecuencia la Empresa Familiar se encuentra ante el dilema de posicionarse y orientarse al mercado y lograr así la máxima eficiencia u orientarse y posicionarse hacia la familia, para atender sus necesidades. Una muestra de lo difícil que puede resultar encontrar el punto de equilibrio entre ambas perspectivas, es el hecho que son muy pocas las empresas familiares que llegan a la tercera generación (Gallo, 2011).

Por otra parte, resulta interesante analizar la dinámica que se produce entre ambas instituciones, empresa y familia, cuando se relacionan a través de la Empresa Familiar. Ya que en toda Empresa Familiar existen una serie de etapas consecutivas que son inherentes a la continuidad de la misma. A medida que estas etapas se suceden, la problemática de la empresa va aumentando y se van generando más situaciones conflictivas que deben ser debidamente gestionadas. Por ello, la gestión de conflictos, a través de la prevención y resolución de los mismos, es clave para la continuidad de la Empresa Familiar. Además, es aconsejable establecer un procedimiento de resolución de conflictos el cual debe convertirse en parte de la "cultura empresarial", y ser conocido por todos los miembros de la familia (Casillas et al., 2010).

2. Dinámica y fases de desarrollo en la Empresa Familiar

En la Empresa Familiar, como en todas las organizaciones, los conflictos están al orden del día. Pero en la Empresa Familiar toma un mayor protagonismo, ya que la familia es el grupo primario por excelencia, el de las relaciones "cara a cara" más intensas, en donde tienen mayor presencia los afectos y las pasiones. El hecho de que la familia sea un grupo pequeño y primario no significa que no sea complejo, ya que la intimidad de las relaciones que se establecen entre sus miembros genera tensiones permanentes que pueden degenerar en conflictos. Por otra parte, la empresa es una organización compleja, plural, y dinámica. Como tal, afrontará desafíos externos provenientes del entorno competitivo, e internos debidos a la presencia de diferentes perspectivas de sus directivos, que pueden generar enfrentamiento de intereses y conflictos personales. (Corona, 2005). En suma, la Empresa Familiar se encuentra en la intersección entre los sistemas familiar y empresarial. Ambos sistemas desde su nacimiento tienen objetivos muy distintos, ya que el propósito de la empresa es generar beneficios y el de la familia es generar armonía para cuidar y desarrollar personas. Además, la empresa está bajo el ámbito de la cultura organizacional eficiente, por ello tienen una especial relevancia aspectos tales como los objetivos, los resultados, la lógica racional, las relaciones formales y el trabajo de las personas. Frente a estos valores, la familia se encuentra bajo el dominio de una cultura relacional-afectiva y en consecuencia sus valores son por el contrario: el desarrollo de los aspectos emocionales, las expectativas, los lazos de sangre, las relaciones informales y una cultura familiar que valora a sus miembros por lo que son y no por lo que hacen (Astrachan & Jaskiewicz, 2008). En consecuencia cuando ambos sistemas se juntan sin ningún tipo de control, planificación y prevención, se producirá un incremento en la probabilidad de que surjan conflictos que pueden ser muy destructivos tanto para los resultados y continuidad de la empresa como para la estructura familiar (Björnberg & Nicholson, 2007).

Las principales causas que originan desequilibrio entre ambos sistemas las podemos encontrar en el hecho de no saber clarificar los objetivos e identificar correctamente los espacios y momentos que corresponden a cada sistema (Sciascia & Mazzola, 2008). Pues, el hecho de no tener claro lo que corresponde a cada uno de estos sistemas, van a dar lugar a comportamientos y decisiones inadecuadas que generan muchas tensiones familiares y un bajo rendimiento en la empresa (Casillas et al., 2010). Para comprender la dinámica de le Empresa Familiar, los profesores elaboraron un modelo de dos sistemas. En dicho modelo, la dinámica de una Empresa Familiar puede explicarse gráficamente mediante la unión de dos círculos, donde se observa un área de intersección llamada "zona de conflicto". Para facilitar el entendimiento de la propuesta acerca de cuales factores atacar y describir luego las acciones recomendadas con base en ellos, vemos que si intentemos separar un poco ambos círculos. ¿Qué ocurre con el área de intersección? Se reduce. ¿Qué significa esto? Que el potencial de conflicto también se reduce. Lo que esta figura representa es que en la medida que se separen los sistemas familiar y de empresa, también se reducirán los conflictos.

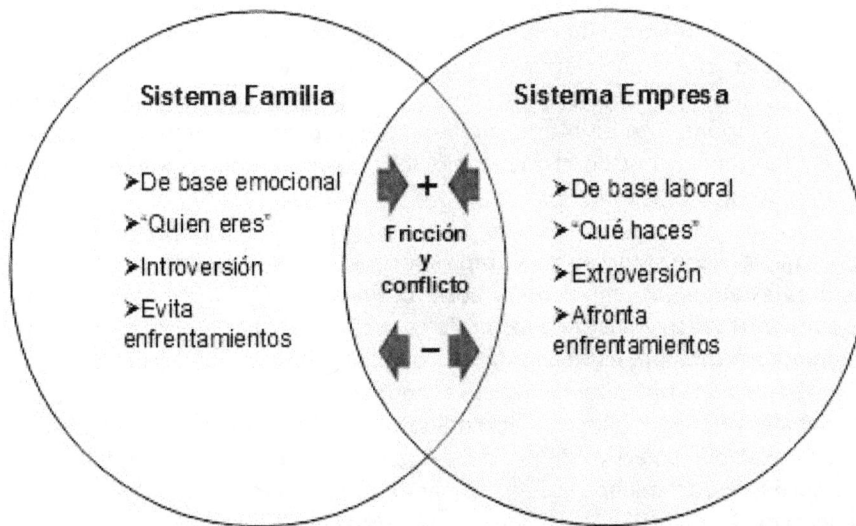

Figura 1. Áreas de fricción y conflicto en la Empresa Familiar

Por lo tanto, separar los círculos significa clarificar objetivos, respetar los papeles e identificar correctamente los espacios y momentos que corresponden a cada sistema. Además, el hecho de no tener claro lo que corresponde a cada uno de estos sistemas, dará lugar a comportamientos y decisiones inadecuadas que generan tensiones y un bajo rendimiento en la empresa (Monreal, Calvo-Flores, García, Meroño, Ortiz & Sabater, 2002).

Por otra parte, en la Empresa Familiar se pueden distinguir 3 etapas desde que se crea hasta que suele llegar su declive en la mayoría de las situaciones (Gallo, 2011). Cada una de estas etapas tiene unas características y problemáticas particulares, tal como expondremos a continuación.

P. Martín, L. Martínez

2.1. Primera etapa de formación de la Empresa Familiar

Esta etapa inicia con la decisión del empresario emprendedor para abrir su negocio, aquí, independientemente de que la empresa tenga sus propios recursos o no, el gerente se convierte en el profeta y es a la par con unos pocos colaboradores quienes aportan ideas, la fuerza motivadora y la energía suficiente siempre dispuesta a resolver cualquier problema que suceda. Normalmente, el fundador también es un simple trabajador, ya que hace de todo con tal de que el negocio embrionario siga adelante. Poco a poco el puesto de cada uno se va identificando más y ya existe cierta jerarquía, aunque aún sea muy leve, puesto que se van incorporando nuevos trabajadores que suelen ser formados por el propio "jefe". En esta etapa puede que se incorpore a trabajar la 2ª generación siendo los principales motivos de esto, el ayudar para que el negocio siga adelante de una forma barata y sencilla, y el que los hijos vayan aprendiendo el negocio. Aquí los principales problemas que aparecen es que el fundador no sabe como delegar, él tiene que ocuparse de todo porque los nuevos no saben como resolver los pequeños problemas que pueden surgir trabajando, y es cuando aumenta la tensión.

2.2. Segunda Etapa de estructura de la empresa

Aquí se comienzan a instaurar soluciones a algunos de los problemas surgidos en la etapa de inicio, donde se estructura más claramente la empresa, y ya el fundador (gerente) deja de dedicarse a cualquier cosa para volcarse en generar estrategias para seguir adelante, desarrolla formas para que funcione bien el interior de la empresa, pero sin descuidar a la competencia. Sus principales funciones ya están claras, como son: organizar correctamente, capacitar a sus trabajadores y motivarles.

Los problemas que pueden surgir en esta etapa suelen ser de tipo externo, es decir, promovidos por los factores externos, así como es el ansia de vender cada vez más para aumentar los beneficios, por lo que no se adelanta a los posibles problemas que puedan surgir y se convierte más en una empresa rutinaria esperando a las complicaciones que pudieran aparecer. De esta forma se convierte en una organización reactiva. Además, en esta fase la sucesión empieza a ser un tema de debate, ya que los hijos han aprendido ya parte del negocio y puede se que algunas veces ya estén trabajando en activo dentro de la organización, por lo que el fundador se empieza a plantear hacia donde encaminar a sus hijos o parientes más cercanos para tomar en el futuro el control del negocio.

2.3. Tercera Etapa

En esta etapa final la empresa ya se ha profesionalizado, por lo que se le considera como una empresa mediana o grande. Para continuar así se tiene que seguir inculcando los valores y la cultura de la empresa a las futuras generaciones y seguir desarrollándose en el mercado donde compita. En esta etapa se empieza a pensar en las posibilidades de expansión (en aquellos negocios donde se desarrolla la actividad con buenas perspectivas de futuro), por lo que se enfrenta al dilema de internacionalizar la empresa. Puesto que en la mayoría de los casos la financiación necesaria es tal que el capital que los fundadores o sucesores pueden aportar no es suficiente; se le plantean dos opciones para llevar a cabo esa inversión:

- Acudir a las fuentes tradicionales de financiación: créditos bancarios, aportaciones de socios, beneficios no distribuidos, o

- Establecer relaciones con otras empresas, bajo las llamadas alianzas estratégicas.

Si la empresa opta por esta última forma para expandirse, aparece la figura de un agente externo (el accionista) que toma una posición importante en las elecciones de la empresa. Por lo que desde ese momento el negocio se orienta de forma más profesional a la gestión y deja de ser tan centralizado.

Además, la segunda generación toma las riendas por completo, por lo que depende de su trabajo el que la empresa consiga mantenerse igual o mejor a cómo la dejó el fundador. En muchas ocasiones en esta etapa ya está comenzando a aparecer la 3ª generación.

El principal problema que se plantean las empresas que alcanzan este nivel es la de la sucesión, es decir, que todo el esfuerzo gastado por el fundador se vuelva al traste por la forma de dirigir de su sucesor.

En suma, es necesario tomar conciencia de los conflictos que surgen en las empresas familiares para comprender la dinámica del negocio familiar y para ver cómo interaccionan los individuos implicados en su calidad de propietarios, directivos y miembros de la familia. Ya que los diferentes puntos de vista de cada colectivo, puede describir perspectivas distintas y enfrentadas (Gallo, 2011). Por ello, es necesario tener un claro conocimiento de la dinámica y fases de la Empresa Familiar para comprender las posturas de cada una de las partes y, sobre todo, establecer reglas claras con el fin de garantizar que las cosas irán bien en el presente y futuro de la organización y de la familia.

3. Principales causas de conflicto

El mundo de los conflictos en el escenario de las empresas familiares, como hemos visto en el epígrafe anterior, puede llegar a ser muy variado. Pero la raíz de todas las causas del conflicto se encuentra en la separación entre los asuntos familiares y empresariales (Astrachan, Klein & Smyrnios, 2001). A continuación, expondremos las principales causas de conflictos que se derivan de la confusión entre ambos sistemas, según el investigador González (2005):

3.1. El reparto de dividendos

Se da prioridad a la reinversión de los beneficios frente a la bonificación de la propiedad por miedo al endeudamiento. Este tipo de decisión genera conflictos con los accionistas activos, que son los que ocupan un puesto de alta dirección, tienen un buen salario y no son partidarios del reparto de beneficios; y los accionistas pasivos, que son aquellos que no trabajan en la empresa y ante la negación del reparto podrían optar por vender sus aportaciones.

3.2. Las relaciones internas

Se refieren al trato de las relaciones con parientes políticos, diferencias entre los empleados familiares y no familiares o la situación de la mujer en la Empresa Familiar. El tema de la mujer ha suscitado numerosos debates en la actualidad por la situación de discriminación surgida. Las mujeres no han sido tenidas en cuenta para la sucesión y en la empresa han ocupado puestos directivos de baja responsabilidad, esto supone un problema, ya que además de no aprovechar las cualidades que éstas pudieran poseer, sus hijos son relegados y quedarían fuera del accionariado de la empresa, provocando posteriormente posibles fugas de accionistas y la consiguiente situación de conflicto.

3.3. Las situaciones de nepotismo

Esto sucede cuando se dan puestos de trabajo a miembros de la familia por el simple hecho de ser del mismo linaje, sin tener en cuenta su formación o habilidades. Este tema genera mucha tensión con el resto de miembros directos no familiares y que ven su trabajo menoscabado y produce desmotivación y desconfianza.

3.4. Sueldos y remuneraciones

Existe la práctica extendida de otorgar sueldos por encima de lo que dictamina el mercado a empleados familiares, o por otra parte, el otorgamiento de los llamados "dividendos encubiertos", materializados en dietas, coches de empresa, etc. Esta situación puede generar situaciones de conflicto entre empleados no familiares o accionistas pasivos por no utilizar criterios objetivos y transparentes con respecto a las remuneraciones.

3.5. La fuga de accionistas

Cuando uno de los miembros de la familia quiere abandonar el negocio y decide vender sus acciones. Este tipo de casos provoca situaciones muy complicadas en el seno de la empresa. Existe divergencia entre la reticencia de la Empresa Familiar a que entre capital ajeno a la familia y la libertad del accionista a vender sus acciones al mejor precio.

3.6. La sucesión familiar o relevo generacional

Se trata del conflicto por excelencia, y hace referencia al proceso por el cual el fundador cede el testigo a las nuevas generaciones al finalizar su ciclo en la empresa. El fundador es el que levanta la empresa desde cero, una vez llegada la edad de jubilación, le cuesta abandonar sus responsabilidades en la empresa. Cuando se ha realizado la primera sucesión en la empresa, nos encontramos con un grupo de hermanos accionistas. Aquí, ya aparecen situaciones que no se daban en la etapa anterior, aparecen intereses y necesidades que no siempre coinciden. Sin embargo, al tratarse de hermanos que han crecido juntos y existir capacidad de comunicación, suele haber consenso en la toma de decisiones. Cuando la empresa se encuentra en la tercera generación, consorcio de primos, suele haber múltiples accionistas familiares, los cuales, al pertenecer a núcleos familiares distintos, se conocen menos entre ellos y por tanto hay menor capacidad de entendimiento, de comunicación y de confianza que en la etapa anterior, generando todo tipo de posibles conflictos. Por ello, la Comisión Europea advirtió que la falta de preparación para garantizar la sucesión puede provocar la desaparición de un porcentaje alto de empresas y los consiguientes puestos de trabajo.

Además de los conflictos asociados a la incorrecta separación de ambos sistemas, también están los conflictos generados por una deficiente gestión de las relaciones emocionales y de la comunicación. Ya que, la deficiente **gestión de las relaciones emocionales** hace que los asuntos de la empresa no se manejen con la lógica necesaria. Además, el deterioro de las relaciones afectivo emocionales familiares conducen a la inflexibilidad en el manejo de la empresa, a la intransigencia e irracionalidad en las decisiones. Para ello, hay que evitar que la informalidad del trato en el grupo familiar, se traslade a una organización profesional como lo es la empresa (González, 2005). Asimismo, aunque muchos miembros de las familias puedan pasar juntos mucho tiempo, esto no garantiza que haya una buena comunicación entre ellos. Ya que, la buena comunicación depende de otros factores, entre los cuales se encuentran en primer lugar la que denominamos *"escucha activa"*, ya que para establecer una buena comunicación primero hay que ser un buen receptor. En segundo lugar, elegir el *"medio de comunicación"* adecuado. En las empresas familiares se abusa de la comunicación verbal, aunque eficaz, esta forma de comunicación en ocasiones resulta imprecisa. La comunicación escrita puede clarificar puntos y ser duradera. Es importante saber cuándo puede utilizarse la comunicación escrita y cuándo conviene usar otro tipo de comunicaciones. Finalmente en tercer lugar, establecer una *"comunicación ética"*. En otras palabras, siempre conviene decir las cosas con claridad y honestidad, cuidando en todo momento la forma de decir las cosas a la hora de transmitir los mensajes, aún más cuando se trata de asuntos familiares. Hay que tener en cuenta que una comunicación deficiente puede ser la principal causa de tensiones familiares, que después pueden terminar en conflictos empresariales.

4. Conclusión

Las Empresas Familiares son organizaciones con una gran carga emotiva, la mutua invasión que producen familia y empresa en el ámbito de las empresas familiares crea una fuente generadora de conflictos que, independientemente de que se manifiesten o no, siguen estando en cada uno de los dos sistemas (Pérez, Basco, García-Tenorio, Giménez & Sánchez, 2007). Por esta razón, la dimensión familiar, que ejerce una gran influencia debe ser correctamente canalizada en la empresa, con la idea de lograr que su impacto sea positivo. Por ello, a continuación, vamos a señalar algunas ideas que pueden ayudar a reducir el potencial de conflicto y mejorar la marcha en las organizaciones familiares.

En primer lugar, todos los miembros de la familia que, de alguna manera, se relacionen con la organización deben conocer las cuestiones fundamentales de ésta y lo que se espera de ellos. Para este fin, existe el *"Protocolo Familiar"*, que debe ser dado a conocer a todos los familiares. Este documento establece las líneas en torno a los asuntos empresariales que le competen a la familia (Sánchez-Crespo, 2009). La creación de un Protocolo Familiar (reglamento interno de funcionamiento) representa un elemento indispensable para evitar la generación de conflictos y contribuye a la resolución de los mismos cuando logran atravesar esa barrera (Martín, 2009), es un proceso largo y arduo que requiere de la colaboración de toda la familia y en ocasiones de un asesor externo. Dicho asesor debe tratar temas importantes como el de la sucesión o las remuneraciones. Al tratarse de elementos dinámicos se han de revisar con periodicidad y con anterioridad a la generación de conflictos futuros. El mejor momento para que se elabore dicho protocolo es cuando la empresa muestra una buena situación, sin contingencias, ya que se trata de preparar una declaración sobre como se quiere que sea la empresa. Este instrumento es más eficaz si está elaborado y aceptado por unanimidad y si es dinámico y flexible. El contenido común del protocolo en todas las empresas de carácter familiar es sobre:

- Aspectos institucionales

- Aspectos de gobierno y la gestión de la empresa

- Aspectos relacionados con la familia

- Aspectos técnico-instrumentales, normas para la resolución de conflictos

En segundo lugar, hacer una división clara de las funciones es fundamental, no sólo para lograr una especialización en el trabajo, sino también para evitar confusiones. Es importante que todos los miembros de la organización tengan claro lo que deben hacer y lo que se espera de ellos. En este sentido, el *"Consejo de Administración"* de la empresa es un órgano regulador para tal fin. Aquí hablamos de un estamento cuya función principal es la de dirigir la organización desde una perspectiva a largo plazo, incorporando a la alta dirección los conocimientos técnicos, experiencia, orientación y supervisión. Otro de los motivos por los cuales se debe formar este tipo de órgano es la previsión de continuidad, ya que en el momento de pasar de una generación a otra habrá miembros de la familia ajenos al trabajo que desearán que sus intereses se vean representados. Por último, otra de las razones de la importancia del Consejo de Administración es su importancia como órgano regulador y mediador en el proceso de sucesión. Por ello, en la actualidad, cada vez son más las empresas familiares que incorporan a su gestión este órgano como parte del proceso de profesionalización de su empresa y como medida de aumento de competitividad de ésta.

Finalmente, se debe crear un *"Consejo de Familia"*, para mediar y solucionar los conflictos. Ya que pueden actuar como foros de debate, a modo de que puedan plantearse abiertamente los temas relativos a la familia y a la empresa. Para que resulte efectivo, debe tener un coordinador, una periodicidad establecida y una agenda clara con los temas que se van a tratar en cada una de sus reuniones. Es el órgano en el que la familia define y toma decisiones sobre los aspectos referentes a su relación con la empresa. Lo más aconsejable es que estén representadas en él todas las facciones de la familia y las diferentes generaciones. Este consejo es el que planifica la sucesión, establece los valores de la cultura empresarial, decide la política de dividendos, la normativa de la venta de acciones y en general todos los aspectos a tener en cuenta en el Protocolo familiar.

En definitiva, es aconsejable establecer un procedimiento de resolución de conflictos, el cual debe convertirse en parte de la *"cultura empresarial"*, y todos los miembros de la familia deben conocerlo perfectamente. Además, debe de incluirse en el "Protocolo Familiar". No importa el mecanismo que se use, lo importante es que logren evitar los puntos muertos originados por los conflictos y permita el desarrollo y continuidad de las dos instituciones: la familia y la empresa.

Referencias

Astrachan, J., Klein, S., & Smyrnios, K. (2001). The F-PEC Scale of Family Influence: A proposal for solving the Family Definition Problem, *Family Business Review, 15(1),* 60-75.

Astrachan, J.H., & Jaskiewicz, P. (2008). Emotional returns and emotional costs in privately held family businesses, *Family Business Review, 21(2),* 139-142. http://dx.doi.org/10.1111/j.1741-6248.2008.00115.x

Björnberg, A., & Nicholson, N. (2007). The family climate scales – development of a new measure for use in family business research. *Family Business Review, 12,* 229-246. http://dx.doi.org/10.1111/j.1741-6248.2007.00098.x

Casillas, J., Moreno, A., & Barbero, J. (2010). A configurational approach of the relationship between entrepreneurial orientation and growth of family firms. *Family Business Review, 23(1),* 27-44. http://dx.doi.org/10.1177/0894486509345159

Corona, J. (2005). *Manual de la Empresa Familiar.* Barcelona: Deusto.

Fuentes, J. (2007). *De padres a hijos. El proceso de sucesión en la Empresa Familiar.* Madrid: Pirámide.

Gallo, M.A. (2011). *El futuro de la Empresa Familiar. De la unidad familiar a la continuidad empresarial.* Barcelona: Profit.

González, M. (2005). Conflicto y Empresa Familiar. En C. Sánchez (Coord.), *Aproximación interdisciplinar al conflicto y la negociación* (pp. 343-353). Cádiz, Servicio de publicaciones de la Universidad de Cádiz.

Martín, P.J. (2009). La resolución de conflictos en la Empresa Familiar. Diario *La Opinión, Suplemento de Economía,* enero 2009. Disponible online en: http://www.um.es/cef

Monreal, J., Calvo-Flores, A., García, D., Meroño, A., Ortiz, P., & Sabater, R. (2002). *La Empresa Familiar: Realidad económica y Cultura empresarial.* Madrid: Civitas.

Monreal, J., Sánchez, G, Meroño, A., & Sabater, R. (2009). *La gestión de las empresas familiares: Un análisis integral.* Pamplona: Civitas.

Pérez, M. J., Basco, R., García-Tenorio, J., Giménez, J., & Sánchez, I. (2007). *Fundamentos en la dirección de la Empresa Familiar.* Madrid, Editorial Thomson.

Sánchez-Crespo, A.J. (2009). *El Protocolo Familiar. Una aproximación práctica a su preparación y ejecución.* Madrid: Sánchez-Crespo Abogados y Consultores.

Sciascia, S., & Mazzola, P. (2008). Family involvement in ownership and management: Exploring nonlinear effects on performance. *Family Business Review, 21(4),* 331-345.

Referenciar este capítulo

Martín, P., & Martínez, L. (2013). La gestión del conflicto en la Empresa Familiar como principio básico para su continuidad. En V. Fernandez (Ed.), *Nuevas investigaciones sobre la gestión de la empresa familiar en España* (pp. 45-54). Barcelona: OmniaScience.

OmniaScience

Capítulo 3

Compromiso Organizativo y Empresa Familiar: Estado del arte

Pep Simo, Jose M. Sallan, Manel Rajadell

Universitat Politècnica de Catalunya (España)

pep.simo@upc.edu, jose.maria.sallan@upc.edu, manuel.rajadell@upc.edu

Doi: http://dx.doi.org/10.3926/oms.175

1. Introducción

La definición del compromiso organizativo, siguiendo la literatura científica y sin perder de vista sus implicaciones más aplicadas en la gestión empresarial, ha variado a lo largo de los años, pero su correcta definición sigue siendo el punto de partida clave para su estudio. Es a partir de su definición que se han desarrollado diferentes teorías y posteriormente escalas de medición que han permitido analizar sus implicaciones, sus consecuencias, o sus antecedentes, desde una perspectiva empírica y acorde con el método científico.

La comunidad científica, a pesar de llevar más de medio siglo investigado el compromiso organizativo, ha seguido realizando nuevas definiciones (Meyer & Herscovitch, 2001) y proponiendo múltiples constructos afines. De este modo también son amplios los estudios centrados en el compromiso hacia el trabajo (e.g., Rusbult & Farrell, 1983), el compromiso hacia los objetivos (e.g., Hollenbeck, Williams, & Klein, 1989), o el compromiso en general dentro del marco empresarial (e.g., Becker, 1960; Salancik, 1977), entre otros. Dentro de esta variedad de definiciones, hay algunos elementos en común. Principalmente podríamos aceptar que se trata de un estado psicológico (Meyer & Allen, 1991) que conduce a ciertas actitudes u orientaciones (Currivan, 1999; Meyer & Herscovitch, 2001) y crean un vínculo o lazo de unión entre individuo y organización (Mathieu & Zajac, 1990). Las principales diferencias entre definicones radican en la descripción de la naturaleza u origen de estas fuerzas motivacionales (Meyer & Herscovitch, 2001).

La importancia del compromiso dentro del contexto organizativo y empresarial se hace patente en una amplia variedad de relaciones empíricamente contrastadas entre el compromiso y comportamientos deseables para un mejor consecución de los determinados objetivos empresariales. Entre ellos, podemos destacar los incrementos de desempeño en el trabajo, la reducción de la rotación no deseada de los empleados o el absentismo (Escrig-Tena, Bou, & Camison, 2001). Incluso desde una perspectiva más amplia, la sociedad tendería a beneficiarse en términos de mayores productividades nacionales, estabilidad laboral (Mathieu & Zajac, 1990), y salud en el trabajo o bienestar (Meyer & Herscovitch, 2001). Además, como como argumentaba Brown (1996), puede influenciar el comportamiento con independencia de otras motivaciones: desde la perspectiva de un observador neutral, el compromiso puede inducir a comportamientos que parezcan contrarios a los intereses de los individuos, y a favor del objeto último al cual están comprometidos (Meyer & Herscovitch, 2001).

Dentro de entorno concreto de la empresa familiar, la investigación del compromiso organizativo es quizás incluso más relevante (Sharma & Irving, 2005), dado que se ha justificado que dicho compromiso ha jugado un papel clave en la supervivencia y desarrollo de las empresas familiares, principalmente en periodos críticos (Sirmon & Hitt, 2003). El presente capítulo tiene por objetivo analizar el estado del arte actual de las investigaciones sobre compromiso organizativo y empresa familiar, así como identificar las carencias y establecer líneas futuras de investigación. Para ello, se expondrán las teorías actuales de compromiso organizativo, para posteriormente analizarlas y discutirlas en el ámbito concreto de la empresa familiar.

2. La evolución en la investigación del compromiso organizativo y los modelos actuales

Entender la evolución de las investigaciones y teorías que analizan en profundidad el compromiso organizativo, nos permite adquirir una amplia visión crítica del fenómeno, tanto los pros como los contras de los modelos más actuales y sus posibles implicaciones en el ámbito de la empresa familiar.

Desde las primeras definiciones y aproximaciones de Becker (1960), es a partir de los años 70 del siglo pasado cuando se empiezan a realizar las primeras aportaciones con resultados empíricos destacables. Dentro de estos trabajos seminales se enfoca el compromiso organizativo como un constructo unidimensional y con un enfoque claramente actitudinal (e.g., Mowday et al., 1979; Porter et al., 1974) y caracterizado por tres factores fundamentales:

- Una fuerte convicción y aceptación de los objetivos y valores de la organización,

- La disposición por parte del individuo a ejercer un esfuerzo considerable, y

- El fuerte deseo de permanecer como miembro de la organización.

Paralelamente se fueron desarrollando otras aproximaciones al compromiso organizativo, como las propuestas por Hrebinia y Alutto (1972) y Ritzer y Trice (1969). Basándose en el trabajo de Becker (1960) y en el concepto de *side-bet*, consideran el compromiso inducido por la inversión valorada por un individuo que sería perdida si éste dejara la organización, y orientan la investigación a lo que denominaron compromiso intencionado. Aunque aparecieron otras propuestas orientadas a estudiar el compromiso (e.g., Hall, Schneider, & Nygren, 1970; Cook & Wall, 1980; Angle & Perry, 1981; O'Reilly & Chatman, 1986; Penley & Gould, 1988), son posiblemente estos dos los que más influyeron en la definiciones multidimensionales más aceptadas hasta la fecha por Allen y Meyer (1990).

A pesar de ciertas críticas bien fundamentadas (e.g., Bergman, 2006; Ko et al., 1997; Solinger et al., 2008; Vandenberg & Self, 1993), el modelo propuesto a partir de los años noventa del siglo pasado por Allen, Meyer y su equipo de investigación (Allen & Meyer, 1990, 1996; Meyer & Allen, 1984, 1991, 1997; Meyer et al., 2004; Meyer & Herscovitch, 2001; Meyer et al., 2002) podría decirse que es el que prevalece hasta la actualidad (Bergman, 2006) y el que acumula mayor número de investigaciones empíricas que avalan el modelo.

La visión de Meyer y Allen reposa en tres dimensiones o caminos que permiten a los individuos vincularse a las organizaciones. El compromiso afectivo (*affective commitment*) como el deseo de pertenecer a la organización (quieren/desean hacerlo). El compromiso de continuidad (*continuance commitment*) basado en la creencia que dejar la organización será costoso (lo necesitan). El compromiso normativo (*normative commitment*) es el sentido de obligación hacia la organización (deben/están obligados) (Allen & Meyer, 1990). Diferenciándose principalmente entre ellos en el hecho que los tres representan distintos *mindsets* que caracterizan cada dimensión del compromiso (Meyer et al., 2004).

El compromiso afectivo se define como el vínculo afectivo que un individuo siente hacia una organización, caracterizado por la identificación e implicación del individuo con la organización, así como el sentimiento de placer de formar parte de ella (Allen & Meyer, 1990; Meyer & Allen, 1997; Mowday et al., 1982; O'Reilly & Chatman, 1986). En este punto se encuentra un aspecto que constituye una de las fortalezas básicas de la empresa familiar: las formas de lograr unidad entre los tres sistemas que se interrelacionan en ella (propietarios, familia y personal de la empresa) (Gallo, 1995).

El compromiso de continuidad es aquel asociado a la necesidad de permanecer en la organización, causado por la percepción de los costes o la pérdida de beneficios resultado de las inversiones individuales realizadas en la organización y que se perderían en caso de abandonarla (Allen & Meyer, 1990). Su fundamento teórico parte de los *side-bets* (Becker, 1960; McGee & Ford, 1987) y conceptualmente está muy asociado al compromiso intencionado propuesto por Hrebinia y Alutto (1972).

El compromiso normativo ha sido el último en introducirse y a su vez el menos estudiado (Bergman, 2006). Se relaciona con la obligación del individuo a permanecer en la organización (Meyer & Allen, 1991, 1997). De hecho la definición ha variado desde su aparición (Allen, Shore, & Griffeth, 2003). Originalmente el compromiso normativo se basaba en las normas de fidelización organizativas y su internalización (Wiener, 1982), sin una referencia específica a las presiones sociales asociadas a dicha lealtad (Allen & Meyer, 1996; Meyer et al., 1993), como por ejemplo presiones de tipo cultural o familiar (Morrow, 1993). Más recientemente, esta obligación ha variado sustancialmente, aludiendo a la reciprocidad individuo-organización para obtener un beneficio mutuo (Meyer et al., 2002). Algunos de estos cambios se han reflejado en sucesivas revisiones en las escalas de medición (Meyer & Allen, 1991; Meyer et al., 1993). En resumen, la naturaleza propia del compromiso normativo es la sensación por parte de los empleados de estar obligados, definiéndose como un vínculo con la organización debido a la obligación que siente el individuo dado que piensa que es lo correcto y lo que debe hacer (Bergman, 2006).

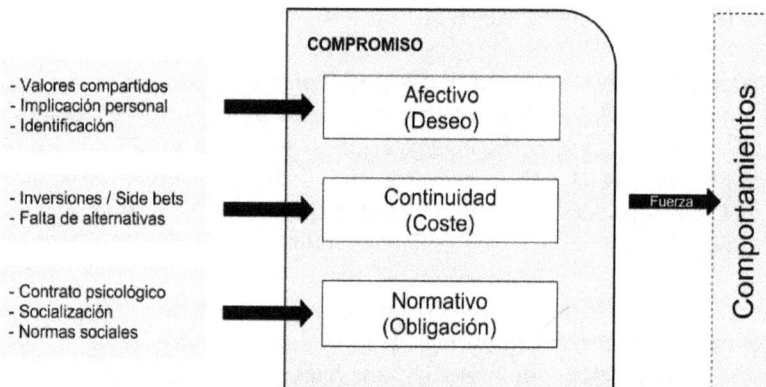

Figura 1. Modelo general de compromiso organizativo (Meyer & Herscovitch, 2001)

Si vamos al plano empírico, existen matices sobre la solidez de las tres dimensiones que deben ser tomadas en consideración. Algunos autores (e.g. Bergman, 2006) han puesto en entredicho la utilidad de mantener la diferencia entre compromiso afectivo y normativo, dada la dificultad de observar diferencias empíricas en sus efectos. De hecho, existen algunas evidencias preliminares que revelarían que el compromiso normativo, incluso, comparte antecedentes con el compromiso afectivo y de continuidad (Luchak & Gellatly, 2007; Powell & Meyer, 2004), implicando según Solinger et al. (2008) que no pueden considerarse dimensiones de un mismo constructo. Pero otros estudios han demostrado ciertas diferencias en los predictores de la conducta (e.g., Lee, Allen & Meyer, 2001; Meyer et al., 1993) y en los antecedentes (e.g., Chen & Stockdale, 2003; Kondratuk et al., 2004). Así mismo, a fecha de hoy no se han realizado estudios longitudinales que nos permitan analizar cómo se influencian ambas dimensiones y cuál es su proceso de creación.

Por otro lado, el compromiso de continuidad presenta correlaciones poco significativas con el compromiso afectivo y normativo (Meyer et al., 2002). Pero los últimos resultados parecen indicar que esta dimensión se podría subdividir en dos y que tendrían una interpretación lógica (McGee & Ford, 1987): por un lado la percepción de escasez de alternativas de oportunidades de empleo, y por otro el sacrificio percibido asociado a abandonar la organización. Basándose en esta convicción, Powell y Meyer (2004) rediseñaron la escala de compromiso de continuidad para separar de forma más clara ambas subdimensiones, versión que actualmente es ampliamente utilizada.

Aunque el modelo de tres dimensiones de Allen y Meyer sigue siendo el paradigma central en la investigación sobre compromiso organizativo, no podemos olvidarnos de otros modelos, en algunos casos muy similares y que han sido contrastados empíricamente, por ejemplo:

- Angle y Perry (1981) distinguieron entre value commitment y commitment to stay basándose en los resultados de un análisis factorial realizado con el Organizational Commitment Questionnaire (OCQ) (Mowday et al., 1979; Porter, Crampon, & Smith, 1976).

- Jaros et al. (1993) sugirieron también una conceptualización multidimensional del compromiso muy similar a la propuesta por Meyer y Allen (1991). Específicamente, distinguieron entre compromiso afectivo, de continuidad y moral. A pesar de las similitudes, también podemos observar ciertas diferencias en la definición de las dimensiones. Primero, en la dimensión afectiva Jaros et al. hacen un mayor énfasis en el afecto actual experimentado por los empleados. Por otro lado la definición de compromiso moral está más cercana a la definición de compromiso afectivo de Meyer y Allen (1991), que a la definición de compromiso normativo. Finalmente ambos grupos de investigación conceptualizan de forma idéntica la dimensión de continuidad.

- Penley y Gould (1988) desarrollaron un marco conceptual multidimensional basado en el trabajo sobre implicación organizativa de Etzioni (1961). Específicamente, distinguieron entre tres formas de compromiso: moral, *calculative* y *alienative*. La definición del compromiso moral se corresponde directamente a la proporcionada por Jaros et al. (1993) y se sobrepone conceptualmente a la de compromiso afectivo de Meyer y Allen (1991), al *value commitment* de Angle y Perry (1981) y al de Mayer y Schoorman (1992, 1998). A su vez el *calculative commitment* está muy relacionado al de *compliance* descrito por O'Reilly y Chatman (1986), y representa una motivación instrumental (Wiener, 1982) más que un compromiso. Por último el compromiso *alienative* se asemeja mucho al de continuidad definido por Meyer y Allen (1991), y Jaros et al. (1993).

Centrándonos en el modelo de tres dimensiones de Allen y Meyer, y en uno de sus planos principales que justifican su estudio, las consecuencias y a su vez los antecedentes que conducen a diferentes niveles de compromiso, identificamos los grandes conjuntos de variables asociados a las tres dimensiones de compromiso organizativo.

Si nos situamos a la derecha del las variables de compromiso podemos observar las principales consecuencias que empíricamente se han asociado al constructo. Por ejemplo, y de especial relevancia, se ha observado una correlación negativa de los tres componentes de compromiso con la rotación de los empleados, y positiva con conductas, o variables proxy de éstas, deseadas por las organizaciones (e.g., comportamientos de ciudadanía organizativa, altruismos hacia la organización, desempeño, productividad, el valor de la unidad entre los miembros, la confianza en las posibilidades de mejora de las personas, el facilitar información con sinceridad). En cuanto a intensidades, y separando para cada dimensión, siempre es el compromiso afectivo el que presenta una relación más fuerte con las consecuencias. En cambio, el compromiso de continuidad, que podría por ejemplo ir asociado a políticas de incentivos como las stock options, no presenta relaciones significativas con muchos de los comportamientos deseados. En todo caso, no debemos olvidar que a pesar de los deseados efectos, algunas investigaciones (e.g., Reilly, 1994) han asociado compromiso organizativo a mayores niveles de estrés para los empleados y directivos.

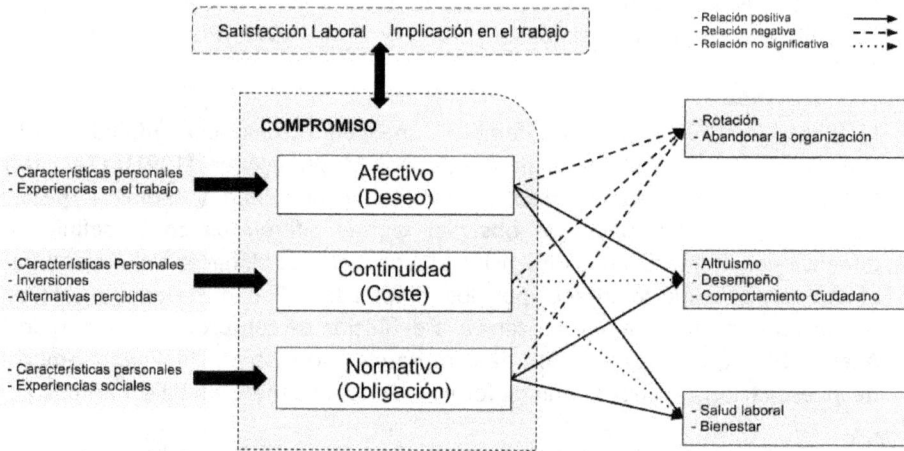

Figura 2. Modelo de tres componentes (Meyer et al., 2002)

En muchas investigaciones se han utilizado otros constructos paralelamente al compromiso organizativo, analizando los efectos sobre los mismos comportamientos anteriormente mencionados, y proporcionando modelos más completos y sólidos. En los modelos clásicos se incluye la satisfacción con el trabajo (*job satisfaction*) y/o la implicación (*job involvement*). En esta dirección, son varios los estudios longitudinales que han intentado determinar qué es causa y qué es efecto. Las conclusiones de los trabajos más importantes han podido determinar que se trata de constructos claramente diferenciados, pero a su vez no han podido determinar si uno precede al otro, por tanto la dirección de causalidad (Mathieu & Zajac, 1990; Meyer et al., 2002; Meyer & Allen, 1991, 1997). Es decir, a fecha de hoy consideramos el compromiso organizativo al mismo nivel en el modelo conceptual que otros constructos como la satisfacción laboral o la implicación en el trabajo, dado que no hemos sido capaces de determinar si la satisfacción laboral contribuye o genera compromiso, o viceversa.

Por último, desde la visión más aplicada y centrada en la políticas de los departamentos de personal, requiere poner el énfasis en los antecedentes del compromiso que permitan direccionar sus niveles. Clásicamente los estudios han dividido los antecedentes en cuatro grandes grupos: variables demográficas, diferencias individuales, experiencias en el trabajo, y alternativas/inversiones percibidas (Meyer et al., 2002). Aunque siempre existen matices, generalizando, podemos afirmar que la relación entre variables demográficas (e.g., edad, nacionalidad, género) y el compromiso organizativo han presentado relaciones poco significativas, es decir muy débiles.

En esta misma dirección podemos hablar de las variables asociadas a las diferencias individuales. Son las experiencias en el trabajo y las alternativas/inversiones percibidas las que se asocian con relaciones significativas, afectando de forma dispar a cada una de las tres dimensiones de compromiso. Por ejemplo se han observado relaciones más fuertes entre compromiso afectivo y la ambigüedad de roles; la percepción de soporte organizativo afecta en mayor medida al compromiso normativo; y la disponibilidad de alternativas y variables asociadas a las inversiones realizadas por los empleados con el compromiso de continuidad.

3. Empresa familiar y compromiso: Estado del arte

Las empresas familiares tienen características muy concretas que las hacen especialmente interesantes desde un punto de vista de la investigación. Quizás como afirman Sharma y Irving (2005) en algunos casos los miembros de la familia no son las personas más cualificadas y que aseguren las mejores contribuciones a sus empresas, pero ello puede verse compensado por una mayor dedicación y compromiso organizativo (Aldrich & Langton, 1998). Para muchos autores, las familias implicadas directamente en sus empresas han jugado un papel clave en el desarrollo y supervivencia de muchos proyectos empresariales (e.g., Aldrich & Cliff, 2003; Astrachan et al., 2003), desarrollando una combinación de paciencia financiera frente a los resultados, sólidas redes de trabajo y elevados niveles de capital humano que incrementan la probabilidad de éxito principalmente en periodos críticos y en especial durante las crisis (Sirmon & Hitt, 2003; Stewart, 2003).

Aunque existen algunas contribuciones a la investigación del compromiso organizativo en las empresas familiares, como veremos, ha sido relativamente poco tratado desde la rigurosidad de las metodologías empíricas (Sharma & Irving, 2005). Estas investigaciones, casi exclusivamente, han tratado el compromiso como un constructo unidimensional, no pudiendo reflejar por tanto las diferencias entre dimensiones afectiva, nornativa y de continuidad del constructo, y por lo tanto las diferentes relaciones e intensidades con sus consecuencias.

Dentro de las pocas investigaciones que relacionan compromiso organizativo y empresa familiar, los estudios se han centrado en los procesos de sucesión y en los directivos miembros de la propia familia propietaria de la empresa. Así mismo, como ya se ha dicho los trabajos empíricos que han tenido en cuenta el modelo de tres componentes es muy escaso. Ello ha provocado que se obvien la diferentes fuerzas que inducen a distintos comportamientos, hecho que se ponen en evidencia en algunas investigaciones cualitativas. De hecho, la mayoría de investigaciones han asociado el término compromiso con la dimensión de compromiso afectivo. Pero Sharma y Irving (2005) analizando diferentes investigaciones cualitativas y en las entrevistas realizadas a diferentes generaciones de empresarios, observan claramente que el *mind-set* que les ha orientado a dedicar la carrera profesional hacia la continuidad de la empresa familiar es distinto y responde fundamentalmente a la dimensiones propias establecidas por Allen y Meyer.

Posiblemente el trabajo más importante realizado sobre compromiso y empresa familiar, aunque centrándose únicamente en el proceso de sucesión y el compromiso de los propietarios y directivos familiares, es el realizado por Sharma y Irving (2005). Se trata de un trabajo teórico, donde minuciosamente y por primera vez, centran el estudio de la empresa familiar con los modelos actuales de compromiso organizativo. En su trabajo, proponen un modelo bien justificado conceptualmente, sobre los antecedentes y las consecuencias del compromiso organizativo en el entorno de sucesión. Siguiendo con la literatura básica de compromiso, proponen y justifican un mayor peso del compromiso afectivo en la posibilidad de establecer relaciones significativamente más fuertes tanto en la decisión de que los sucesores realicen carrera profesional en la empresa familiar, como el los comportamientos asociados a una mayor implicación en la propia empresa.

Desde entonces, no han aparecido suficientes estudios empíricos significativos que permitan corroborar el modelo. A pesar que en términos científicos, es un trabajo relativamente próximo en el tiempo, hasta día de hoy una parte de estos trabajos se han centrado en otros aspectos de la empresa familiar, como puede ser el éxito empresarial y la innovación, analizando las diferencias entre empresas no familiares y familiares (e.g., Kraus et al., 2012). Así mismo, observamos y creemos que el tema es de especial relevancia, puesto que las empresas familiares juegan un fundamental porcentualmente en todas las economías de Europa y muy especialmente en países como España.

En esta dirección, uno de los primeros artículos empíricos que analiza el modelo sobre una muestra de empresas Españolas, es el realizado por Cabrera-Suárez y Martín-Santana (2012). En su incipiente trabajo, estudian la relación del compromiso de los sucesores y la percepción de éxito alcanzado en el proceso, teniendo en cuenta los modelos actuales de compromiso organizativo. Los resultados, parcialmente en la misma línea de las previsiones de Sharma e Irving (2005), muestran que es la dimensión afectiva la que es más importante y significativa, y por lo tanto la que mejor se debe trabajar en el proceso de trazar una carrera para los sucesores. Para estos autores, el resto de dimensiones son poco significativas.

4. Un largo camino por recorrer: Líneas futuras y conclusiones

Habiendo visto la situación actual en el estado del arte, y sabiendo que las empresas familiares constituyen uno de los pilares de la economía europea y muy en concreto de la española, queda ampliamente justificado la necesidad de profundizar en investigaciones que permitan determinar las políticas más adecuadas orientadas a mejorar la gestión y la sucesión en las empresas familiares. Para ello, es fundamental centrarse en los modelos validados y obtener resultados empíricos tanto de consecuencias, como de antecedentes.

Luego, ante la escasez de investigaciones centradas en la empresa familiar frente a otro tipo de empresas o validación de modelos más genéricos, podemos afirmar que existe una agenda de investigación amplia y extensa que debería orientarse a tres niveles. Un primer nivel centrado en aspectos más amplios que nos permitan determinar claramente si es cierto que aunque los miembros de la familia, aunque no sean posiblemente los más cualificados del todo el mercado laboral, aseguran mejores contribuciones a sus empresas compensando su menor cualificación por mayores niveles de dedicación y compromiso organizativo (Aldrich & Langton, 1998). Este enfoque debería ser amplio y no solo limitarse al compromiso organizativo o al desempeño, pues aspectos ligados al tipo de liderazgo, al clima de innovación, al soporte percibido por los trabajadores, pueden ser claves en la explicación de los modelos.

Pero, analizar exclusivamente la diferencia a partir de la evolución financiera entre empresas familiares y no familiares, u otros ratios como la innovación o la internacionalización, pueden ser insuficientes para explicar correctamente la naturaleza real de la empresa familiar. La profundidad de conocimiento que permite centrarse en las unidades de análisis más nanoeconómicas y cómo estas se interrelacionan, puede ayudarnos a determinar modelos de mayor precisión. Es por ello que en un segundo nivel, se debe profundizar en aspectos de la psicología aplicada de los líderes al frente de las empresas familiares y de sus trabajadores. Poco se ha hablado hasta el momento de dos elementos fundamentales: los lideres que no forman parte de la familia, y los trabajadores que no sean parte de la familia propietaria. ¿Puede ser que un mayor compromiso por parte de los directivos miembros de la familia produzca un efecto contagio en el resto de empleados? ¿a qué nivel? ¿cómo afecta al clima organizativo o al altruismo hacia los objetivos de la organización? ¿pueden diferir mucho los objetivos de los familiares con el resto de empleados de la organización?

El efecto contagio del compromiso organizativo y de otros constructos similares ha sido relativamente poco estudiado, debido a su dificultad de análisis. Aunque es un punto clave, que daría soporte a la propia excelencia de las empresas familiares, su estudio requiere el análisis mediante escalas psicométricas combinadas con técnicas de redes sociales. Actualmente existen los medios y conocimientos necesarios para su correcto estudio, y ello nos debería de permitir observar gran parte de las ventajas y desventajas de las empresas familiares en su día a día.

En un segundo nivel, se sitúan los procesos de sucesión. Como hemos visto se trata de uno de los aspectos más estudiados en la empresa familiar. A pesar de ello, hemos observado que son escasas las investigaciones empíricas que corroboren los modelos. Recientemente han aparecido los primeros indicios de la importancia del compromiso organizativo en relación a asegurar una sucesión familiar en la empresa que asegure un mayor éxito organizativo, situando los modelos de compromiso más actuales en la investigación de sucesión de la empresa familiar. Así mismo, aunque parece que empezamos a ser capaces de observar qué tipo de compromiso es el más conveniente y las explicaciones de los modelos vigentes de compromiso organizativo se ajustan también al entorno de empresa familiar, debemos preguntarnos ahora cómo se debe conducir la carrera profesional y la formación previa a ésta para inducir el mayor nivel posible de compromiso afectivo. Es decir, se deben iniciar investigaciones que profundicen en los antecedentes del compromiso y los perfiles de carrera profesional que pueden inducir hacia los compromisos deseados. En una reciente investigación, hemos analizado la relación entre perfiles de carrera y compromiso organizativo, observando que existen relaciones significativas entre ambos (Enache et al., 2013), por lo que nos da indicios que la orientación en los estudios y la educación, así como los primeros años de carrera profesional serán claves en la fijación de actitudes clave de los sucesores.

Por último y en un tercer nivel, creemos que no debemos olvidarnos de otros aspectos fundamentales ligados a los comportamientos en el trabajo y que pueden tener una relevancia más importante aún en las empresas familiares. Aspectos como la conciliación familiar o temas asociados a género son un buen ejemplo de otros aspectos a tener en cuenta. Investigaciones recientes (Otten-Pappas, 2013) observan principalmente mayores niveles de compromiso normativo por parte de las mujeres en entorno de crisis de la empresa familiar, pero cuando las mujeres sucesoras ven claramente que pueden conciliar vida familiar y empresa familiar aumentan los niveles de compromiso afectivo. Partiendo de esta reciente investigación, nos preguntamos si con independencia del género el hecho de estar trabajando por la empresa familiar puede reducir los niveles de conflicto entre trabajo y vida familiar, produciendo un mayor soporte por parte del entorno familiar a las responsabilidades en el trabajo, o si por lo contrario se produce un mayor dificultad de diferenciar trabajo y familia, al estar todo en un mismo entorno.

En conclusión, los procesos de sucesión y el papel que juega el compromiso organizativo siguen siendo claves en las empresas familiares, y queda demostrado que existe un largo camino por recorrer para profundizar en los conocimientos que permitan un mejor desarrollo de la empresas familiar. No por ello debemos centrarnos únicamente en los delicados procesos de sucesión, sino también en otros aspectos ligados a la propia estrategia a medio plazo y al día a día de la organización y de todos los grupos de interés asociados.

Referencias

Aldrich, H.E., & Cliff, J.E. (2003). The pervasive effects of family on entrepreneurship: Toward a family embeddedness perspective. *Journal of Business Venturing*, 18(5), 573-596. http://dx.doi.org/10.1016/S0883-9026(03)00011-9

Aldrich, H.E., & Langton, N. (1998). Human resource management and organizational life cycles. In Paul Reynolds et al. (eds.), *Frontiers of Entrepreneurship Research*. Babson Park, MA: Babson College, Centre for Entrepreneurial Studies.

Allen, D.G., Shore, L. M., & Griffeth, R. W. (2003). The role of perceived organizational support and supportive human resource practices in the turnover process. *Journal of Management*, 29(1), 99-118. http://dx.doi.org/10.1177/014920630302900107

Allen, N.J., & Meyer, J.P. (1990). The measurement and antecedents of affective, continuance and normative commitment to the organization. *Journal of Occupational Psychology*, 63(1), 1-18. http://dx.doi.org/10.1111/j.2044-8325.1990.tb00506.x

Allen, N.J., & Meyer, J.P. (1996). Affective, continuance, and normative commitment to the organization: An examination of construct validity. *Journal of Vocational Behavior*, 49(3), 252-276. http://dx.doi.org/10.1006/jvbe.1996.0043

Angle, H.L., & Perry, J.L. (1981). An empirical-assessment of organizational commitment and organizational-effectiveness. *Administrative Science Quarterly*, 26(1), 1-14. http://dx.doi.org/10.2307/2392596

Astrachan, J.H., Zahra, S.A., & Sharma, P. (2003). Family-sponsored ventures. *Presented in New York on April 29, 2009 at the First Annual Global Entrepreneurship Symposium: The Entreprenerial Advantage of Nations.*

Becker, H.S. (1960). Notes on the concept of commitment. *American Journal of Sociology*, 66(1), 32-40. http://dx.doi.org/10.1086/222820

Bergman, M.E. (2006). The relationship between affective and normative commitment: review and research agenda. *Journal of Organizational Behavior*, 27(5), 645-663. http://dx.doi.org/10.1002/job.372

Brown, R.B. (1996). Organizational commitment: Clarifying the concept and simplifying the existing construct typology. *Journal of Vocational Behavior*, 49(3), 230-251. http://dx.doi.org/10.1006/jvbe.1996.0042

Cabrera-Suárez, M.K., & Martín-Santana, J.D. (2012). Successor's commitment and succession success: Dimensions and antecedents in the small Spanish family firm. *The International Journal of Human Resource Management*, 23(13), 2736-2762. http://dx.doi.org/10.1080/09585192.2012.676458

Cheng, Y.Q., & Stockdale, M.S. (2003). The validity of the three-component model of organizational commitment in a Chinese context. *Journal of Vocational Behavior*, 62(3), 465-489. http://dx.doi.org/10.1016/S0001-8791(02)00063-5

Cook, J., & Wall, T. (1980). New work attitude measures of trust, organizational commitment and personal need non-fulfillment. *Journal of Occupational Psychology*, 53(1), 39-52. http://dx.doi.org/10.1111/j.2044-8325.1980.tb00005.x

Currivan, D. B. (1999). The causal order of job satisfaction and organizational commitment in models of employee turnover. *Human Resource Management Review*, 9(4), 495-524. http://dx.doi.org/10.1016/S1053-4822(99)00031-5

Enache, M., Sallan, J.M., Simo, P., & Fernandez, V. (2013). Organizational commitment within a contemporary career context. *International Journal of Manpower*, 34.

Escrig-Tena, A.B., Bou, J.C., & Camison, C. (2001). Propuesta de un modelo de relaciones entre la dirección de la calidad total (DCT) y resultados a través de la generación de competencias distintivas. *Boletín de estudios económicos*, 56(172), 37-56.

Etzioni, A. (1961). *A comparative analysis of complex organizations*. New York: Free Press.

Gallo, M.A. (1995). Empresa familiar. Textos y casos. Barcelona: Editorial Praxis, S.A.

Hall, D. ., Schneider, B., & Nygren, H.T. (1970). Personal factors in organizational identification. *Administrative Science Quarterly*, 15(2), 176-190. http://dx.doi.org/10.2307/2391488

Hollenbeck, J.R., Williams, C.R., & Klein, H.J. (1989). An Empirical-Examination of the Antecedents of Commitment to Difficult Goals. *Journal of Applied Psychology*, 74(1), 18-23. http://dx.doi.org/10.1037/0021-9010.74.1.18

Hrebinia, L.G., & Alutto, J.A. (1972). Personal and role-related factors in development of organizational commitment. *Administrative Science Quarterly*, 17(4), 555-573. http://dx.doi.org/10.2307/2393833

Jaros, S.J., Jermier, J.M., Koehler, J.W., & Sincich, T. (1993). Effects of continuance, affective, and moral commitment on the withdrawal process – An evaluation of 8 structural equation models. *Academy of Management Journal*, 36(5), 951-995. http://dx.doi.org/10.2307/256642

Ko, J.W., Price, J.L., & Mueller, C.W. (1997). Assessment of Meyer and Allen's three-component model of organizational commitment in South Korea. *Journal of Applied Psychology*, 82(6), 961-973. http://dx.doi.org/10.1037/0021-9010.82.6.961

Kondratuk, T.B., Hausdorf, P.A., Korabik, K., & Rosin, H.M. (2004). Linking career mobility with corporate loyalty: How does job change relate to organizational commitment? *Journal of Vocational Behavior,* 65(2), 332-349. http://dx.doi.org/10.1016/j.jvb.2003.08.004

Kraus, S., Pohjola, M., & Koponen, A. (2012). Innovation in family firms: An empirical analysis linking organizational and managerial innovation to corporate success. *Review of Managerial Science*, 6(3), 265-286. http://dx.doi.org/10.1007/s11846-011-0065-6

Lee, K., Allen, N.J., & Meyer, J.P. (2001). The three-component model of rganizational commitment: An application to South Korea. *Applied Psychology-an International Review-Psychologie Appliquee-Revue Internationale*, 50(4), 596-614. http://dx.doi.org/10.1111/1464-0597.00075

Luchak, A.A., & Gellatly, I.R. (2007). A comparison of linear and nonlinear relations between organizational commitment and work outcomes. *Journal of Applied Psychology*, 92(3), 786-793. http://dx.doi.org/10.1037/0021-9010.92.3.786

Mathieu, J.E., & Zajac, D.M. (1990). A review and metaanalysis of the antecedents, correlates, and consequences of organizational commitment. *Psychological Bulletin*, 108(2), 171-194. http://dx.doi.org/10.1037/0033-2909.108.2.171

Mayer, R.C., & Schoorman, F.D. (1992). Predicting Participation and Production Outcomes through a 2-Dimensional Model of Organizational Commitment. *Academy of Management Journal*, 35(3), 671-684. http://dx.doi.org/10.2307/256492

Mayer, R.C., & Schoorman, F.D. (1998). Differentiating antecedents of organizational commitment: a test of March and Simon's model. *Journal of Organizational Behavior,* 19(1), 15-28.http://dx.doi.org/10.1002/(SICI)1099-1379(199801)19:1<15::AID-JOB816>3.0.CO;2-C

McGee, G.W., & Ford, R.C. (1987). 2 (or more) dimensions of organizational commitment: Reexamination of the affective and continuance commitment scales. *Journal of Applied Psychology,* 72(4), 638-641. http://dx.doi.org/10.1037/0021-9010.72.4.638

Meyer, J.P., & Allen, N.J. (1984). Testing the Side-Bet theory of organizational commitment – Some methodological considerations. *Journal of Applied Psychology,* 69(3), 372-378. http://dx.doi.org/10.1037/0021-9010.69.3.372

Meyer, J.P., & Allen, N.J. (1991). A three-component conceptualization of organizational commitment. *Human Resource Management Review,* 1(1), 61-89. http://dx.doi.org/10.1016/1053-4822(91)90011-Z

Meyer, J.P., & Allen, N.J. (1997). *Commitment in the workplace: Theory, research, and application*. Oaks, CA: Sage Publications.

Meyer, J.P., & Herscovitch, L. (2001). Commitment in the workplace: Toward a general model. *Human Resource Management Review,* 11, 299-326. http://dx.doi.org/10.1016/S1053-4822(00)00053-X

Meyer, J.P., Becker, T.E., & Vandenberghe, C. (2004). Employee commitment and motivation: a conceptual analysis and integrative model. *Journal of Applied Psychology*, 89(6), 991-1007. http://dx.doi.org/10.1037/0021-9010.89.6.991

Meyer, J.P., Stanley, D.J., Herscovitch, L., & Topolnytsky, L. (2002). Affective, continuance, and normative commitment to the organization: A meta-analysis of antecedents, correlates, and consequences. *Journal of Vocational Behavior*, 61(1), 20-52. http://dx.doi.org/10.1006/jvbe.2001.1842

Morrow, P.C. (1993). *The theory and measurement of work commitment*. Greenwich, CT: JAI.

Mowday, R.T., Porter, L.W., & Steers, R.M. (1982). *Employee-organization linkages: The psychology of commitment, absenteeism, and turnover*. New York: Academic Press.

Mowday, R.T., Steers, R.M., & Porter, L.W. (1979). Measurement of organizational commitment. *Journal of Vocational Behavior*, 14(2), 224-247. http://dx.doi.org/10.1016/0001-8791(79)90072-1

O'Reilly, C.A., & Chatman, J. (1986). Organizational commitment and psychological attachment – The effects of compliance, identification, and internalization on pro-social behavior. *Journal of Applied Psychology*, 71(3), 492-499. http://dx.doi.org/10.1037/0021-9010.71.3.492

Otten-Pappas, D.I.M. (2013). The female perspective on family business successor commitment. *Journal of Family Business Management*, 3(1).

Penley, L.E., & Gould, S. (1988). Etzioni model of organizational involvement – A perspective for understanding commitment to organizations. *Journal of Organizational Behavior*, 9(1), 43-59. http://dx.doi.org/10.1002/job.4030090105

Porter, L.W., Steers, R.M., Mowday, R.T., & Boulian, P.V. (1974). Organizational commitment, job-satisfaction, and turnover among psychiatric technicians. *Journal of Applied Psychology*, 59(5), 603-609. http://dx.doi.org/10.1037/h0037335

Powell, D.M., & Meyer, J.P. (2004). Side-bet theory and the three-component model of organizational commitment. *Journal of Vocational Behavior*, 65(1), 157-177. http://dx.doi.org/10.1016/S0001-8791(03)00050-2

Reilly, N.P. (1994). Exploring a paradox – Commitment as a moderator of the stressor burnout relationship. *Journal of Applied Social Psychology*, 24(5), 397-414. http://dx.doi.org/10.1111/j.1559-1816.1994.tb00589.x

Ritzer, G., & Trice, H.M. (1969). Empirical study of Becker,H side-bet theory. *Social Forces*, 47(4), 475-478. http://dx.doi.org/10.2307/2574537

Rusbult, C.E., & Farrell, D. (1983). A Longitudinal Test of the Investment Model – the Impact on Job-Satisfaction, Job Commitment, and Turnover of Variations in Rewards, Costs, Alternatives, and Investments. *Journal of Applied Psychology*, 68(3), 429-438. http://dx.doi.org/10.1037/0021-9010.68.3.429

Salancik, G.R. (1977). Commitment is too easy. *Organizational Dynamics*, 6(1), 62-80. http://dx.doi.org/10.1016/0090-2616(77)90035-3

Sharma, P., & Irving, P.G. (2005). Four bases of family business successor commitment: Antecedents and consequences. *Entrepreneurship Theory and Practice*, 29(1), 12-33. http://dx.doi.org/10.1111/j.1540-6520.2005.00067.x

Sirmon, D. ., & Hitt, M.A. (2003). Managing resources: Linking unique resources, management and wealth creation in family firms. *Entrepreneurship Theory and Practice*, 27(4), 339-358. http://dx.doi.org/10.1111/1540-8520.t01-1-00013

Solinger, O.N., van Olffen, W., & Roe, R.A. (2008). Beyond the three-component model of organizational commitment. *Journal of Applied Psychology*, 93(1), 70-83. http://dx.doi.org/10.1037/0021-9010.93.1.70

Stewart, A. (2003). Help one another. Use on another: Toward an anthropology of family business. *Entrepreneurship Theory and Practice*, 27(4), 383-396. http://dx.doi.org/10.1111/1540-8520.00016

Wiener, Y. (1982). Commitment in organizational: a normative view. *Academy of Management Review*, 7, 418-428.

Referenciar este capítulo

Simo, P., Sallan, J.M., & Rajadell, M. (2013). Compromiso Organizativo y Empresa Familiar: Estado del arte. En V. Fernandez (Ed.), *Nuevas investigaciones sobre la gestión de la empresa familiar en España* (pp. 55-68). Barcelona: OmniaScience.

Capítulo 4

La gestión del conocimiento en las empresas familiares

Tomás Bañegil Palacios, Ascensión Barroso Martínez, Ramón Sanguino Galván

Universidad de Extremadura (España)

tbanegil@unex.es, abarrosom@unex.es, sanguino@unex.es

Doi: http://dx.doi.org/10.3926/oms.03

1. Introducción

En el nuevo entorno en el que se mueven las empresas, la sociedad del conocimiento, las economías de los países desarrollados han sufrido una serie de cambios estructurales que han modificado lo que resulta estratégico para las organizaciones (Zárraga & Bonache, 2005). Frente a los activos de propiedad, que constituían la base tradicional de obtención de ventajas competitivas, los activos de conocimiento, difíciles de imitar y transferir, son hoy en día la fuente que permite a las organizaciones obtener mejores resultados que la competencia (Miller & Shamsie, 1996). Para diversos autores como Corso, Martini, Pellegrini y Paolucci (2003) y Awazu (2006) el conocimiento ocupa hoy en día un papel destacado en la economía, siendo considerado como el exponente de valor añadido más importante para la empresa, pues aprovechar adecuadamente el conocimiento produce normalmente una mayor eficiencia de las operaciones, y mejores resultados en innovación.

La creciente importancia que ha adquirido el conocimiento nos plantea la necesidad de pensar en cómo las organizaciones procesan sus bases de conocimientos, es decir, cómo las organizaciones crean o desarrollan nuevos conocimientos, los comparten y los transmiten (Hendriks, 1999; Wong & Aspinwall, 2004; Watson & Hewett, 2006).

No obstante, debido a la expansión de la economía basada en el conocimiento, un gran número de empresarios y académicos comenzaron a participar activamente en el análisis e implementación de las prácticas de gestión del conocimiento (Bañegil & Sanguino, 2008). Los expertos afirman que hay un visible interés en este tema desde la alta dirección, la tecnología de la información y los departamentos de recursos humanos de las medianas y grandes organizaciones (Baquero & Schulte, 2007; Zack, McKeen & Singh, 2009).

Así, para Bueno (1999) la gestión del conocimiento es la función que planifica, coordina y controla los flujos de conocimientos que se producen en la empresa en relación con sus actividades y con su entorno, con el fin de crear unas competencias esenciales, en gran medida explicadas por la teoría de recursos y capacidades (Habbershon & Williams, 1999; Barney, 2001). Estos flujos de conocimientos son los recursos críticos de los que depende la competitividad de la empresa. Los resultados de la gestión eficiente de estos recursos configuran el capital intelectual de la empresa o el conjunto de competencias personales, organizativas, tecnológicas y de relaciones con su entorno (Bañegil & Sanguino, 2006, 2007).

Parece existir una falta de acuerdo en cuanto a las características de una organización basada en el conocimiento. Algunos autores argumentan que este enfoque se fundamenta en una concepción de la organización como depósito de conocimiento, capaz de generarlo y aplicarlo (Conner & Prahalad, 1996). Para otros la consideran una variante de la teoría basada en los recursos, donde el concepto de recurso se amplía hasta incluir los activos intangibles basados en el conocimiento (Grant, 1996; Habbershon & Williams, 1999). Otros la ven como una muy útil extensión del aprendizaje organizacional hacia la estrategia y la teoría de la organización, capaz de proponer nuevas ideas al funcionamiento organizacional, con lo que su influencia se extiende más allá de la dirección estratégica (Kogut & Zander, 1996). Y otra propuesta es la que identifica el conocimiento como un proceso de carácter social y no como un recurso propiamente dicho (Spender, 1996).

En el contexto de las empresas familiares conviene destacar el importante papel del fundador, del aprendizaje y de la sucesión (Cabrera & Martín, 2010). Debemos ver al fundador como la persona que es capaz de transmitir la cultura que le impulsó a crear la empresa y a continuar con el negocio, siendo la principal fuente de conocimiento en la empresa familiar (Bracci, 2008). Si el fundador está durante un largo tiempo vinculado a la empresa, posibilitará la transmisión de conocimientos; lo que provocará un aprendizaje por parte de los hijos que desde pequeños trabajan y escuchan hablar de la empresa familiar (Moores, 2009). De este modo, cuando se organiza y se produce el proceso de sucesión, los conocimientos se trasladan a la siguiente generación configurando la cultura de la empresa (Chirico & Nordqvist, 2010).

Así, a medida que la empresa va evolucionando, una gran parte del conocimiento tácito del fundador se transmite a todos los miembros de la organización, convirtiendo el conocimiento individual en organizativo, y en ocasiones, en conocimiento explícito. En este sentido, el aspecto más importante es la creación y transferencia de los conocimientos del fundador, de forma que se permita la supervivencia de la empresa a largo plazo (Trevinyo-Rodríguez & Tàpies, 2010; Zapata, Rialp & Rialp, 2009).

2. El enfoque basado en los recursos y capacidades

Con anterioridad al enfoque basado en el conocimiento, el enfoque basado en los recursos y capacidades ha profundizado en la definición estratégica de la empresa en función de los recursos de la misma, donde concibe a la empresa como un conjunto, como una dotación organizada y singular de activos heterogéneos que se crean, se desarrollan, se renuevan, evolucionan y mejoran con el paso del tiempo (Ray, Barney & Muhanna, 2004).

El enfoque basado en los recursos y capacidades sostiene que son dichos recursos y capacidades de una empresa los que nos pueden explicar sus ventajas competitivas sostenibles a largo plazo (Barney, 1991; Forcadell, Montero, Ortiz de Urbina & Sacristán, 2002). Las organizaciones necesitan recursos para llevar a cabo actividades y producir bienes y servicios (Suppiah & Sandhu, 2011). Este enfoque recoge un conjunto de aportaciones que tienen como rasgo común o punto de partida la heterogeneidad de recursos entre las organizaciones y su imperfecta movilidad, lo que ayuda a su supervivencia a explicar las diferencias sostenidas en la rentabilidad observada (Barney, 1991, 2001).

Debido a este enfoque, las empresas deberán dedicar una mayor atención a identificar, desarrollar, proteger y desplegar aquellos recursos y capacidades que aseguren mayores ventajas competitivas sostenibles y, por tanto, rentas superiores a largo plazo. Además, este enfoque se caracteriza por una mayor preocupación por los procesos dinámicos y comportamientos organizativos a través de los cuales la empresa ha ido desarrollando el conjunto de recursos y capacidades que la identifican y al mismo tiempo delimitan el potencial competitivo de la organización.

Por tanto, el objetivo de la visión basada en los recursos es entender cómo las empresas pueden conseguir y mantener sus ventajas competitivas a través de la heterogeneidad de sus recursos. Sin embargo, la simple enumeración de recursos que posee la empresa no explica por sí misma sus potencialidades, es decir, esta heterogeneidad de recursos es una condición necesaria pero no suficiente para obtener una ventaja sostenible. Por ello se requiere conocer la forma en la que la empresa es capaz de combinar y explotar dichos recursos a través de la organización, que será lo que determine sus capacidades (Grant, 1991; Alvarez & Busenitz, 2001; Sirmon & Hitt, 2003; Ray et al., 2004; Sirmon, Hitt & Ireland, 2007).

Este planteamiento de las organizaciones basadas en los recursos explica mejor las ventajas competitivas inherentes a las empresas familiares. Así, en la investigación sobre la empresa familiar, la visión basada en los recursos ha sido muy útil para poner de relieve la complejidad y la singularidad de los mecanismos internos que operan cuando la familia y la empresa interaccionan.

Una consideración clave en el desarrollo de la teoría de la Empresa Familiar es si la implicación de la familia lleva a una ventaja competitiva. La visión basada en los recursos puede ayudarnos a identificar los recursos y capacidades que hacen a las empresas familiares únicas y les permiten desarrollar ventajas competitivas basadas en la familia (Chrisman, Chua & Sharma, 2003).

Sin embargo, aunque este enfoque se ha convertido en una perspectiva teórica dominante en la gestión estratégica, existe escasa investigación empírica que haya abierto la "caja negra" para ayudar a los investigadores a entender la importancia de los recursos para el desarrollo de las capacidades (Priem & Butler, 2001; Sirmon et al., 2007).

La gestión de recursos es fundamental para lograr y mantener ventajas competitivas. En general, el recurso más importante para una Empresa Familiar es su capital humano, su conocimiento, pues le ofrece oportunidades a este tipo de empresas (Sirmon & Hitt, 2003). Esto es debido a que los recursos intangibles son los más propensos a ofrecer ventajas competitivas, ya que son más complejos y difíciles de imitar (Desouza & Awazu, 2006).

Por tanto, las empresas familiares deben evaluar, adquirir, aprovechar y/o desechar sus recursos de forma eficaz; de manera que sean diferentes a los de las empresas no familiares. Estas diferencias son las que les van a permitir a las empresas familiares desarrollar ventajas competitivas y crear riqueza. Sin embargo, al igual que la mayoría de las empresas no familiares, especialmente las pequeñas y medianas, las empresas familiares rara vez poseen todos los recursos que necesitan para competir eficazmente (Sirmon & Hitt, 2003).

Los recursos de las empresas familiares suelen ser diferentes a los de las no familiares debido a la propiedad familiar y a la implicación de la familia en la empresa; de hecho, las empresas familiares tienen más capacidad para construir activos intangibles que para construir cualquier otro activo.

Esta capacidad de desarrollar y construir activos intangibles en las empresas familiares para poder crear ventaja competitiva puede ser debido a los siguientes aspectos (Chrisman et al., 2003; Casillas, 2005; Poza, 2005):

- La interacción entre familia, propiedad y dirección, la unidad familiar y el compromiso con la propiedad.
- Los valores y aspiraciones de los propietarios y directores familiares.
- La transposición de responsabilidades de propietarios y gerentes, junto con las dimensiones reducidas de la empresa.
- La concentración en la estructura de propiedad.
- La identificación que los propietarios sienten con la empresa y desean a toda costa mantener el negocio en la familia para futuras generaciones, es decir, su vocación de continuidad.
- Esta permanencia de la familia en la empresa hace que los empleados no familiares sientan una gran lealtad hacia la misma.
- Las percepciones de las obligaciones éticas.
- El deseo de proteger el nombre y la reputación de la familia y la consolidación en el mercado local.
- La flexibilidad en la organización y la capacidad de adaptación de la empresa, debido a su fuerte liderazgo en la propiedad.
- El reconocimiento de las oportunidades y las amenazas del entorno.
- El enfoque a los clientes y a los nichos de mercado especializados.

Por otro lado, las empresas familiares también presentan dificultades para adquirir recursos intangibles, ya que requieren la realización de inversiones a largo plazo, con elevado grado de incertidumbre y sin garantías reales, planteando problemas de financiación. Este tipo de empresas suelen tener más dificultades para acceder a los mercados de capitales y normalmente son reacias a permitir el acceso de otros socios, ya que ello supondría compartir el control. Así pues, las empresas familiares intentarán, en la medida de lo posible, utilizar sus recursos financieros disponibles, dificultando así el desarrollo de ciertas estrategias.

La capacidad de una determinada Empresa Familiar para aprovechar las ventajas de este enfoque depende de la calidad de la interacción entre los subsistemas familia y empresa. Esta interacción es la que los investigadores de la teoría de la agencia señalan que necesita abordarse con una serie de prácticas administrativas y de gobierno que salvaguarden a la empresa de cualquier peligro relacionado con la familia. Éstas pueden contribuir a controlar los costos hipotéticos y convertir las características únicas de las empresas familiares en recursos que realmente generen una ventaja competitiva (Poza, 2005).

El término *familiness* ha sido introducido para definir los recursos y capacidades idiosincráticos y únicos existentes en las empresas de familiares gracias a la implicación de la familia en la misma (Pearson, Carr & Shaw, 2008). Como tal, *familiness* es uno de los factores intangibles que hace que la Empresa Familiar difiera de la empresa no familiar; además puede ser un punto de diferencia que contribuya a la ventaja competitiva (Habbershon & Williams, 1999). Sin embargo, los recursos y capacidades relacionados con *familiness* pueden presentar tanto ventajas como inconvenientes para la empresa, pudiendo impedir su crecimiento (Craig & Lindsay, 2002; Habbershon, Williams & MacMillan, 2003).

Como hemos mencionado anteriormente, una de las características de la visión basada en los recursos es la creación de riqueza (Ray et al., 2004). Sin embargo, esta característica presenta una debilidad importante del enfoque ya que no es uno de los objetivos principales de las empresas familiares. Los investigadores de este tipo de empresas no aceptan este supuesto (Sharma, Chrisman & Chua, 1997), ya que estudios anteriores revelan que los objetivos familiares son más importantes para los propietarios de las empresas familiares que para los propietarios de las empresas no familiares (Lee & Rogoff, 1996).

Por otro lado, aunque la visión basada en los recursos ayuda a explicar cómo la posesión de recursos puede lograr ventajas competitivas y ofrecer ideas para explicar cómo estos recursos han sido o pueden ser adquiridos a través de la implicación de la familia, es menos útil para explicar cuáles son los recursos requeridos para preservar el negocio como una institución familiar (Chrisman et al., 2003).

Finalmente, Moores (2009) argumenta que la visión basada en los recursos se ha empleado en la investigación de la empresa familiar para:

- Identificar los recursos y capacidades que hacen a la empresa familiar única y que les permiten desarrollar ventajas competitivas basadas en la familia,

- Examinar las relaciones entre la cultura organizacional de la empresa y el espíritu emprendedor,

- Discutir cómo influye la familia sobre la formulación de la estrategia de la empresa y cómo podría afectar sus prácticas de gestión de recursos,

- Desarrollar un modelo para entender el papel de las fuerzas sociales sobre las decisiones de desinversión en la Empresa Familiar,

- Diseñar un modelo longitudinal de la gestión de recursos y

- Estudiar las sinergias en los equipos de alta dirección en las empresas familiares.

3. El enfoque basado en el conocimiento

Dentro de los recursos y capacidades, los recursos que nos permiten obtener mayores ventajas competitivas son los intangibles, y dentro de ellos el conocimiento (Grant, 1996; Conner & Prahalad, 1996), especialmente el existente en las organizaciones (Priem & Butler, 2001). El conocimiento es reconocido como el recurso distintivo único y exclusivo y como el diferenciador clave y crucial para cualquier organización para mantener su ventaja competitiva (Suppiah & Sandhu, 2011).

En este contexto, el aprendizaje juega un papel esencial a la hora de analizar cómo se crea y desarrolla el conocimiento en la organización. La visión de la empresa basada en el aprendizaje[1] es complementaria a las dos anteriores: la visión basada en los recursos y capacidades y la visión basada en el conocimiento (Medina, 1998).

Por tanto, con la evolución de la visión basada en los recursos surgió la visión basada en el conocimiento, donde el conocimiento es el activo clave o estratégico de las empresas. Este enfoque constituye el soporte teórico de este trabajo, tanto desde la perspectiva del contenido, para analizar cuáles son los conocimientos específicos que posee la Empresa Familiar, como desde el análisis de las características que permiten a la misma mantener con el paso del tiempo las ventajas competitivas.

La gestión del conocimiento es una nueva manera de pensamiento de la organización, que sirve para compartir el capital intelectual y los recursos creativos de una empresa. Para Corso et al (2003) la preocupación por la gestión del conocimiento se está incrementando tanto en la investigación como en la práctica, fundamentalmente por dos razones: la primera de ellas, el conocimiento juega y jugará un papel importante en el futuro para determinar la capacidad de la empresa para innovar, y por tanto para su supervivencia y eficacia a largo plazo; la segunda razón, un porcentaje cada vez mayor del total de la fuerza de trabajo está compuesto por el conocimiento de los trabajadores, que piden formas organizacionales nuevas y más adecuadas, y herramientas de apoyo.

Desde nuestro punto de vista, la visión de la organización basada en el conocimiento es una extensión del enfoque de recursos y capacidades. Sin embargo, para aceptar este argumento, se hace necesario crear y mantener una organización capaz de generar y transmitir conocimiento (Kogut & Zander, 1996). En este contexto, el aprendizaje juega un papel esencial a la hora de analizar cómo se crea y desarrolla el conocimiento en la organización.

3.1 La organización basada en el conocimiento

El conocimiento tiene un impacto positivo sobre las organizaciones, puesto que implica que si una organización consigue controlar y dirigir su capacidad de aprender y reutilizar el conocimiento, su eficiencia y competitividad global pueden incrementarse; es por ello por lo que

---

1   Para más información, véase el siguiente artículo: Kogut, B.; Zander, U. (1996): "What Firms Do? Coordination, Identity and Learning. *Organization Science*, vol. 7, nº. 5, p. 502-518.

las organizaciones están dedicando cada vez más esfuerzo a la movilización y administración del conocimiento (Machorro, Cortés, Villafáñez, Martínez, Torres & Montiel, 2008).

El conocimiento ha pasado a ser el recurso más importante para las organizaciones, las cuales han de aprender a explotarlo para poder ganar ventaja competitiva y producir innovación. De este modo, cuando una empresa crea conocimiento y lo explota de manera adecuada y continua, está creando innovación, que deriva en una ventaja competitiva (Nonaka & Takeuchi, 1995). Por tanto, el conocimiento es un activo que le permite a una organización ser innovadora y competitiva en el mercado.

Siguiendo a Nonaka (1991), el nuevo conocimiento se inicia en la persona, el cual se trasforma en conocimiento organizacional valioso para toda la empresa en su conjunto; efectivamente, transmitir el conocimiento individual es fundamental para una empresa creadora de conocimiento.

Por tanto, podemos decir que existen dos tipos diferentes de conocimientos, el conocimiento explícito y tácito:

- **Explícito:** es aquel conocimiento que es formal y sistemático. Puede ser fácilmente comunicado y compartido en forma de unas especificaciones de producto, una fórmula científica o un programa de ordenador.

- **Tácito:** es un conocimiento muy personal, resulta muy difícil expresarlo formalmente y, por tanto, es difícil de comunicarlo a los demás. Se compone en parte de capacidades (modelos mentales, creencias y experiencias) y conocimientos informales difíciles de concretar que se suelen englobar en el término del *know-how*. Una gran parte del conocimiento en las organizaciones es tácito (Suppiah & Sandhu, 2011). Smith (2001: pag 311) señala que el 90% del conocimiento existente en las organizaciones está integrado y sintetizado en la cabeza de sus miembros.

Collison & Parcell (2003) señalan que el conocimiento puede ser creado, descubierto, capturado, depurado, validado, compartido, adoptado, adaptado, transferido y aplicado. Cuando se empieza una actividad empresarial, el primer paso es utilizar un proceso de aprendizaje que reflexione sobre lo ya sucedido y ponga en funcionamiento las lecciones aprendidas.

El conocimiento tácito es dependiente del contexto. El grado en el que el conocimiento es integrado en un contexto específico determina su dependencia, el cual ha sido utilizado para transferir más eficazmente el conocimiento. Por ello, un contexto relevante y familiar ayuda en la transferencia de conocimiento (Endres, Endres, Chowdhury & Alam, 2007; Trevinyo-Rodríguez & Tàpies, 2010).

El conocimiento en las empresas familiares es definido como la sabiduría y la habilidad que los miembros de la familia han adquirido y desarrollado a través de la educación y la experiencia tanto dentro como fuera de la empresa (Chirico, 2008). Es, por tanto, una capacidad que debe extenderse a través de todos los miembros de la familia con el fin de experimentar y desarrollar nuevos sistemas de captura y construcción del conocimiento, y experiencias acumuladas por sus miembros (Comeche, 2007). Para Cabrera-Suarez, Saá-Pérez & García-Almeida (2001) el concepto de conocimiento en la Empresa Familiar incluye información contextual, experiencia enmarcada, creencias, valores y percepción experta, así como el *know-how* y las habilidades para realizar tareas.

La ventaja competitiva de las empresas familiares se basa principalmente en el carácter tácito del conocimiento integrado en sus recursos, y especialmente está basado en la experiencia y habilidad del fundador o predecesor. Éste representa la principal fuente de competencias y capacidades en la organización, el cual puede hacer perder una gran cantidad de conocimiento a la empresa cuando se retire. Por ello, el conocimiento tácito del fundador es el activo estratégico que debe ser transferido y desarrollado (Bracci, 2008).

Por tanto, el conocimiento es una fuente de ventaja competitiva en la Empresa Familiar. Se puede considerar como una forma de conocimiento familiar idiosincrático que hace que la sucesión entre generaciones dentro de la Empresa Familiar sea más rentable, beneficiosa o provechosa (Cabrera-Suarez et al., 2001; Bjuggen & Sund, 2001). Sin embargo, poseer conocimiento no es suficiente para ser competitivo, sino que además es necesario tener una adecuada gestión de dichos conocimientos para hacer un mejor uso de los recursos (Zahra, Neubaum & Larrañeta, 2007).

Tagiuri & Davis (1996) argumentan que la implicación emocional, la historia en común de toda la vida y el uso de un lenguaje privado en las empresas familiares permiten la comunicación entre los miembros de la familia más fácilmente. Esta comunicación les va a permitir intercambiar conocimiento de una manera más eficiente y con una mayor privacidad comparado con las empresas no familiares. Esta privacidad es un aspecto importante en el ámbito de las empresas familiares debido a que suelen ser reacias a desvelar determinada información (Ariño, 2005).

Además, dicha comunicación les va a permitir, desarrollar conocimientos idiosincráticos y competencias dinámicas específicas para una recombinación de recursos que permanezca (o continúe) dentro de la familia y de la empresa a través de las generaciones (Chirico & Salvato, 2008; Salvato & Melin, 2008). Indudablemente, las empresas familiares tienen que hacer frente también a los retos para la creación de competencias dinámicas que sostengan el rendimiento empresarial.

Uno de los grandes dilemas de las empresas familiares es que debe existir una relación simbiótica y de sinergia entre la familia y la empresa para que sea sostenible en el tiempo; por cuanto se espera que la empresa genere valor para la familia y que ésta agregue valor a la empresa de tal forma que la creación de este valor sea imposible sin la implicación de la familia (Chua, Chrisman & Steier, 2003). En este aspecto, la gestión del conocimiento tiene significado, ya que durante la generación de valor también se genera un proceso de creación de conocimiento que resulta interesante para lograr la competitividad de la empresa y a la vez para garantizar la sostenibilidad de la misma (Navarro de Granadillo, 2008).

Las empresas familiares, a menudo, tienen sus propias formas de "hacer las cosas", un *know how* especial que no tienen los competidores. Este tipo de conocimiento tiene un fuerte componente tácito, que normalmente se encuentra en una sola persona o en un número muy reducido.

Aunque las ideas y los conocimientos se forman en la mente de los individuos, las interacciones entre individuos jugarán un papel importante en el desarrollo de la creación de esas ideas y conocimientos (Nonaka, 1991; Chirico, Sirmon, Sciascia & Mazzola, 2011). En este sentido, las empresas familiares juegan un papel esencial en el desarrollo del conocimiento debido a la constante interacción existente entre los miembros por su común vida en la familia y en la empresa.

4. Ciclo SECI (socialización, exteriorización, combinación, interiorización)

Ante la necesidad de mantener las ventajas competitivas de las empresas familiares y su supervivencia a lo largo de las generaciones, nos planteamos cómo deberían producirse los flujos de creación de conocimientos en las mismas. Nonaka & Takeuchi (1995) plantean que el proceso de creación de conocimientos es un proceso de interacción entre el conocimiento tácito y el explícito que tiene naturaleza dinámica y continua. Se construye en una espiral permanente de transformación ontológica interna de conocimiento, desarrollada siguiendo cuatro fases: socialización, externalización, combinación e internalización. Para llevar este proceso de creación de conocimiento al ámbito de las empresas familiares nos basamos también en las aportaciones de Forcadell et al. (2002):

Socialización (de tácito a tácito): Es el proceso de adquisición de conocimiento tácito al compartir experiencias por medio de exposiciones orales, documentos, manuales y tradiciones, añadiendo el conocimiento novedoso a la base colectiva que posee la organización; si bien, al no convertirse en explícito, no puede ser fácilmente aprovechado por la empresa. Para Desouza & Awazu (2006), la socialización es la vía predominante para transferir conocimiento desde el propietario a los empleados y entre los empleados, especialmente en las pequeñas y medianas empresas, debido al cercano contacto entre ellos.

Un proceso fundamental de la Empresa Familiar es la experiencia previa, aspecto imprescindible para la transmisión del conocimiento tácito. El aprendizaje que efectúan los miembros de la familia desde pequeños mediante la observación, y el conocimiento transmitido generación a generación, ilustra la importancia que tiene la socialización en la Empresa Familiar como fuente de transmisión de conocimientos. De este modo, cuando llega el momento de incorporarse a la organización, el sucesor posee un gran conocimiento del negocio.

Exteriorización (de tácito a explícito): Es el proceso de convertir conocimiento tácito en conceptos explícitos que supone hacer tangible, mediante el uso de símbolos y códigos lingüísticos y metáforas, conocimiento de por sí difícil de comunicar, integrándolo en la cultura de la organización; es la actividad esencial en la creación del conocimiento. Si este proceso de exteriorización se da, la transferencia de conocimiento se produciría de una manera más eficiente y eficaz, ya que su propia naturaleza de explícito lo hace más fácil de capturar y utilizar (Bracci, 2008). Sin embargo, a pesar de su importancia para las organizaciones, la gente suele ser reticente a compartir lo que sabe, debido principalmente a la cultura organizacional (Suppiah & Sandhu, 2011).

Por este motivo, en la Empresa Familiar es difícil entrar en esta dinámica, pues los fundadores no están muy dispuestos a explicitar sus fortalezas personales, por pensar que esto haría que dejasen de ser imprescindibles para la empresa y pudiese peligrar su capacidad de liderazgo.

Combinación (de explícito a explícito): Es el proceso de crear conocimiento explícito a partir de conocimiento explícito. Estos conocimientos se intercambian y combinan a través de documentos, reuniones, conversaciones o redes de conocimiento. Sin embargo, esta combinación no amplía realmente la base de conocimiento existente en la empresa.

En la Empresa Familiar este proceso de conocimiento no es tan visible como otras formas de conocimiento, pero la existencia de encuentros donde discutir problemas de la empresa como la

Asamblea Familiar o el Consejo de Familia, puede permitir de alguna forma la combinación de conocimientos.

Interiorización (de explícito a tácito): Es el proceso de incorporación de conocimiento explícito en conocimiento tácito. La empresa, incorporando el nuevo conocimiento explícito al que ya poseía, intentará llevar a cabo nuevas formas de búsqueda y experimentación, generando nueva experiencia y nuevo conocimiento tácito. Más que una labor de adquisición de conocimiento basándose en el análisis, estamos en una etapa de aprendizaje a través del continuo refinamiento de la experiencia.

En el ámbito de la Empresa Familiar, los procesos de formación, tanto a miembros familiares como no familiares, así como su implicación en la empresa, les permiten hacer suyos los conocimientos de la organización, incorporándose el conocimiento explícito en la base de conocimiento tácito de los miembros.

La siguiente tabla sirve de resumen explicativo de los diferentes aspectos de las empresas familiares que reflejan la combinación de los tipos de conocimientos vistos con anterioridad. Así, desde nuestro punto de vista la sucesión es un claro ejemplo de conversión de conocimiento tácito en tácito.

	Conocimiento Tácito	Conocimiento Explícito
Conocimiento tácito	Socialización	Exteriorización
	La sucesión	El protocolo
Conocimiento explícito	Interiorización	Combinación
	Gestión de recursos humanos (formación)	Los órganos de gobierno

Tabla 1. El ciclo SECI en las empresas familiares (Bañegil, Barroso et al., 2012)

Podemos decir, por tanto, que el ciclo SECI ayuda a la generación, transferencia y aplicación del conocimiento (Desouza & Awazu, 2006).

5. Conclusión

Como conclusión, podemos decir que el aspecto más distintivo y valioso que poseen las empresas familiares es el conocimiento, del que se derivan la mayor parte de sus características propias. Para que la Empresa Familiar pueda tener éxito en el mercado actual, debe ser capaz de aprender continuamente y aplicar sus conocimientos, respondiendo rápidamente a los cambios y a las nuevas oportunidades del mercado. Una de las claves de la supervivencia de la Empresa Familiar es la transferencia de conocimientos entre los miembros de la familia y los cambios que las nuevas generaciones deben llevar a cabo para adaptarse. Principalmente porque sus intangibles son los que están creando valor en la organización. La dirección de la Empresa Familiar debe ser la que muestre más interés en el conjunto de intangibles de la misma, su valor, sus conocimientos y competencias.

A continuación se muestra la adaptación en el ámbito de las empresas familiares de la espiral de creación de conocimiento de Nonaka & Takeuchi (1995) con el ciclo SECI.

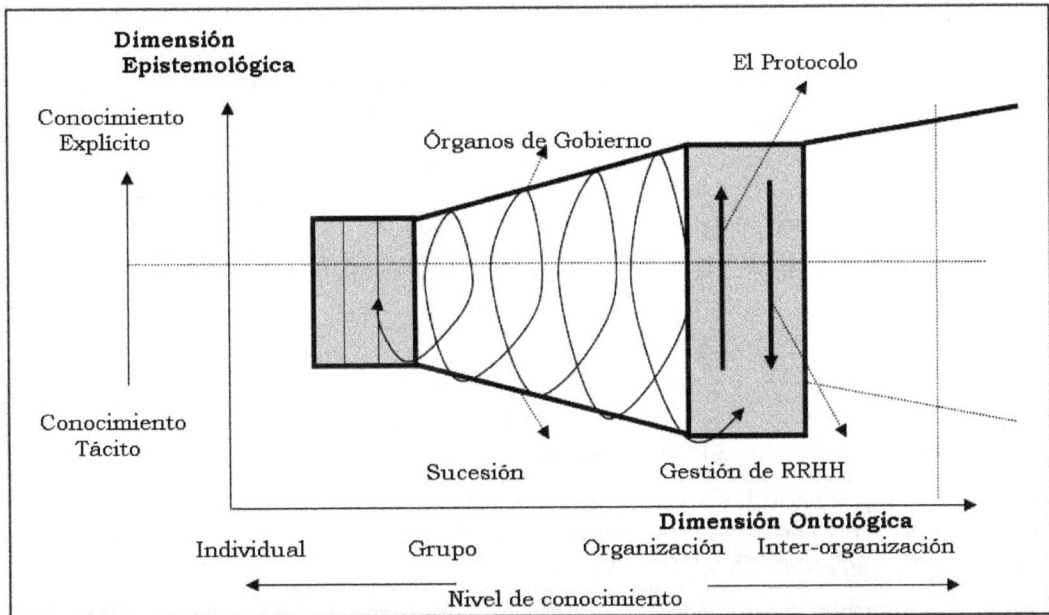

Figura 1. Espiral de creación de conocimiento en las empresas familiares (Bañegil, Barroso et al., 2012)

Por lo tanto, en la Empresa Familiar, más que en el resto de empresas, la habilidad para crear y aplicar conocimientos puede ser la verdadera fuente de ventajas competitivas en los entornos actuales.

Referencias

Álvarez, S.A., & Busenitz, L.W. (2001). The Entrepreneurship of resource-based theory. *Journal of Management, 27,* 755-775. http://dx.doi.org/10.1177/014920630102700609

Ariño, A. (2005). Las alianzas estratégicas: Una opción para potenciar el crecimiento de la empresa familiar. En M. Garrido & J.M. Furgado (coords.). *El libro blanco sobre patrimonio familiar, empresarial y profesional. Sus protocolos.* Tomo VI, 631-675. Barcelona: Ed. Bosch, S.A.

Bañegil, T.M., & Sanguino, R. (2006). Intellectual capital within Iberian municipalities (network). *Journal of Knowledge Management, 10(5),* 55-64. http://dx.doi.org/10.1108/13673270610691170

Bañegil, T.M., & Sanguino, R. (2007). Intangible measurement Guidelines: A comparative study in Europe. *Journal of Intellectual Capital, 8(2),* 192-204. http://dx.doi.org/10.1108/14691930710742790

Bañegil, T.M., & Sanguino, R. (2008). Estrategia basada en el conocimiento y competitividad de ciudades: análisis empírico en las corporaciones locales españolas. *Revista Europea de Dirección y Economía de la Empresa, 17(4),* 85-94.

Bañegil, T.M., Barroso, A., Hernández, R., Barriuso, C., Del Moral, A., Sanguino, R., Tato, J.L., & Gracia, F.J. (2012). *La Gestión de las Empresas Familiares. El caso de Extremadura.* España: Fundación Caja de Extremadura.

Baquero, T., & Schulte, W. (2007). An exploration of knowledge management practices in Colombia. *Journal of Information and Knowledge Management Systems,* 37(3), 368-386. http://dx.doi.org/10.1108/03055720710825663

Barney, J.B. (2001). Resource-based theories of competitive advantage: A ten-year retrospective on the resource-based view. *Journal of Management, 27,* 643-650. http://dx.doi.org/10.1177/014920630102700602

Barney, J.B., (1991). Firm resources and sustained competitive advantage. *Journal of Management, 17(1),* 99-120. http://dx.doi.org/10.1177/014920639101700108

Bjuggen, P.O., & Sund, L.G. (2001). Strategic decision making in intergenerational successions of small- and medium-size family-owned businesses. *Family Business Review, 14(1),* 11-24. http://dx.doi.org/10.1111/j.1741-6248.2001.00011.x

Bracci, E. (2008). A knowledge framework for understanding small family business succession process. *IUP Journal of Knowledge Management, Forthcoming.* Disponible online en SSRN: http://ssrn.com/abstract=1184620.

Bueno, E. (1999a). *Dirección del conocimiento y aprendizaje: creación, distribución y medición de intangibles.* Madrid: Instituto Universitario Euroforum Escorial.

Bueno, E. (1999b). *El consejo de administración y la gestión del conocimiento.* Madrid: Instituto Universitario Euroforum Escorial.

Cabrera-Suárez, K., Saá-Pérez, P., & García-Almeida, D. (2001). The succession process from a resource-and knowledge-based view of the family firm. *Family Business Review, 14,* 37-48. http://dx.doi.org/10.1111/j.1741-6248.2001.00037.x

Cabrera, K., & Martín, J. (2010). La influencia de las relaciones intergeneracionales en la formación y el compromiso del sucesor: Efectos sobre el proceso de sucesión de la empresa familiar. *Revista Europea de Dirección y Economía de la Empresa, 19(2),* 111-128.

Casillas, J.C. (coord.) (2005). *Crecimiento e internacionalización de la empresa familiar.* Documento de investigación 132. Instituto de la Empresa Familiar y PricewaterhouseCoopers.

Chirico, F. (2008). Knowledge accumulation in family firms: evidence from four cases studies. *International Small Business Journal, 26,* 433-462. http://dx.doi.org/10.1177/0266242608091173

Chirico, F., & Nordqvist, M. (2010). Dynamic capabilities and trans-generational value creation in family firms: The role of organizational culture. *International Small Business Journal, 28(5),* 487-504. http://dx.doi.org/10.1177/0266242610370402

Chirico, F., & Salvato, C. (2008). Knowledge integration and dynamic organizational adaptation in family firms. *Family Business Review, 21(2),* 169-181. http://dx.doi.org/10.1111/j.1741-6248.2008.00117.x

Chirico, F., Sirmon, D.G., Sciascia, S., & Mazzola, P. (2011). Resource orchestration in family firms: Investigating how entrepreneurial orientation, general involvement and participative strategy affect performance. *Strategic Entrepreneurship Journal.* http://dx.doi.org/10.1002/sej.121

Chrisman, J.J., Chua, J.H., & Sharma, P. (2003). Current trends and future directions in family business managements studies: Toward a theory of the family firm. *Coleman White Paper Series.*

Chua, J.H., Chrisman, J.J., & Steier (2003). Extending the theoretical horizons of family business research. *Entrepreneurship Theory and Practice, 27(4),* 331-338. http://dx.doi.org/10.1111/1540-8520.00012

Collison, C., & Parcell, G. (2003). *La Gestión del Conocimiento: Lecciones prácticas de una empresa líder.* Barcelona: Ediciones Paidós Ibérica, S.A.

Comeche Martínez, J.M. (2007). Influencia de los factores conductuales en la capacidad de acumulación, generación y transmisión de conocimientos en los *entrepreneurial team* de la organización. Presentado en *Decisiones basadas en el conocimiento y en el papel social de la empresa: XX Congreso Anual de AEDEM, 1,* 73.

Conner, K.R., & Prahalad, C.K. (1996). A Resource-based theory of the firm: Knowledge versus opportunism. *Organization Science, 7(5),* 477-501. http://dx.doi.org/10.1287/orsc.7.5.477

Corso, M., Martini, A., Pellegrini, L., & Paolucci, E. (2003). Technological and organizational tools for knowledge management: In search of configurations. *Small Business Economics, 21,* 397–408. http://dx.doi.org/10.1023/A:1026123322900

Craig, J., & Lindsay, J.N. (2002). Incorporating the family dynamic into the entrepreneurship process. *Journal of Small Business and Enterprise Development, 9(4),* 416–30. http://dx.doi.org/10.1108/14626000210450586

Desouza K.C., & Awazu, Y. (2006). Knowledge management at SMEs: Five peculiarities. *Journal of Knowledge Management, 10(1),* 32-43. http://dx.doi.org/10.1108/13673270610650085

Endres, M.L., Endres, S.P., Chowdhury, S.K., & Alam, I. (2007). Tacit knowledge sharing, self-efficacy theory, and application to the Open Source community. *Journal of Knowledge Management, 11(3),* 92-103. http://dx.doi.org/10.1108/13673270710752135

Forcadell, F., Montero, A., Ortiz de Urbina, M., & Sacristán, M. (2002). *La familiness de la empresa familiar: Una aproximación a su contenido.* Working paper Universidad Rey Juan Carlos. Madrid.

Grant, R. (1991). A resource-based theory of competitive advantage: implications for strategy formulation. *California Management Journal, 33(3),* 114-135. http://dx.doi.org/10.2307/41166664

Grant, R. (1996). Toward a knowledge-based theory of the firm. Special issue: Knowledge and the firm (Winter, 1996). *Strategic Management Journal, 17,* 109-122

Habbershon, T., & Williams, M. (1999). A resource-based framework for assessing the strategic advantages of family firm. *Family Business Review, 12(1),* 1-25. http://dx.doi.org/10.1111/j.1741-6248.1999.00001.x

Habbershon, T.G., Williams, M., & MacMillan, I.C. (2003). A unified systems perspective of family firms performance. *Journal of Business Venturing, 18,* 451-465. http://dx.doi.org/10.1016/S0883-9026(03)00053-3

Hendriks, P. (1999). Why share knowledge? The influence of ICT on the motivation for knowledge sharing. *Knowledge and Process Management, 6(2),* 91-100. http://dx.doi.org/10.1002/(SICI)1099-1441(199906)6:2<91::AID-KPM54>3.0.CO;2-M

Kogut, B., & Zander, U. (1996). What firms do? Coordination, identity and learning. *Organization Science, 7(5),* 502-518. http://dx.doi.org/10.1287/orsc.7.5.502

Lee, M.S., & Rodogg, E.G. (1996). Research note: Comparison of small businesses with family participation versus small businesses without family Participation: An Investigation of Differences in Goals, Attitudes, and Family/Business Conflict. *Family Business Review, 9,* 423–437. http://dx.doi.org/10.1111/j.1741-6248.1996.00423.x

Machorro, A., Cortés, G., Villafáñez, A., Martínez, J.A., Torres, A., & Montiel, E. (2008). Gestión del conocimiento y de la tecnología en la pequeña y mediana empresa mexicana. *Revista de la Alta Tecnología y la Sociedad, 2(1).*

Medina, D.R. (1998). Una visión integral de la empresa basada en los recursos, el conocimiento y el aprendizaje. *Investigaciones Europeas de Dirección y Economía de la Empresa, 4(2),* 77-90.

Miller, D., & Shamsie, J. (1996). The resource-based view of the firm in two environments: the Hollywood films studios from 1936 to 1965. *Academy of Management Journal, 3(3),* 519-543. http://dx.doi.org/10.2307/256654

Moores, K. (2009). Paradigms and theory building in the domain of business families. *Family Business Review, 22(2),* 167-180. http://dx.doi.org/10.1177/0894486509333372

Navarro de Granadillo, K. (2008). Estado actual de la investigación sobre la gestión del conocimiento en empresas familiares. *Revista de Ciencias Sociales, 14(1),* 30-45.

Nonaka, I. (1991). The knowledge creating company. *Harvard Business Review, 69(6),* 96-104.

Nonaka, I., & Takeuchi, H. (1995). *The knowledge-creating company: How Japanese companies create the dynamics of innovation.* New York: Oxford University Press.

Pearson, A.W., Carr, J.C., & Shaw, J.C. (2008). Toward a theory of familiness: A social capital perspective. *Entrepreneurship Theory and Practice, 32(6),* 949-969. http://dx.doi.org/10.1111/j.1540-6520.2008.00265.x

Poza, E.J. (2005). *Empresas Familiares.* México: International Thomson Editores.

Priem, R.L., & Butler, J.E. (2001). Is the resource-based "view" a useful perspective for strategic management research?. *The Academy of Management Review, 26(1),* 22-40.

Ray, G., Barney, J., & Muhanna, W. (2004). Capabilities, business processes, and competitive advantage: Choosing the dependent variable in empirical tests of the resource-based view. *Strategic Management Journal, 25,* 23-37. http://dx.doi.org/10.1002/smj.366

Salvato, C., & Melin, L. (2008). Creating value across generations in family controlled businesses: The role of family social capital. *Family Business Review, 23(3),* 259-276.

Sharma, P., Chrisman, J.J., & Chua, J.H. (1997). Strategic management of the family business: Past research and future challenges. *Family Business Review, 10(1),* 1-35. http://dx.doi.org/10.1111/j.1741-6248.1997.00001.x

Sirmon, D.G. & Hitt, M. A. (2003). Managing resources: Linking unique resources, management and wealth creation in family firms. *Entrepreneurship Theory and Practice, 27,* 339-358. http://dx.doi.org/10.1111/1540-8520.t01-1-00013

Sirmon, D.G., Hitt, M.A., & Ireland, R.D. (2007). Managing firm resources in dynamic environments to create value: looking inside the black box. *Academy of Management Review, 32(1),* 273-292. http://dx.doi.org/10.5465/AMR.2007.23466005

Smith, E.A. (2001). The role of tacit and explicit knowledge in the workplace. *Journal of Knowledge Management, 5(4),* 311-321. http://dx.doi.org/10.1108/13673270110411733

Spender, J.C. (1996). Making knowledge the basis of a dynamic theory of the firm. *Strategic Management Journal, 17,* Winter Special Issue, 45-62.

Suppiah, V., & Sandhu, M.S. (2011). Organizational culture's influence on tacit knowledge-sharing behavior. *Journal of Knowledge Management, 15(3),* 462-477. http://dx.doi.org/10.1108/13673271111137439

Tagiuri, R., & Davis, J. (1996). Bivalent attributes of the family firm. *Family Business Review, 9,* 199-208. http://dx.doi.org/10.1111/j.1741-6248.1996.00199.x

Trevinyo-Rodríguez, R.N., & Tàpies, J. (2010). Effective knowledge transfer in family business. Working Paper - 865. IESE. Business School of Navarra.

Watson, S., & Hewett, K. (2006). A multi-theoretical model of knowledge transfer in organizations: determinants of knowledge contribution and knowledge reuse. *Journal of Management Studies, 43(2).* http://dx.doi.org/10.1111/j.1467-6486.2006.00586.x

Wong, K.Y., & Aspinwall, E. (2004). Characterizing knowledge management in the small business environment. *Journal of Knowledge Management, 8(3),* 44-61. http://dx.doi.org/10.1108/13673270410541033

Zack, M., McKeen, J., & Singh, S. (2009). Knowledge management and organizational performance: An exploratory analysis. *Journal of Knowledge Management, 13(6),* 392-409. http://dx.doi.org/10.1108/13673270910997088

Zahra, S., Neubaum, D., & Larrañeta, B. (2007). Knowledge sharing and technological capabilities: The moderation role of family involvement. *Journal of Business Research, 60,* 1070-1079. http://dx.doi.org/10.1016/j.jbusres.2006.12.014

Zapata, L., Rialp, J., & Rialp, A. (2009). Generation and transfer of knowledge in IT-related SMEs. *Journal of Knowledge Management,* *13(5),* 243-256. http://dx.doi.org/10.1108/13673270910988088

Zárraga, C., & Bonache, J. (2005). Equipos de trabajo para la gestión del conocimiento: La importancia de un clima adecuado. *Cuadernos de Economía y Dirección de la Empresa, 22,* 27-48.

Referenciar este capítulo

Bañegil Palacios, T., Barroso Martínez, A., Sanguino Galván, R. (2013). La gestión del conocimiento en las empresas familiares. En V. Fernandez (Ed.), *Nuevas investigaciones sobre la gestión de la empresa familiar en España* (pp. 69-84). Barcelona: OmniaScience.

Capítulo 5

Planificación fiscal de la sucesión de la Empresa Familiar

Mª Gabriela Lagos Rodríguez

Universidad de Castilla – La Mancha

gabriela.lagos@uclm.es

Doi: http://dx.doi.org/10.3926/oms.11

1. Introducción

Este trabajo se centra en el análisis de una de las fases más importantes y delicadas para una Empresa Familiar: su transmisión o transferencia de una generación a otra. El tema es uno de los más estudiados por las instituciones e investigadores de la Empresa Familiar de diferentes ámbitos, siempre bajo la premisa de tratar de identificar los factores que permiten llevar a cabo la sucesión con éxito. No obstante, la complejidad de la realidad de la Empresa Familiar dificulta un abordaje integral, que permita extraer las recomendaciones necesarias para asegurar una mayor supervivencia en las empresas familiares. Con frecuencia nos encontramos tratamientos parciales, que profundizan en las diferentes facetas desde las que puede ser analizada la Empresa Familiar, y se relega la complementariedad con otras que pueden contradecir o matizar las conclusiones obtenidas.

Conscientes de este problema, nos hemos planteado como objetivo de este capítulo poner de manifiesto la importancia de la planificación fiscal en el proceso de sucesión, desde el carácter instrumental de la fiscalidad respecto a los objetivos estratégicos de la empresa. Por tanto, el resultado no será una propuesta genérica para la sucesión empresarial a partir del mero análisis de la fiscalidad, sino que, considerando las diferentes opciones que se pueden presentar en la sucesión, analizaremos cómo se pueden adaptar los instrumentos fiscales con el objetivo de facilitar el traspaso generacional y minorar su carga. Asimismo, presumimos que la opción elegida por el empresario será siempre la de dejar la propiedad de la empresa en manos de sus descendientes o parientes en general, de otro modo perdería su carácter familiar.

Aunque la forma de transmitir la empresa a otra generación será tomada en atención a condiciones diversas – de orden económico y familiar –, sí existe una preocupación manifiesta por los empresarios sobre el impacto de la tributación. El análisis del mejor trato fiscal debe ser previo a la decisión del empresario que hace nacer el hecho imponible, por tanto, tendremos que analizar las opciones fiscales que se presentan ante la sucesión empresarial, considerando el tratamiento de cada una de ellas. Dado que el gravamen de una venta en bloque de la empresa no es el mismo que el de su enajenación por acciones o el de su donación o entrega en herencia, es cierto que tenemos un campo de análisis que nos permitirá recomendar a cada empresario una opción u otra. En cualquier caso, esa recomendación no puede hacerse *a priori*, sin conocer la realidad económica y familiar del sujeto, por lo que varía de un caso a otro. Por esta razón, la planificación fiscal se ha considerado un ámbito más para la praxis que para la investigación teórica. Sin perjuicio de su vertiente práctica, no sólo el estudio normativo de las opciones fiscales es imprescindible, sino que sólo a través de éste podemos extraer las consecuencias que el sistema fiscal tiene sobre la sucesión empresarial y analizar sus implicaciones generales, en cuanto a la adecuación de la fiscalidad a los objetivos de las empresas familiares.

En este ámbito es en el que se adentra este capítulo, en concreto en la relación entre el propósito de continuidad que presumimos en las empresas familiares y el sistema fiscal que les es aplicable. El objetivo, por tanto, será establecer qué influencia ejerce el cuadro tributario al que se sujetan las empresas familiares y qué repercusión tendrá sobre la sucesión efectiva de la empresa.

Para ello revisaremos la realidad de la Empresa Familiar y de su sucesión, como contexto necesario en el que se inserta el ordenamiento fiscal. Es precisamente el estudio de esta realidad lo que nos permitirá establecer los objetivos a los que debe contribuir la regulación fiscal y poder valorar así su idoneidad o no. Comenzaremos por insertar el problema de la sucesión en el doble enfoque de la repercusión sobre la empresa y sobre la economía, destacando la importancia de estas empresas en las economías desarrolladas, en particular en la española, y la debilidad que presentan en la sucesión, pese a la cual, ésta no suele ser un proceso planificado.

En el tercer apartado abordaremos ya los aspectos fiscales de la planificación precisando cuál es el concepto fiscal que adoptamos, el de la economía de opción. Nos detendremos en algunos aspectos generales de la fiscalidad que permiten dar sentido al estudio pormenorizado de la normativa fiscal española que afecta a la sucesión de la Empresa Familiar. Aunque hemos señalado ya que la fiscalidad no debe ser el criterio básico para decidir cómo, cuándo y a quién transferir la empresa, es muy cierto que las diferencias fiscales pueden determinar esa decisión. Sin embargo, el mantenimiento de la neutralidad impositiva exige que los tributos no se conviertan en factores decisivos en la explicación del comportamiento de los agentes económicos. Sabemos que cuando esto ocurre se compromete la racionalidad de las decisiones y que el resultado más probable es que se perjudique o haga inviable la propia actividad productiva. Tal vez esta exigencia justifica *per se* la inexistencia de un régimen fiscal propio para las empresas familiares, sin embargo, el ordenamiento tributario recoge referencias expresas a las empresas familiares en algunas figuras y el tratamiento específico para aquellas operaciones en las que intervienen parientes. Desde la importancia del régimen económico matrimonial en la afectación de bienes, a la incorporación como trabajadores o socios, al régimen de las denominadas operaciones vinculadas, hasta la sucesión, hay un variado elenco de temas que son objeto de tratamiento en cada figura tributaria que afecta a una Empresa Familiar. Si bien el objeto de este trabajo es la sucesión, también trataremos algunas de las cuestiones mencionadas en la medida en que condicionan la misma.

Por último, expondremos las conclusiones más relevantes referidas al tratamiento fiscal de la Empresa Familiar en España, en particular sobre la sucesión y el efecto de la descentralización de las competencias normativas en las Comunidades Autónomas sobre los impuestos que afectan a la misma.

2. La relevancia de la sucesión en la Empresa Familiar

Solemos utilizar la expresión "Empresa Familiar" para designar ciertas empresas que consideramos que presentan unas características comunes y distintivas frente al resto de empresas. En apoyo de esta consideración diferenciada están las estadísticas, que confirman que las empresas familiares constituyen un elemento fundamental en la actividad económica de cualquier país, si bien su presencia es más visible y significativa en los llamados países desarrollados (Spence & Rutherfoord, 2003). Así, en el ámbito de los países miembros de la Organización para la Cooperación y el Desarrollo Económico (OCDE), estas empresas representan el 99% de todos los negocios en la Unión Europea (UE) y el 66% del empleo total (Observatory of European SMEs, 2012). Los datos disponibles para España muestran que al menos el 65% del total de las empresas españolas son familiares, lo que supone en torno a unos dos millones y medio de empresas que generan aproximadamente el 65% del Producto Interior Bruto del país y dan empleo a más de nueve millones de trabajadores (Instituto de la Empresa Familiar, 2012). Su importancia se ve proyectada también en su creciente papel como impulsoras de nueva actividad empresarial, como destacan los estudios sobre emprendimiento, en los que es significativa la mayor predisposición a emprender de personas que son descendientes de empresarios o tienen en su entorno familiar y/o social alguna referencia empresarial.

Pese a la innegable importancia de este tipo de empresas, uno de los puntos más discutidos por investigadores e instituciones es qué empresa puede ser considerada como "familiar" y cuál no, de modo que podamos contar con una definición común y homologable internacionalmente de qué es una Empresa Familiar. Hasta fechas muy recientes no hemos tenido una definición de estas características, acuñada por las dos principales instituciones internacionales dedicadas a la Empresa Familiar. Dicha definición fue aprobada en Bruselas en la Asamblea General GEEF (Grupo Europeo de Empresas Familiares), celebrada el 27 de marzo del 2008, y en Milán por el International Board of the Family Business Network el 7 de abril del mismo año. Según estas dos entidades, podemos considerar Empresa Familiar aquélla en la que concurran las siguientes características:

- La mayoría de votos debe estar en propiedad de la persona o familiares de ésta que fundó o adquirió el capital social de la empresa o del cónyuge o descendientes de estas personas.

- La mencionada mayoría de votos puede ser directa o indirecta.

- Se requiere que al menos un representante de la familia participe en la gestión de la empresa.

- Para el caso de compañías cotizadas se exige que cualquiera de las personas anteriores posean al menos el 25% del los derechos de voto generados por su participación en el capital social.

Un elemento definitorio, no recogido en el concepto anterior, pero sobre el que existe consenso en cuanto a su importancia en las empresas familiares, es el de ser una actividad orientada a pervivir generacionalmente, es decir, que uno de sus fines primordiales es la continuidad de la misma para los descendientes. Como objetivo estratégico de la empresa se pretende el mantenimiento del control de la propiedad por parte de una familia o grupo familiar, y, con frecuencia, también el gobierno y la gestión de la empresa. Se puede afirmar, por tanto, que las dos condiciones básicas para que una empresa sea considerada familiar son el control de la propiedad y la decisión de dar continuidad a la empresa mediante la transmisión del control de dicha propiedad a los descendientes.

Precisado el concepto de Empresa Familiar tenemos que constatar que pese al acuerdo existente en su definición económica, el tratamiento jurídico de la misma no la considera un sujeto diferenciado. Por tanto, nuestro Derecho, y en particular el tributario, no contemplan un trato diferente del previsto para cualquier otra empresa, pese a que sí recoge especificidades en los impuestos que la afectan, en particular sobre su sucesión.

La definición de este proceso ofrecida por Guinjoan y Llauradó (2000) resulta idónea para el objeto del tratamiento fiscal que aborda este artículo. Así, para estos autores, el proceso de sucesión es *un conjunto de acciones que tienen lugar en el marco de la Empresa Familiar durante algunos años, realizadas bajo el control del futuro sucedido, que desembocan, de forma programada y con las correcciones necesarias, en la sustitución del empresario al frente de la empresa por sucesor(es) de la misma familia*. Por tanto, el elemento de planificación es fundamental dado que exige un objetivo mantenido en el tiempo – el de la transferencia de la propiedad y control de la empresa – y una serie de decisiones conducentes a este fin. En este proceso planificado debería integrarse la fiscalidad como un elemento estratégico más a considerar para el logro del objetivo. El instrumento idóneo para plasmar este proyecto es el protocolo familiar, que implicará consecuencias fiscales por más que ése no sea el núcleo fundamental del mismo.

Pese a la claridad conceptual del proceso, la realidad muestra que, con frecuencia, el paso de la propiedad y control a las sucesivas generaciones sucede como un acontecimiento no planificado. Así, las empresas familiares españolas presentan un índice de supervivencia que es la mitad de las no familiares, sólo llegan a la segunda generación un tercio de ellas y entre un 10% y un 15%

a la tercera generación, de cuarta generación en adelante, los porcentajes pasan a ser una reducida relación nominal de casos concretos (Dyer, 1986). Estos datos se mantienen en una comparación internacional, de modo que parece confirmarse que el carácter familiar de las empresas les supone un problema para su supervivencia. Así pues, las empresas familiares son muy numerosas en cualquier economía desarrollada pero con un bajo índice de supervivencia, de modo que nos encontramos con dos proyecciones contrapuestas: de un lado la estática y cuantitativa – son muchas – y otra dinámica y cualitativa – sobreviven pocas –. A este respecto, los investigadores y las entidades que estudian a las empresas familiares se plantean qué factores son los que condicionan el éxito de las empresas familiares que sobreviven.

Una de las cuestiones fundamentales es la relativa al origen de la Empresa Familiar, en relación a la persona que crea la empresa y al motivo por el cual la crea. Una Empresa Familiar es una etapa en la vida de una empresa. Si la evolución es la deseable, la empresa dejará de ser familiar para dar paso a una familia empresaria. En el momento de la creación, la persona en cuestión presenta un perfil socio-demográfico y psicológico y una motivación concreta. La propiedad y la dirección coinciden y son unipersonales y, por lo general, no se crea una "Empresa Familiar", se crea una empresa, la nueva empresa devendrá o no en "familiar". En el momento fundacional, por lo común, en función del perfil de la persona fundadora, no existe todavía familia descendiente y por tanto tampoco voluntad de darle continuidad, entre otros motivos porque en ese momento fundacional ni siquiera está asegurada la supervivencia de la empresa.

El perfil y la motivación de la persona fundadora determinarán, entre otros aspectos, el estilo de dirección que regirá la empresa en los años siguientes (ESADE & Family Business Knowledge, 2006), lo cual será determinante para entender la evolución de la empresa (Kenyon & Ward, 2005). Con el transcurso del tiempo, si la gestión es eficiente, la empresa superará los primeros años de vida y, dependiendo de las capacidades y de la motivación de la persona, tenderá a crecer, en mayor o menor medida. En este caso, un perfil más emprendedor, una motivación positiva y una alta capacidad empresarial, habrán generado una empresa innovadora en un sector emergente o en crecimiento, con una gran capacidad competitiva y buenas perspectivas. Un perfil no emprendedor, una motivación reactiva y una menor capacidad directiva, habrán generado una empresa imitadora y en condiciones menos competitivas.

Paralelamente, la vida de la persona que crea la empresa también evoluciona, contrae compromisos personales y asume responsabilidades, funda su propia familia, tiene descendencia, procura el sustento de su familia, se preocupa por su futuro y, finalmente, contempla la continuidad de su empresa a través de su familia, como un medio para asegurar su propia supervivencia. Con independencia de cuál fuese la motivación para crear la empresa – deseo o necesidad –, la empresa se convierte en un medio de vida para la familia, en un instrumento para asegurar la futura supervivencia de los descendientes. Esto requiere que la empresa esté en condiciones de garantizar su propia supervivencia en el tiempo y asegurar una serie de condiciones que permitan una gestión eficiente y la generación de rentas suficientes para los descendientes.

Cuando la persona fundadora incorpora a algunos miembros de la familia en puestos de trabajo de la empresa – operativos o de dirección –, podemos calificarla ya como Empresa Familiar, en un sentido laxo. Lo que pretende el empresario es proveerles de una renta por trabajo que suele ser el preludio de una renta financiera como inversores copropietarios y que anticipa la futura sucesión.

Ahora bien, el proceso de sucesión implica la transmisión del control de la actividad, es decir, la transmisión de la propiedad en grado suficiente para que los nuevos propietarios familiares ejerzan el control y tomen decisiones estratégicas, entre ellas quién o quiénes gobernarán y dirigirán la empresa. No cabe duda de que se trata del elemento clave que confiere a la empresa su verdadera condición de familiar, sólo en el momento en el que se ha producido el traspaso de la propiedad que permite el control por parte de los descendientes se materializa verdaderamente la condición de "familiar" de la empresa. Hasta entonces, se habrá manifestado la voluntad, la intención de acometer dicho traspaso y se habrán tomado decisiones para hacerlo efectivo, pero, en estricto sentido, no se ha producido la transferencia del poder a la segunda generación, que confiere realmente el control de la mayoría de la propiedad y plena capacidad de tomar decisiones estratégicas sobre el futuro y el gobierno de la empresa.

El proyecto empresarial que dará lugar a lo que, de común acuerdo, designamos como Empresa Familiar, surge con un marcado carácter personalista, de manera que en la primera fase de existencia de la Empresa Familiar, lo menos importante será la forma jurídica adoptada y, en consecuencia, la fiscalidad que se le aplique. En su inicio, lo relevante para el emprendedor es poner en marcha su idea de negocio con su estilo personal de dirección, en definitiva, de organizar los medios de producción y de intervenir en el mercado para la consecución de un fin de lucro. Es consecuente, por tanto, que una buena parte de las empresas familiares hayan comenzado su existencia con un empresario trabajador autónomo o con formas societarias en las que existe una fuerte concentración de la propiedad en el empresario o en muy pocos titulares más, que suelen ser familiares muy allegados.

La señalada concentración de la propiedad de la empresa en unos pocos individuos vinculados por lazos familiares es precisamente el elemento diferenciador del agente "Empresa Familiar". Además, esta característica se acentúa durante el proceso de consolidación de la empresa y a medida que se aproxima el momento de la sucesión. Los analistas de este tipo de empresas coinciden en señalar la conveniencia de establecer los criterios para la inserción de los familiares en la gestión o en la actividad laboral de la empresa precisamente en las etapas iniciales del proyecto empresarial, en especial, en la de consolidación (Vacchiano López, 2007). No obstante, este escenario ideal no es el habitual, sino que, con frecuencia, nos encontramos con la preeminencia de un factor emocional que convierte a la empresa en refugio y sustento de los miembros de la familia y que suele deteriorar las posibilidades de pervivencia del negocio, al margen de las repercusiones fiscales que pondremos de relieve en la sección siguiente de este capítulo.

Durante este periodo de consolidación de la empresa, las decisiones del empresario fundador son las que determinan el devenir del negocio. La expansión y crecimiento del mismo justifican el recurso a profesionales externos que asumen responsabilidades en la gestión y que pueden llegar a ser una opción racional en la planificación sucesoria de la empresa. Asimismo, como ya hemos señalado, también se incorporan miembros de la familia a diferentes puestos y con distintos niveles de responsabilidad. Si bien lo deseable es que cada individuo sea elegido sólo en función de su cualificación y formación, lo cierto es que en las empresas familiares pueden primar criterios de tipo afectivo que alteran la racionalidad de la elección y que suponen una desventaja para la empresa y un factor más de interferencia en las elecciones de la sucesión. Este problema no es un tema menor, pues convierte al negocio familiar en el sustento de ciertos miembros de la familia que alcanzan niveles de renta sólo explicables por su vínculo parental, por lo que su resistencia al cambio será muy alta. En este aspecto, una buena planificación económica y fiscal, que permita asegurar la renta de estos familiares supondrá un elemento muy favorable para la mejora del proceso sucesorio.

La influencia de los vínculos familiares se hace más patente aún en el momento de abordar la sucesión y suele llevar a una confusión entre los conceptos de propiedad y control empresa[1] . La diferenciación de ambos roles y la apuesta por la profesionalización de la gestión de la Empresa Familiar es imprescindible para la pervivencia de la empresa pero suele predominar el deseo de mantener en la familia tanto la gerencia de la empresa como la propiedad de la misma. Una de las soluciones más socorridas para conseguir este escenario de confluencia es la de elegir a un sucesor en la familia y asegurar que su formación es la adecuada y su vocación la de servicio al proyecto empresarial familiar. A la dificultad de encontrar el perfil adecuado de este gestor dentro del seno familiar, se unen las injerencias de otros familiares y las desavenencias que pudieran existir en el caso de que haya varios candidatos, lo que convierte esta posible solución en un nuevo problema para el sucesor, si no se resuelven estos conflictos.

En este breve repaso de lo que supone para la Empresa Familiar enfrentarse a la sucesión se hacen patentes las importantes dificultades que se plantean. La conexión entre empresa y familia puede representarse por el rostro doble de Jano: feliz, en la medida en que dispone de una cantera de familiares de los que se presume una vocación importante para el mantenimiento de la actividad y que con una buena formación pueden darle continuidad, y triste en tanto las disensiones familiares pueden hacer inviable esa continuidad. Recordemos que una de las características básicas de la Empresa Familiar es su vocación de permanencia intergeneracional por lo que la sucesión y transmisión de la explotación económica se convierte en un asunto crucial.

En consecuencia con lo que acabamos de referir, no es de extrañar que una de las preocupaciones más reiteradas por instituciones y gobiernos sea la de tratar de incrementar las cifras de pervivencia de las empresas familiares y entre los factores que pueden contribuir al éxito de una sucesión empresarial está la de la regulación fiscal.

3. La importancia de la planificación fiscal para la Empresa Familiar en España

En las encuestas y consultas que se realizan a los empresarios sobre sus principales preocupaciones, es significativa la importancia que suelen darle a la fiscalidad. Con recurrencia, no importa el país o el sector en los que se demande su opinión, los empresarios suelen identificar como uno de sus principales condicionantes la fiscalidad que les es aplicada. Con frecuencia coinciden en que es, además, uno de los principales obstáculos a los que se enfrentan. Así, los estudios realizados por diferentes instituciones señalan que la proliferación de trámites administrativos, legales y fiscales y la notable complejidad que tienen en algunos casos,

1 Los familiares que se hagan cargo de la propiedad no tienen por qué estar presentes en los órganos de dirección y administración de la empresa o simplemente, pueden optar, en el ejercicio de sus derechos de propiedad, por tomar la decisión sobre quiénes dirigirán el negocio, sean miembros de la familia, propietarios o no, o directivos no familiares, pero siempre bajo el control de los propietarios.

son elementos disuasorios del inicio de la actividad empresarial[2] y dificultan su mantenimiento. La complejidad normativa y administrativa, en particular la del sistema fiscal, provoca distorsiones en las decisiones de los empresarios que afectan de manera negativa tanto el emprendimiento como el desarrollo de la actividad empresarial.

En este contexto, la planificación fiscal de la actividad empresarial se convierte en un factor decisivo de éxito para la empresa. La relevancia de sujetar la toma de decisiones a criterios racionales y temporalizados es crucial en el momento de la puesta en marcha de la empresa y sus consecuencias se prolongarán en el tiempo de arranque y desarrollo de la actividad. En el caso de las empresas familiares, el impacto de la planificación es aún más relevante en una de las fases características de este tipo de empresas, su trasmisión intergeneracional.

La planificación fiscal puede ser definida como el conjunto de acciones que un contribuyente adopta con el objetivo de minimizar su carga fiscal o, dicho de otro modo, de maximizar su utilidad después de descontar los impuestos. No podemos olvidar que los gravámenes asociados a la actividad económica son un coste más de la misma que reducen la ganancia obtenida, por tanto, pretender que sean lo menor posible se convierte en un elemento más de eficiencia en la gestión económica. No comporta ningún elemento negativo o reprobable en la medida en que la planificación fiscal no se plantea como un instrumento fraudulento: lo que se busca es el aprovechamiento de las oportunidades que el legislador ofrece para reducir la carga fiscal de una operación o de un sujeto pasivo, mediante el empleo de las alternativas jurídicas que permiten una calificación favorable en términos de la carga fiscal que comporta. Siempre que la opción elegida responda a los hechos que hacen nacer la obligación tributaria no hay un comportamiento ilegal, no hay fraude por tanto, y siempre que se haga frente al pago de la deuda tributaria no tendremos un supuesto de evasión fiscal.

Otra cuestión distinta es que mediante medios legales, se cambie la calificación fiscal de un hecho imponible de manera que la carga fiscal derivada sea menor, es lo que conocemos como elusión fiscal. Sin ánimo de abundar en cuestiones conceptuales o teóricas que no son objeto preciso de este capítulo, sí conviene recordar que la elusión fiscal legítima coincide con el concepto de planificación fiscal y con el de economía de opción, siendo distinta de la ilegítima en que en ésta se busca el fraude de ley, es decir, la utilización del Derecho para falsear la realidad mediante medios legales. La Ley General Tributaria (LGT) recoge en su artículo 15 el supuesto de *Conflicto en la aplicación de la norma tributaria*, en referencia a lo que la norma de 1963 señalaba como fraude de ley. Se produce el citado conflicto cuando mediante medios legales *se evite total o parcialmente la realización del hecho imponible o se minore la base tributaria mediante actos o negocios* que, considerados de forma aislada o en su conjunto, *sean notoriamente artificiosos o impropios para la consecución del resultado obtenido* y de cuya realización *no derivan efectos económicos o jurídicos relevantes al margen del ahorro fiscal* del que se beneficia el contribuyente. En estos casos se exigirá el tributo que corresponda aplicando

---

2 El Eurobarómetro nº 283 de la Comisión se dedicó en exclusiva a analizar la situación de Europa y otros países del entorno en lo que concierne al emprendimiento. Entre los factores que dificultan o suponen una barrera a la actividad empresarial destacan la falta de apoyo financiero y la complejidad de los procedimientos administrativos, entre los que se cuentan los tributarios. El 71% de los encuestados consideraron dicha complejidad un obstáculo, y la amplia mayoría de ellos lo valoraron como 'fuerte' o 'muy fuerte'. En el caso de España, la encuesta anterior nos sitúa en el sexto lugar de los países estudiados en los que los empresarios perciben los procedimientos administrativos como una barrera importante para la creación de empresas.

la norma prevista para los *actos o negocios usuales o propios*, eliminando, por tanto, el beneficio fiscal que pudiera haber obtenido y exigiéndose el pago de los intereses de demora generados.

El supuesto anterior es distinto de lo que en el ámbito fiscal se denomina economía de opción, que no es otro que la posibilidad de que el sujeto pasivo adopte en sus relaciones jurídico-económicas la forma tributaria más ventajosa dentro del marco de la legalidad vigente. La economía de opción o planificación fiscal es la expresión de la voluntad del contribuyente de acuerdo a su libertad y autonomía, pudiendo optar por la fórmula menos onerosa entre las opciones jurídicas aplicables.

En esencia, lo que subyace es la contraposición entre la aplicación del principio de legalidad en el ámbito tributario, que impide la extensión del hecho imponible más allá de la redacción literal de la norma, y el de justicia tributaria, que exige la tributación de las manifestaciones de riqueza sometidas a gravamen, con independencia de que se hayan verificado a través de medios no previstos (Linares Gil, 2004). Al margen de las consideraciones morales que la elusión fiscal nos pueda suscitar, lo cierto es que no deriva de este comportamiento ninguna sanción tributaria ni penal, en tanto se ajusta a la legalidad vigente. Sin embargo, es necesario deslindar este comportamiento de una planificación fiscal cuando la utilización de las normas y formas jurídicas se dirige a la obtención de resultados previstos por la ley tributaria y se basa en un cálculo previo que permite elegir la opción que menor carga fiscal comporta.

Precisada conceptualmente la planificación fiscal lo que corresponde es identificar los ámbitos en los que se proyecta, que son el diferimiento en la imposición, la opción entre diferentes tipos de gravamen y la elección entre operaciones sujetas a distinta carga fiscal (Stiglitz, 1985). Lo cierto es que en estas tres grandes categorías inciden múltiples variables que los contribuyentes han de tener en cuenta para poder tomar la opción fiscal más favorable. Domínguez Barrero y López Laborda (2001) señalan entre dichas variables el tipo de gravamen, el sujeto pasivo, la calificación de las operaciones, los incentivos fiscales, el tiempo y el espacio. La importancia de las cuestiones señaladas justifica un tratamiento pormenorizado de cada una de ellas, que no podemos abordar en este capítulo, pero sí conviene destacar la relevancia del factor espacio en el Estado español, dado el alto grado de descentralización de la potestad tributaria que presenta.

No es baladí que la planificación fiscal tenga una vertiente externa muy importante. El juego entre legislaciones fiscales diversas supone una de las principales opciones de elección de los sujetos pasivos, al determinar la fiscalidad en función de la radicación de la actividad o del sujeto pasivo o de cualquiera de los elementos normativos de conexión que permiten a un contribuyente elegir el régimen fiscal más favorable. La planificación fiscal internacional afecta a dos sistemas tributarios y en este punto sus efectos son parangonables a los que se verifican en un Estado con una Hacienda Federal, tal como ocurre en España.

Aunque la Constitución del 1978 señala al Estado Central como el titular de la soberanía fiscal originaria, la descentralización de la misma a las Comunidades Autónomas ha sido muy intensa. Al margen de las especialidades fiscales de los territorios Forales – Navarra y País Vasco – la Ley 22/2009, de 18 de diciembre, por la que se regula el sistema de financiación de las Comunidades Autónomas de Régimen Común y Ciudades con Estatuto de Autonomía, contempla un espacio fiscal subcentral muy amplio en el que los gobiernos autonómicos pueden aprobar y aplicar normativas que, en algunos impuestos, pueden diferir substancialmente, dando margen así a una planificación fiscal vinculada al territorio. Este aspecto es muy importante en figuras impositivas que afectan de manera relevante a la Empresa Familiar como son los impuestos sobre Patrimonio, Transmisiones Patrimoniales y, sobre todo, el de Sucesiones y Donaciones, todos ellos cedidos a las Comunidades Autónomas.

Así pues, queda justificada la necesidad de abordar ciertos aspectos de la fiscalidad de las empresas familiares en las que es muy necesario un enfoque de planificación, en especial, en lo que afecta a la transmisión intergeneracional de la actividad.

El análisis fiscal de la Empresa Familiar debe comenzar con la necesaria precisión de que no existe un sujeto tributario definido como tal, por tanto, no podemos referirnos a una fiscalidad específica para este tipo de empresa. El carácter familiar de la actividad económica no supone para el ordenamiento tributario un elemento definitorio que justifique una normativa propia, diferenciada de aquella prevista para el resto de los sujetos pasivos. Esta decisión implica que el régimen fiscal de cada Empresa Familiar variará en función de los mismos criterios que se aplican al resto de contribuyentes, en primer término según la forma jurídica de la actividad y, después, según el volumen de ingresos obtenidos.

La opción del legislador español es la común en la fiscalidad de los países de nuestro entorno y es coherente con el hecho de que la Empresa Familiar no sea considerada un sujeto diferenciado para ninguna de las ramas del Derecho que la regulan, pese a que desde el punto de vista económico sí han sido objeto de atención preferente y diferenciada, al menos en las últimas dos décadas. A la luz de la importancia de la Empresa Familiar parece poco congruente que no se haya definido un sujeto pasivo específico, con una fiscalidad adaptada a las necesidades y peculiaridades de la Empresa Familiar. Sin embargo, el estudio de las normas fiscales generales que le son aplicables muestran una preocupación importante del legislador por la consideración de las cuestiones familiares en el ámbito de los impuestos que gravan la actividad económica y su transmisión. Tanto el impacto del régimen matrimonial en la empresa, como la incorporación de los familiares a la misma – sean como asalariados o como partícipes – como el tratamiento de las operaciones económicas entre familiares y la sucesión o transmisión de la actividad, son materias en las que la normativa fiscal se adapta al factor familiar. No obstante, esta regulación no es privativa de las empresas familiares sino que se aplica en cualquiera de los impuestos afectados a sus sujetos pasivos, sean o no empresas de carácter familiar.

En cualquier caso, esta situación comporta una elevada complejidad en términos de planificación del devenir de la Empresa Familiar, que no puede ser abordada desde una perspectiva única y que está condicionada por factores más complejos que los ya propios de la actividad económica. Es decir, en la planificación de sus decisiones, el empresario familiar no sólo debe tener presente las necesidades propias de la empresa, también debe atender a las de su familia. Es más, debe hacerlas compatibles y lograr que el carácter familiar de la empresa se convierta en una fortaleza para la misma y no en un factor de desestabilización que puede acabar con la actividad económica, como ponen de relieve las cifras de fracaso de la sucesión intergeneracional. En términos prácticos, esta exigencia supone que el empresario familiar no sólo debe ser empresario – es decir, decidir sobre los medios materiales y humanos de producción para intervenir en el mercado obteniendo una ganancia – sino que debe ser capaz de gestionarla conociendo las particularidades y oportunidades que el Derecho Mercantil, Civil o Tributario presentan para la Empresa Familiar. No cabe duda de que se trata de una tarea muy compleja y que con frecuencia excede los conocimientos y capacidades del empresario familiar, lo que de por sí explica en buena medida esas cifras de desaparición de los negocios familiares.

La Empresa Familiar, como cualquier otra, puede tener forma individual o instrumentarse a través de una forma societaria. La forma – persona física o sociedad civil o mercantil – de la Empresa Familiar conlleva diferentes consecuencias en todos los órdenes, tanto jurídicos como económicos, tanto en la creación de la empresa, como en su desarrollo, gestión y tributación, así como en la transmisión de la misma. Como ya hemos señalado, lo habitual es que una Empresa Familiar comience con la idea emprendedora de un individuo que empieza a ejercer su actividad empresarial o profesional bajo la forma de autónomo. Desde el punto de vista fiscal, el empresario individual tributará en el Impuesto sobre la Renta de las Personas Físicas (IRPF) por los rendimientos de actividades económicas generados, imputándoselos a quien realice dicha actividad de forma habitual, personal y directa – en principio, quien figura como titular de la actividad –. La forma de persona física o autónomo suele ser muy utilizada en tanto es la más sencilla de tramitar.

En este tipo de empresas, la gestión es desarrollada por el propio empresario, que es quien responde con todos sus bienes y derechos presentes y futuros de la gestión realizada, es decir, que todo su patrimonio queda afectado a la responsabilidad derivada de su actividad empresarial. En este punto toma especial relevancia el régimen económico matrimonial del empresario que puede dar como resultado una implicación del patrimonio del cónyuge en la responsabilidad de su actividad. Además de este importante inconveniente, la empresa debe transmitirse como un bloque, dificultando tanto este proceso como la obtención de recursos que le permita avanzar en su crecimiento. Por lo general, los empresarios suelen adoptar formas societarias que permiten eludir estos problemas, coincidiendo temporalmente con la fase de madurez de la empresa y el momento de transmisión a la primera generación. A partir del momento en que la forma jurídica de la empresa es societaria el régimen fiscal a que se somete lo encontramos en el Impuesto sobre la Renta de Sociedades (IS).

Podemos encontrar también sociedades civiles y comunidades de bienes que comparten con el empresario individual el problema de la responsabilidad ilimitada con el patrimonio personal y que se caracterizan por su sujeción al IRPF en el régimen de atribución de rentas. Este régimen atribuye a cada socio o comunero las rentas generadas por la actividad de manera que son tributadas en el impuesto personal de cada uno de ellos, haciendo transparente desde el punto de vista fiscal la forma societaria en la que se generan.

Además de la variabilidad expuesta en las formas jurídicas de las empresas también influye, y mucho, el estilo de dirección del empresario. La propuesta idónea para la transmisión de la Empresa Familiar dependerá de estos factores tanto como de la valoración de la misma y, especialmente de la sustentabilidad de los miembros de la familia. Con todos estos condicionantes, el empresario debe decidir cuál es el instrumento idóneo para la sucesión, que va desde la mera transmisión por donación o en herencia a la enajenación, pasando por fórmulas intermedias que permiten al empresario cesar temporalmente en la dirección de la actividad a cambio de una retribución. Repasaremos a continuación las posibilidades de transmisión de la Empresa Familiar y sus implicaciones fiscales para poder formular las conclusiones de este capítulo.

Como premisa de nuestro análisis, la enajenación de la empresa debe realizarse entre miembros de la familia para poder seguir manteniendo la condición de Empresa Familiar. Por tanto, analizaremos el tratamiento fiscal del supuesto en que el empresario opta por vender la empresa o sus participaciones societarias a un pariente, en especial, a su cónyuge o algunos de sus descendientes.

En primer lugar, la transmisión de los activos y el fondo de comercio – o de una rama de actividad – constituyen una operación no sujeta al Impuesto sobre el Valor Añadido[3] (IVA) pero al margen de esta cuestión, lo que más nos interesa es conocer la repercusión sobre la fiscalidad directa del transmitente y del adquirente:

- El empresario que vende experimenta una alteración patrimonial que se reflejará en su IRPF. Si el resultado de minorar el valor de transmisión en el de adquisición fuera positivo, tributará por su ganancia patrimonial en la base imponible del ahorro[4]. También podrá imputarse la pérdida si ésta derivase del cálculo anterior, con los límites y condiciones que la Ley del IRPF señala.

- El adquirente – en el caso que nos ocupa, un pariente – tendrá que hacer frente al pago del Impuestos sobre Transmisiones Patrimoniales (ITP) de los inmuebles afectos que perciba, e integrará los rendimientos generados por la actividad en su IRPF.

La normativa fiscal española no prevé un trato de favor en el caso de la transmisión de la Empresa Familiar por venta a un pariente, cualquiera que sea el vínculo o grado de parentesco. Por tanto, la elección de esta fórmula de transmisión debe responder a otros criterios de naturaleza distinta a la fiscal. Entre los posibles, está el de la voluntad del empresario de ceder el control completo de la empresa a un pariente en concreto – pongamos uno de los hijos – en detrimento del resto. En este caso, como medio para evitar que la obligación civil de respetar el tercio de legítima de la herencia pueda impedir la transmisión completa de la actividad a quien el empresario haya elegido, puede optarse por una venta de la empresa a la persona que él decida como sucesor. Hay que tener en cuenta que el precio pactado debe ser el correspondiente al mercado, tanto porque así lo exige la norma fiscal como porque un precio inferior supondría menoscabar la posición de los otros herederos y favorecería una reclamación por parte de los mismos. Siempre que esta condición se respete, la operación será definitiva. Otra ventaja de esta opción es que puede utilizarse para transmitir una rama de actividad concreta, por tanto, permite que el empresario elija quien le va a suceder en esa actividad, al margen del resto de las otras actividades de la empresa, pudiendo aplicarse el beneficio fiscal previsto en el Régimen especial del IS que a continuación describimos.

Otra posibilidad para la transmisión onerosa de la empresa, en este caso la societaria, es la venta de los títulos representativos del capital social de la entidad en propiedad del empresario. Suponemos, por supuesto, que posee la mayoría de las acciones de la entidad, lo que le permite su control, y partimos, también, de que se venderán a otros miembros de la familia para garantizar el control de éstos, de acuerdo a la voluntad del socio mayoritario.

---

3 Artículo 7.1 de la Ley 37/1992, de 28 de diciembre, del Impuesto sobre el Valor Añadido.

4 Según el artículo 66.2 de Ley 35/2006, de 28 de noviembre, del Impuesto sobre la Renta de las Personas Físicas, el tipo aplicable a la base liquidable del ahorro es del 19% hasta 6.000 € y del 21% para el resto de la base que exceda la cantidad anterior. Redacción dada por la Ley 39/2010, de 22 de diciembre, de Presupuestos Generales del Estado para 2011.

En este caso, la calificación fiscal es de nuevo la de una variación patrimonial que tributará en la base imponible del ahorro del IRPF – si el transmitente es persona física – o que se integrará en el resultado contable de la entidad, si transmite una sociedad. Por tanto, seguimos sin tener un tratamiento fiscal *ad hoc* para las empresas familiares.

Una opción distinta de la venta y que sí presenta ventaja fiscal es la de realizar una aportación de rama de actividad de una entidad a otra, por ejemplo a una empresa creada por el descendiente que el empresario quiere que sea su sucesor. En este caso, se acoge al Régimen especial de las fusiones, escisiones, aportaciones de activos, canje de valores y cambio de domicilio social de una Sociedad Europea o de una Sociedad Cooperativa Europea, regulado en los artículos 83 a 96 del Real Decreto Legislativo 4/2004, de 4 de marzo, por el que se aprueba el Texto Refundido de la Ley del Impuesto sobre Sociedades. Si se verifican las condiciones previstas en este régimen especial, la tributación de la aportación de la rama de actividad estará diferida porque estarán exentos en la base imponible de la entidad transmitente y la sociedad adquirente los incorpora en el valor que tenían para la entidad transmitente antes de la aportación.

Por último, cabe mencionar el arrendamiento del negocio, que no puede ser considerado como una forma de trasmisión de la empresa pero que presenta un paso previo a valorar. Consiste en una cesión temporal del negocio, articulada en un contrato de arrendamiento y por la cual el arrendatario se compromete a la satisfacción de una cantidad, en los términos y condiciones que las partes pacten. Al cabo del tiempo fijado, a la extinción del contrato, el empresario vuelve a recuperar el control de su actividad. Pese a que, como ya hemos mencionado, no se trata de un medio para la transmisión, sí presenta ventajas que lo hacen adecuado para cierto tipo de empresas familiares, especialmente las más pequeñas, personas físicas especialmente. Un punto a su favor es que puede ser utilizado por el empresario como un medio para calibrar la idoneidad como gestor de un posible sucesor. Además, otro aspecto positivo es que le permite asegurar unos ingresos cuya tributación es favorable con la actual configuración del IRPF, dado que son considerados como derivados del capital mobiliario y se integran en la base imponible del ahorro, sin tributar en la escala progresiva del impuesto. En contrapartida, el empresario pierde el control de la actividad por lo que su tutela quedaría a la voluntad del arrendatario, que, recordemos, es su familiar.

Vistas las opciones propuestas, podemos concluir que la normativa fiscal no favorece la transmisión onerosa de la Empresa Familiar. Por el contrario, la valoración de todas las operaciones entre familiares a precio de mercado es una exigencia que la pone en condiciones de igualdad en transmisiones a terceros. Hay que tener en cuenta, además, que la desconfianza de la Hacienda Pública en las operaciones entre personas con vínculo familiar la convierte en objeto preferente de revisión e incrementa las exigencias documentales para estas operaciones, si bien en el caso de la aportación de rama de actividad sí tiene una fiscalidad favorable.

4. La transmisión lucrativa de la Empresa Familiar

Son transmisiones lucrativas aquéllas en las que el receptor no realiza contraprestación alguna por lo que recibe. En el ámbito fiscal, el impuesto que les afecta es el de Sucesiones y Donaciones (en adelante ISD). Este tributo tiene una naturaleza directa, personal y sujetiva, y grava los incrementos patrimoniales de carácter lucrativo obtenidos por las personas físicas. Es, asimismo, un impuesto progresivo, complementario del IRPF, cuyo nacimiento se produce en el momento de la realización de la operación que constituye su hecho imponible y muy vinculado a la normativa civil que regula dichas operaciones.

Estamos ante el impuesto que recae tanto sobre las transmisiones lucrativas *inter vivos* (donaciones), como las *mortis causa* (herencias y legados). La regulación de ambos tipos de transmisión se recoge en la Ley 29/1987, de 18 de diciembre, aún vigente, pero modificada por las normas propias emanadas de cada Comunidad Autónoma, en aplicación de sus potestades tributarias previstas en la Ley 22/2009, de 18 de diciembre, por la que se regula el sistema de financiación de las Comunidades Autónomas de Régimen Común y las Ciudades con Estatuto de Autonomía. Es preciso tener en cuenta, además, que las Comunidades Forales de Navarra[5] y País Vasco[6] también cuentan con su propia normativa reguladora del ISD.

La cesión a las Comunidades alcanza al establecimiento de reducciones propias sobre la base imponible del impuesto — siempre que respondan a circunstancias de carácter económico o social — al aumento del importe o del porcentaje de las reducciones previstas por la norma estatal, a la ampliación de las personas que puedan acogerse a la mismas o la disminución de los requisitos para poder aplicarla. Asimismo pueden modificar la tarifa, la cuantía y coeficientes del patrimonio preexistente y aplicar o eliminar deducciones y bonificaciones de la cuota.

Pese a la variedad normativa se mantienen los elementos esenciales del tributo, como es obligado. Así pues, dada la identidad estructural, lo más relevante en términos de planificación fiscal de la transmisión de la Empresa Familiar son los incentivos que al respecto hayan implantado las Autonomías y, en segundo término, el tipo de gravamen aplicable. Es preciso señalar que en este tributo se han hecho patentes los problemas de la competencia fiscal inherente a una hacienda federal como la nuestra. Dado que las competencias cedidas a las Autonomías son tan amplias como las descritas, no debe extrañarnos que haya sido utilizado como medio para mejorar la situación relativa de los ciudadanos contribuyentes de cada Comunidad. La diferenciación fiscal a la baja supone una ventaja para los grupos políticos en el poder de cada gobierno autonómico, lo que, unido a la escasa potencia recaudatoria y el reducido volumen de ingresos que reporta este impuesto[7], lo convierte en un instrumento idóneo para esa competencia fiscal. Ésta es la explicación de la importante proliferación de beneficios fiscales que veremos en la normativa autonómica, si bien el impacto de la crisis económica, que ha supuesto una drástica reducción de los ingresos públicos, ha frenado este proceso.

Refiriéndonos ya a la transmisión lucrativa de la Empresa Familiar, comenzaremos por la fiscalidad aplicable a sucesión por herencia, es decir, la que se produce tras el fallecimiento del empresario que tiene en su masa patrimonial a repartir, al menos una actividad empresarial, sea individual o societaria. Lo primero a destacar es que estamos ante una sucesión no planificada —

---

5 Decreto Foral Legislativo 250/2002, de 16 de diciembre, por el que aprueba el Texto Refundido de las disposiciones del Impuesto sobre Sucesiones y Donaciones.
6 En el caso del País Vasco hay que recordar que las capacidades tributarias son detentadas por las Diputaciones Forales, de modo que la normativa es propia para cada provincia: Norma Foral 3/1990, de 11 de enero (Guipúzcoa); Decreto Foral Normativo 3/1993, de 22 de junio (Vizcaya); Norma Foral 11/2005, de 16 de mayo (Álava).
7 Las estadísticas españolas y europeas muestran que apenas aporta el 1% del volumen total de ingresos que recaba el erario público.

por ser un fallecimiento repentino o por otras causas como la falta de voluntad o de opciones del empresario – o cuya planificación se produce por vía testamentaria.

Desde el punto de vista fiscal, nuestra referencia fundamental es el artículo 20.2.c de la Ley del ISD, que recoge la aplicación de una reducción en la base imponible del impuesto del 95% del valor de una empresa individual, de un negocio profesional o de participaciones en entidades, siempre que estos elementos correspondan a los cónyuges, descendientes o adoptados de la persona fallecida. Se trata de un beneficio fiscal muy importante, que reduce la tributación efectiva sobre el valor de la empresa al 5% del mismo en la base imponible del sujeto pasivo. Si a ello le unimos que es compatible con las reducciones que por razón del parentesco se disponen para cada sucesor, el gravamen que soporta la transferencia de la propiedad empresarial es muy reducido, cuando no nulo.

Esta reducción es aplicable también sobre el valor de derechos de usufructo de la entidad y sobre los derechos económicos derivados de la extinción de dicho usufructo, siempre que con motivo del fallecimiento se consolidara el pleno dominio en el cónyuge, descendientes o adoptados, o percibieran éstos los derechos debidos a la finalización del usufructo en forma de participaciones en la empresa, negocio o entidad afectada. Ante la inexistencia de cualquiera de las personas mencionadas, la reducción se podrá aplicar a las adquisiciones realizadas por ascendientes, adoptantes y parientes colaterales hasta el tercer grado.

No obstante, para que este beneficio fiscal sea factible, se exige que a los elementos transferidos les sea de aplicación la exención regulada en el apartado octavo del artículo 4 de la Ley 19/1991, de 6 de junio, del Impuesto sobre el Patrimonio, lo que implica que los bienes y derechos sujetos a reducción deben tener la condición de bienes afectos[8] a la actividad empresarial. El citado artículo 4.8 del IP contempla una exención aplicable a los bienes y derechos de las personas físicas que sean necesarios para el desarrollo de su actividad empresarial o profesional. Además, se exige que dicha actividad sea ejercida de forma habitual, personal y directa por el sujeto pasivo y que constituya su principal fuente de renta. Esta exención es aplicable a los bienes comunes del matrimonio siempre que los requisitos anteriores se verifiquen para cualquiera de los dos cónyuges.

También está exenta en el IP – por tanto genera la reducción del 95% en el ISD – la plena propiedad, la nuda propiedad y el derecho de usufructo vitalicio sobre las participaciones en entidades, con o sin cotización en mercados organizados. El valor de la exención será determinado conforme a las reglas del IP, siendo la diferencia entre el valor de la participación – minorando el valor de los activos en las deudas derivadas del ejercicio de la actividad – y el valor del patrimonio neto de la sociedad.

Los requisitos para poder acogerse a esta exención son tres, a saber:

- La entidad no debe tener por actividad principal la gestión de un patrimonio mobiliario o inmobiliario, en virtud de lo cual su activo no puede estar constituido en más del 50% por valores, ni desafecto a la actividad económica, durante más de 90 días en el ejercicio social.

---

8 Artículo 27 de la Ley 35/2006 del Impuesto sobre la Renta de las Personas Físicas.

- La participación del empresario – sujeto pasivo del IP – debe ser como mínimo el 5% del capital social, de manera individual, o el 20% conjuntamente con su cónyuge y demás parientes hasta segundo grado.

- Las funciones de dirección de la entidad deben ser ejercidas de manera efectiva por el sujeto pasivo, constituyendo la remuneración de dicha actividad al menos el 50% de la totalidad de los rendimientos empresariales, profesionales y del trabajo personal.

Por último, para aplicarse la reducción del 95% prevista en el ISD, se exige que la adquisición se mantenga, durante los diez años siguientes al fallecimiento del causante, salvo que falleciera el adquirente dentro de ese plazo. Si no se cumple este requisito de permanencia, estará obligado a satisfacer la parte del impuesto que se hubiese dejado de ingresar como consecuencia de la reducción aplicada, así como los intereses de demora que devengue esta cantidad. Este requisito de mantenimiento ha sido muy criticado por parte de las empresas familiares, por cuanto exige un periodo muy amplio y limita las posibilidades de adaptación al mercado de las empresas. No obstante, la nutrida doctrina de la Dirección General de Tributos (DGT) sobre este aspecto, permite matizar la exigencia en la medida en que no obliga a mantener la actividad ni a reinvertir el importe de los elementos bonificados en bienes concretos. Eso sí, la pérdida substancial del valor de lo adquirido por sucesión antes de esos diez años implica el incumplimiento del requisito de permanencia y alcanza a todos los herederos que hubiesen disfrutado de la bonificación[9].

En definitiva, el beneficio fiscal que contempla el artículo 20.2.c. es un mecanismo importante para favorecer la sucesión en las empresas familiares, en concreto a través de herencia. Está previsto para los supuestos en que los perceptores a título sucesorio sean los parientes comprendidos en los Grupos I – descendientes y adoptados menores de veintiún años – y II – cónyuge, descendientes, ascendientes y adoptados de veintiún o más años –, los de mayor cercanía al fallecido, fundamentalmente descendientes y cónyuge, pero como hemos visto, es ampliable a otros parientes. A este respecto conviene insistir en que la posibilidad de aplicar el beneficio fiscal a los parientes del Grupo II sólo será posible cuando no haya herederos del Grupo I, lo que supone cierta restricción en la elección del sucesor de la empresa por razones fiscales. En cualquier caso, dada la descentralización del impuesto, es necesario conocer cuál es la normativa autonómica al respecto.

Respecto al tipo de gravamen, las Comunidades Autónomas se ajustan a la tarifa progresiva del Estado. No obstante, dado que el gravamen es el resultado de aplicar a la cuota tributaria resultante unos coeficientes correctores, que son distintos para cada Grupo y según el patrimonio preexistente, la carga fiscal que aplican es el resultado tanto de la modificación de la tarifa como de los coeficientes de corrección y de las reducciones específicas que se aplican para cada Grupo. Así pues, la valoración de la presión fiscal en el ISD por Autonomías según el tipo de gravamen debe hacerse a partir del resultado final.

Los coeficientes menores son los que se aplican a los Grupos I y II, de parientes más cercanos. Para los sucesores del Grupo I, hay Comunidades en las que el gravamen que soportan estas personas es muy reducido. Así ocurre en Asturias, Baleares, Canarias, Cantabria, Castilla y León,

---

9 Destacamos la Resolución de la DGT de 23 de marzo de 1999 y en la Consulta de 15 de octubre de 1997.

Castilla-La Mancha, Cataluña, Galicia, Madrid, Murcia, La Rioja y Comunidad Valenciana. En el País Vasco estos sujetos pasivos están exentos y en Navarra tributan al 0.8%. En Andalucía, Extremadura y Aragón se establecen límites, sobre la base – inferior a 175.000 € – en las dos primeras o con un máximo de reducción de 3.000.000 € en la última Comunidad citada.

Para los sucesores del Grupo II encontramos unas Comunidades en las que la tributación es también nula o muy reducida: País Vasco, Navarra, Baleares, Canarias, Cantabria, Castilla-La Mancha, Castilla y León, Cataluña, La Rioja, Madrid y Comunidad Valenciana. En el resto de Autonomías el trato no es mucho más gravoso pero se establecen los límites y especialidades siguientes: en Andalucía y Extremadura limitan este trato favorable a contribuyentes con bases menores de 175.000 € y con límite en el patrimonio preexistente; Aragón aplica una reducción de 150.000 € para patrimonios preexistentes de menos de 402.678 €; en Asturias quedan fuera del gravamen de ISD las herencias cuya la base imponible no supera los 150.000 € y el patrimonio preexistente 402.678,11 €; en Murcia se aplica reducción del 99 % con una base límite de 450.000 € y en Galicia la tarifa para estos familiares tiene tipos del 5% al 18%, la estatal alcanza el 34 %.

Por último, una cuestión en la que también hay diversidad de opciones es en la extensión a la pareja de hecho del tratamiento previsto para el cónyuge. Así ocurre en Andalucía, Aragón, Asturias, Cantabria, Cataluña, Extremadura y Madrid, mientras que el resto de Comunidades no las equiparan en este punto.

En la tabla 1 se recogen las especialidades de las normas autonómicas en la tributación *mortis causa* de las empresas familiares en el ejercicio 2012.

ANDALUCÍA (Real Decreto- Leg 1/2009)
Reducción: 99% La actividad debe estar radicada en su territorio y mantenerse durante los 5 años siguientes. Se introduce una reducción de la misma cuantía (99%) para no parientes que acrediten haber desempeñado tareas de responsabilidad en la gestión o dirección de la empresa, con contrato laboral o por prestación de servicios, con una antigüedad en la actividad de al menos 5 años y en la empresa de al menos 10. Se aplica a cónyuges, descendientes o adoptados, ascendientes o adoptantes y colaterales hasta el tercer grado por consanguinidad y por afinidad del causante.
ARAGÓN (RD-Leg 1/2005 y Ley 3/2012)
Reducción: 99% Reducción a 5 años de la obligación de permanencia. Los bienes afectos deben haber sido exentos en el IP en los años anteriores al fallecimiento. Se prevén especialidades para participaciones en entidades. Se dispone una reducción del 30% de la BI en el caso de una transmisión a favor de terceros si la actividad tiene una antigüedad mínima de 3 años y no se dedica a la gestión de patrimonios, tenga al menos un empleado laboral a jornada completa y se mantenga la plantilla durante al menos 5 años.
ASTURIAS (Ley 6/2008)
Reducción: 4% adicional a la del Estado La actividad debe estar radicada en su territorio y mantenerse durante los 10 años siguientes. El valor de la empresa o participaciones no debe superar los 5 millones de euros.

BALEARES (Ley 22/2006)
Reducción: 95%
Reducción a 5 años de la obligación de permanencia.
Se aplica a ascendientes y colaterales hasta tercer grado en ausencia de descendientes. También a los cónyuges.

CANARIAS (D-Leg 1/2009)
Reducción: 99%/ 95%
Los bienes afectos deben haber sido exentos en el IP en los dos años anteriores al fallecimiento.
La actividad debe estar radicada en su territorio y mantenerse durante 5 años.
El valor de la empresa no puede exceder de tres millones de euros, un millón en caso de negocio profesional.

CANTABRIA (Ley 1/2012)
Reducción: 99%
Incluye las actividades agrícolas, ganaderas y pesca.

CASTILLA Y LEÓN (D-Leg 1/2008)
Reducción: 99%
Reducción a 5 años de la obligación de permanencia.
Incluye las actividades agrícolas.

CATALUÑA (Ley 19/2010)
Reducción: 95%
Reducción a 5 años de la obligación de permanencia.
Alcanza a no parientes que acrediten haber desempeñado tareas de responsabilidad en la gestión o dirección de la empresa, con contrato laboral o por prestación de servicios, con una antigüedad en la actividad de al menos 5 años y en la empresa de al menos 10.

CASTILLA - LA MANCHA (Ley 9/2008)
Reducción: 4% adicional a la del Estado.
La actividad debe estar radicada en su territorio y mantenerse durante los 5 años siguientes.

EXTREMADURA (D- Leg 1/2006)
Reducción: 100%
Incluye las actividades agrícolas.
La actividad debe estar radicada en su territorio y mantenerse durante 10 años.
En caso de participaciones societarias se exige que el fallecido tuviera al menos el 50% del capital social, solo con parientes hasta el tercer grado y no deba cotizar en mercados organizados ni estar dedicada a la gestión de patrimonios.

GALICIA (Ley 9/ 2008)
Reducción: 99%
Incluye las actividades agrícolas.
La actividad debe estar radicada en su territorio y tendrán que haberse desarrollado al menos con 2 años de antelación al fallecimiento.
En caso de participaciones societarias se exige que el fallecido tuviera al menos el 50% del capital social, solo con parientes hasta el tercer grado o el 5% individual o el 20% con parientes en caso de una Empresa de Reducida Dimensión.

MADRID (Ley 1/2010)
Reducción: 99%
Reducción a 5 años de la obligación de permanencia.
Se aplica a ascendientes y colaterales hasta tercer grado en ausencia de descendientes. También a los cónyuges.

MURCIA (Ley 1/2010)
Reducción: 99%
Reducción a 5 años de la obligación de permanencia y exigencia de que se mantenga la ubicación de la entidad.
Domicilio fiscal y social en la Comunidad Autónoma.
En caso de participaciones societarias se exige que el fallecido tuviera al menos el 10% del capital social individual o el 20% con parientes en caso de una Empresa de Reducida Dimensión.

LA RIOJA (Ley 7/2011)
Reducción: 99%
Incluye las actividades agrícolas.
Se aplica a ascendientes y colaterales hasta cuarto grado en ausencia de descendientes. También a los cónyuges y parejas de hecho.
Se aplican a las explotaciones agrarias.
La entidad debe estar radicada en el territorio de la Comunidad Autónoma. También el adquirente.
Reducción a 5 años de la obligación de permanencia.
Se prevén especialidades para participaciones en entidades.

COMUNIDAD VALENCIANA (Ley 13/1997 y 10/2006)
Reducción: 95%
Para actividades agrícolas con ciertas condiciones (radicación y mantenimiento de la actividad durante 5 años).
Se aplica a ascendientes y colaterales hasta tercer grado en ausencia de descendientes. También a los cónyuges.
La reducción será del 90% si el causante tuviese entre 60 y 64 años.

NAVARRA (DF-Leg 205/2002)
No contempla reducciones por transmisión de negocio, empresa o participaciones.

PAÍS VASCO
Álava (NF 11/2005)
Reducción del 95% para personas de los Grupos I y II. Requisito de permanencia de 5 años.
Vizcaya (NF 3/1993)
Reducción del 95% para personas de los Grupos I y II. Requisito de permanencia de 5 años.

Tabla 1. Disposiciones de las Comunidades Autónomas en el ISD sobre sucesión empresarial mortis causa (2012). Elaboración propia a partir de normativa autonómica vigente en 2012 y el documento de la Agencia Estatal de la Administración Tributaria Medidas Normativas aprobadas por las Comunidades Autónomas de Régimen Común en materia de tributos cedidos, 2011.

El panorama fiscal de la sucesión *mortis causa* en el Estado Autonómico pone de relieve ciertos aspectos en los que hay una diferencia de trato a considerar. En primer término nos encontramos con Comunidades en las que el ámbito de beneficiarios se reduce a los descendientes y cónyuges, admitiendo la ampliación a colaterales si no hay descendientes. Hay casos en los que se equipara a la pareja de hecho al cónyuge y otras Comunidades que no las consideran sujeto de la reducción. Es significativa la ampliación al cuarto grado de colateralidad en el caso de La Rioja, que es la única que contempla esta extensión. Obviamente, facilitan más la elección de sucesor las legislaciones que permiten una mayor amplitud en la aplicación subjetiva de la reducción. Además, algunas Comunidades han optado por facilitar la transmisión a personas no vinculadas por parentesco, lo que permite favorecer el mantenimiento de la empresa aun cuando pierda su carácter familiar.

En cuanto al requisito de permanencia de lo adquirido, la mayoría de las Autonomías optan por reducir a la mitad el periodo de diez años fijado en la normativa estatal. Sin embargo, buena parte de ellas exigen requisitos adicionales que obligan al mantenimiento de la actividad en el territorio de la Comunidad en que aplica la reducción y, en ocasiones, también que ya estuviese radicado el domicilio social y fiscal en la región con carácter previo al fallecimiento.

Es necesario recordar que el elemento de conexión del ISD, que es un impuesto personal, es la residencia[10] del causahabiente, de modo que los herederos y legatarios estarán sujetos a la normativa de dicha Comunidad, con independencia de su propia residencia. El sujeto pasivo del ISD en las transmisiones *mortis causa* es el causahabiente y la Administración encargada de su gestión e ingreso será la correspondiente al lugar en que éste tuviese fijada su residencia, según lo dispuesto en el artículo 32.2.a de la Ley 22/2009. Además, el artículo 28.1.1.b de la misma Ley dispone que, a los efectos del ISD, se considera residente a aquel sujeto que haya mantenido su residencia en su territorio el mayor número de días en el periodo de los últimos cinco años a su fallecimiento. Por tanto, cualquiera que sea el territorio de residencia de los herederos y legatarios les será de aplicación la fiscalidad prevista en la Comunidad de residencia del finado. Ello implica que la planificación fiscal del cambio de domicilio deba hacerse con una anticipación mayor a esos cinco años, y tomar muy en consideración cuáles son las Autonomías que exigen la radicación previa de la actividad en su territorio, dado que la reducción sólo sería aplicable a esas explotaciones.

Por último, las plusvalías generadas por la sucesión no tributan en el IRPF del fallecido[11] lo que completa un tratamiento fiscal muy favorable para la transmisión de una Empresa Familiar, tanto en la normativa estatal como con las modificaciones de las Autonomías que mejoran y amplían la anterior.

En lo que respecta a la donación de la empresa, la regulación que encontramos es muy similar a la ya descrita. No en vano, el tratamiento uniforme de las adquisiciones lucrativas permite garantizar la neutralidad del sistema y los ingresos del erario público.

La transmisión *ínter vivos* de una empresa individual, un negocio profesional o de participaciones en entidades del donante a los que sea de aplicación la exención regulada en el apartado octavo del artículo 4 de la Ley 19/1991, de 6 de junio, del IP, en favor del cónyuge, descendientes o adoptados, será objeto de una reducción en la base imponible del 95 % del valor de adquisición, con unos requisitos que afectan al donante, al donatario y al mantenimiento de la exención.

Respecto al donante se le va a exigir que tenga sesenta y cinco años o más o que se encuentre en situación de incapacidad permanente, o en absoluta o gran invalidez[12]. Además, si el donante viniera ejerciendo funciones de dirección, tendrá que cesar de ejercerlas y de percibir la remuneración por el ejercicio de las mismas desde el momento de la transmisión[13]. Es necesario precisar que no se entenderá comprendida entre las funciones de dirección la mera pertenencia al Consejo de Administración de la sociedad. En el supuesto de la donación de bienes

---

10 Sabemos que la presunción de residencia se establece, para una persona física, en el lugar en que ha fijado su vivienda habitual y que en caso de duda se atenderá al territorio en el que obtenga la mayor parte de la renta sujeta a IRPF. Ley 22/2009, de 18 de diciembre, por la que se regula el sistema de financiación de las Comunidades Autónomas de Régimen Común y Ciudades con Estatuto de Autonomía.

11 Artículo 33.3.b de la Ley 35/2006, del IRPF.

12 Al respecto basta que cumpla esta condición uno de los cónyuges cuando se dona un elemento ganancial por parte de ambos miembros del matrimonio.

13 También puede aplicarse esta reducción si el empresario ya no viniera ejerciendo dichas funciones.

gananciales, ambos cónyuges deberán cesar en todas las funciones de dirección, sea uno o ambos los que las desarrollen.

El donatario o adquirente tiene la obligación de mantener lo adquirido y el derecho a la exención en el IP durante los diez años siguientes a la fecha de la escritura pública de donación, salvo que falleciera dentro de este plazo. A diferencia de lo que ocurre en la transmisión lucrativa *mortis causa*, el adquirente deberá continuar con el desarrollo de una actividad económica o con las participaciones, además de mantener el valor de lo adquirido durante el mismo plazo de diez años. No obstante, ello no implica que deba continuar en las mismas actividades que desarrollaba el causante ni con las participaciones adquiridas, basta con mantener el valor de lo adquirido y que se goce de la exención en el IP.

A los requisitos anteriores, se añade que el donatario no podrá realizar actos de disposición y operaciones societarias que, directa o indirectamente, puedan dar lugar a una minoración sustancial del valor de la adquisición. En el caso de no cumplirse los requisitos anteriores, deberá pagarse la parte del impuesto que se hubiere dejado de ingresar como consecuencia de la reducción practicada y los intereses de demora.

En la tabla 2 se recogen las especialidades de las normas autonómicas en la tributación lucrativa por donación de las empresas familiares para el ejercicio 2012.

ANDALUCÍA (R.D. - Leg 1/2009)
Reducción: 99% La actividad debe estar radicada en su territorio y mantenerse durante los 5 años siguientes. Alcanza a no parientes que acrediten haber desempeñado tareas de responsabilidad en la gestión o dirección de la empresa, con contrato laboral o por prestación de servicios, con una antigüedad en la actividad de al menos 5 años y en la empresa de al menos 10. Se aplica a cónyuges, descendientes o adoptados, ascendientes o adoptantes y colaterales hasta el tercer grado por consanguinidad y por afinidad del causante.
ARAGÓN (R.D. -Leg 1/2005 y Ley 3/2012)
Reducción: 99%
ASTURIAS (Ley 6/2008)
Reducción: 4% adicional a la del Estado La actividad debe estar radicada en su territorio y mantenerse durante los 10 años siguientes. El valor de la empresa o participaciones no debe superar los 5 millones de euros. Aplicable al cónyuge, descendientes o adoptados, ascendientes o adoptantes y colaterales, por consanguinidad, hasta el tercer grado.
BALEARES (Ley 22/2006)
Reducción: 95% Se reduce la edad del donante a 60 años y el periodo de permanencia a 5 años.
CANARIAS (D. - Leg 1/2009)
Reducción: 95% Reducción: 50% para no parientes que acrediten haber desempeñado tareas de responsabilidad en la gestión o dirección de la empresa, con contrato laboral o por prestación de servicios, con una antigüedad en la actividad de al menos 5 años y en la empresa de al menos 10.

CANTABRIA (Ley 1/2012)
Reducción: 99%
Incluye explotaciones agrarias.
Se reduce a 5 años el plazo de permanencia.

CASTILLA Y LEÓN (D. - Leg 1/2008)
Reducción: 99%

CASTILLA - LA MANCHA (Ley 9/2008)
Reducción: 4% adicional a la del Estado.
La actividad debe estar radicada en su territorio y mantenerse durante los 5 años siguientes.

CATALUÑA (Ley 19/2010)
Reducción: 95%
Alcanza a no parientes que acrediten haber desempeñado tareas de responsabilidad en la gestión o dirección de la empresa, con contrato laboral o por prestación de servicios, con una antigüedad en la actividad de al menos 5 años y en la empresa de al menos 10.
Se reduce el periodo de permanencia a 5 años.
Aplicable al cónyuge, descendientes o adoptados, ascendientes o adoptantes y colaterales, por consanguinidad, hasta el tercer grado.
Reducción: 97% para participaciones en S.A.L. (Sociedad Anónima Limitada)
Excluyen las participaciones en instituciones de inversión colectiva.

EXTREMADURA (D. - Leg 1/2006)
Reducción: 99%
Se aplica sólo a cónyuge y descendientes.
Incluye explotaciones agrarias.

GALICIA (Ley 9/ 2008)
Reducción: 99%
Aplicable al cónyuge, descendientes o adoptados, ascendientes o adoptantes y colaterales, por consanguinidad, hasta el tercer grado.
Se reduce a 5 años el plazo de permanencia y exige la radicación en su territorio al menos con dos años de antelación a la donación.

MADRID (Ley 1/2010)
No contempla reducciones por transmisión de negocio, empresa o participaciones.

MURCIA (Ley 1/2010)
Reducción: 99%
Se aplica a los miembros de los Grupos I y II.
La empresa, negocio o entidad de donde proceden las participaciones debe estar radicada en su territorio.

LA RIOJA (Ley 7/2011)
Reducción: 99%
Incluye explotaciones agrarias.
Se aplica a cónyuge o pareja de hecho, a descendientes, adoptados o personas en acogimiento familiar permanente o preadoptivo, ascendientes, adoptantes o personas que realicen un acogimiento familiar permanente o preadoptivo, y colaterales, por consanguinidad, hasta el cuarto grado.

COMUNIDAD VALENCIANA (Ley 11/2002)
Reducción: 95%
Se aplica a descendientes, adoptados y cónyuge y, en ausencia de éstos, a ascendientes y adoptantes.
Se aplica a todas las actividades empresariales que haya desempeñado el donante.
La reducción será del 90% si el causante tuviese entre 60 y 64 años.

NAVARRA (DF-Leg 205/2002)
No contempla reducciones por transmisión de negocio, empresa o participaciones.

PAÍS VASCO
Álava (NF 11/2005)
Reducción del 95% para personas de los Grupos I y II. Requisito de permanencia de 5 años.
Guipúzcoa (NF 3/1993)
Reducción del 95% para personas de los Grupos I y II y parejas de hecho. Requisito de permanencia de 10 años.
Vizcaya (NF 3/1993)
Reducción del 95% para personas de los Grupos I y II. Requisito de permanencia de 5 años.

Tabla 2. Disposiciones de las Comunidades Autónomas en el ISD sobre sucesión empresarial inter vivos (2012). Elaboración propia a partir de normativa autonómica vigente en 2012 y el documento de la Agencia Estatal de la Administración Tributaria Medidas Normativas aprobadas por las Comunidades Autónomas de Régimen Común en materia de tributos cedidos, 2011.

Al igual que vimos para la transmisión *mortis causa*, entre las modificaciones más frecuentes en las normas autonómicas encontramos la reducción a cinco años del periodo de permanencia del negocio, empresa o participaciones donadas, en el patrimonio del donatario. También se exige el mantenimiento del valor de lo donado pero con el requisito adicional de mantener la actividad empresarial, aunque no necesariamente la misma.

Otro punto común con las herencias y legados es la ampliación de los donatarios posibles. La regulación estatal contempla como posibles beneficiarios de la reducción al cónyuge y descendientes o adoptados, pero varias Comunidades Autónomas amplían el ámbito personal a parejas de hecho y parientes colaterales – de hasta cuarto grado en La Rioja – y ascendientes y adoptantes. En particular, la Comunidad de La Rioja, incluye también a personas en régimen de acogimiento y preadopción. Sin embargo, lo más llamativo es la remisión general al parentesco por consanguinidad, excluyendo por tanto a los parientes por afinidad, a diferencia de lo que ocurre en la sucesión. No obstante, es admitida la aplicación de la misma a los parientes por afinidad, dada la remisión del ISD al artículo 4.8 del IP, que los admite con carácter expreso. A este respecto, es muy remarcable la Sentencia 465/2007, del Tribunal Superior de Justicia de Murcia[14], que declara que no pueden excluirse de esta reducción los parientes por afinidad y que la norma fiscal – o su interpretación – no puede contravenir lo dispuesto por el Derecho en otros ámbitos, en particular el Civil.

Existe también coincidencia en la consideración de la reducción para la donación a no parientes, con las mismas condiciones y requisitos previstos para la sucesión *mortis causa,* si bien no es aplicada con carácter general.

Otro elemento que se observa en la normativa autonómica es la tendencia a exigir que el negocio, empresa o participaciones donadas correspondan a entidades radicadas en el territorio de la Comunidad en la que debe liquidarse el impuesto, siendo aplicable a este punto lo que ya hemos referido para las *mortis causa.*

---

14 El supuesto de hecho de esta sentencia es la reclamación de los hijos de la esposa, fallecida previamente, de un matrimonio en el que, al fallecimiento del padre, deja participaciones societarias que la Administración no considera sujetas a reducción.

En resumen, la tributación prevista para las donaciones de negocios, empresas y participaciones es ventajosa para los donatarios[15], que son los sujetos pasivos de las transmisiones lucrativas *inter vivos*.

Por último, el impacto fiscal de la donación en el IRPF en el donante es muy favorable en el caso de que verifique las condiciones previstas en el mencionado artículo 4.8 del IP. Es decir, si el donante supera los 65 años (60 en Baleares y Valencia), ha sido quien ha desarrollado las tareas de dirección de la empresa y ha ostentado los porcentajes mínimos de participación previstos en la Ley, y cesa en su actividad. En el supuesto anterior, el incremento patrimonial susceptible de ser gravado en su IRPF quedaría exento[16].

5. Conclusión

Tras lo expuesto, ha quedado patente la importancia de abordar y preparar con anticipación la sucesión. Una de las claves del fracaso de muchas empresas familiares es la mala gestión, cuando no nula, de este proceso. Por ello, los expertos insisten en la necesidad de abordar el proceso con mucha antelación, de modo que la sustitución de unas personas por otras en la propiedad y en el gobierno de la empresa no sea un hecho que paralice el normal funcionamiento de la empresa o que incluso llegue a ser traumático. Así, la recomendación general es que debe ser un acontecimiento que, dada su estratégica trascendencia vital para la empresa y la familia, debe estar protocolizado, en aras de garantizar el control de la propiedad de la familia sobre la empresa y la pervivencia de la empresa como generadora de rentas para la familia.

No vamos a pronunciarnos sobre la duda constante de si la Empresa Familiar es más empresa o más familia porque sea cual sea la respuesta a esta cuestión ninguno de los dos elementos es ajeno al otro. Dicho de otro modo, es necesario hacer compatibles las necesidades familiares y empresariales para garantizar la viabilidad de la Empresa Familiar. Por más que en términos macroeconómicos lo deseable sea la pervivencia de la actividad, aún sin el carácter familiar, la realidad muestra que la divergencia de los objetivos empresariales y familiares suele ocasionar la desaparición de la empresa. Nuestro legislador fiscal parece haber sido consciente de esta realidad y contempla un régimen fiscal muy favorable para las transmisiones lucrativas de negocio, empresa o particiones en entidades del causahabiente y donante, no así para las onerosas.

Las reducciones previstas en la Ley del ISD son un importante beneficio fiscal, muy útil para favorecer el traspaso generacional de las empresas. En particular, el tratamiento dado a las donaciones es un aliciente de peso para acometer de manera planificada la sucesión, de modo que se unen a los beneficios fiscales un traspaso programado, supervisado y querido por el empresario. Se trata de una ventaja no fiscal pero muy relevante frente a la transmisión por sucesión, en la que el relevo generacional se difiere hasta el momento de la muerte del empresario. En este caso, se dificulta la elección del sucesor por su parte, así como el entrenamiento o instrucción del mismo. Esta circunstancia es particularmente intensa cuando nos encontramos ante la transmisión de una actividad profesional o una actividad empresarial desarrollada por un autónomo, pero también se produce en formas societarias en las que la

---

15 También se exige el mantenimiento de la residencia durante los cinco años anteriores a la donación para establecer la competencia de una Comunidad.

16 Artículo 33.3.b de la Ley 35/2006, del IRPF.

concentración de la propiedad del capital se encuentra en manos del empresario causahabiente. En este último caso, cabe, no obstante, que ya se haya producido el deslinde entre propiedad y dirección de la empresa, en cuyo caso se evitaría el problema anterior.

La extensión de los familiares a los que se puede aplicar esta reducción amplía aún más el elenco de opciones del empresario, que puede optar por dejar su empresa a un pariente más lejano. Es el caso que se plantea cuando, por ejemplo, ninguno de los hijos desea hacerse cargo del negocio y el empresario tiene que buscar su sucesor en otros miembros de la familia. En estos supuestos, la normativa de La Rioja es la más flexible y la que da mayores facilidades para la sucesión. A nuestro entender, una extensión semejante del ámbito subjetivo de la reducción sería deseable para todas las Comunidades Autónomas. Pensemos que si un empresario se encuentra en esta situación, con independencia de dónde radique su actividad, podría optar por cambiar su domicilio de Madrid – que no aplica a la donación el mismo incentivo que para la sucesión – a La Rioja y obtener así ventaja fiscal para sus herederos.

En términos de planificación fiscal, un problema no menor es la condición que establecen buena parte de las Autonomías de limitar la reducción a la transmisión de negocios, empresas y participaciones en entidades radicadas previamente en su territorio y la de exigir que se mantenga en esa misma Comunidad durante cinco o diez años, éste es el caso de Asturias. Es, sin duda, una medida de competencia fiscal, que las Autonomías utilizan tanto para favorecer la implantación de las actividades empresariales en su territorio, como para lograr la deslocalización de empresas de otras Comunidades. Dado que el Impuesto sobre Sociedades no está cedido para las Autonomías de Régimen Común y que la localización de dichas actividades no afecta a los ingresos que la Comunidad percibe por el IRPF del sujeto pasivo, la razón para justificar esta medida no parece ser otra que la de tratar de mejorar la actividad económica propia en detrimento de la del resto de Comunidades. Ni siquiera puede argumentarse que se pretenden evitar cambios de localización por motivos fiscales, porque tal como se configura el impuesto, lo determinante es la residencia del sujeto pasivo, no la radicación de las actividades. Es una limitación importante, máxime cuando se exigen periodos previos de radicación que pueden originar la no aplicación del incentivo a un negocio con poco tiempo de antigüedad, tal sería el caso de Galicia, de manera que habría que esperar para poder realizar la donación o soportar un gravamen importante en caso de una sucesión por herencia.

Debería analizarse el impacto de la obligación de radicación de la actividad en el mantenimiento o no de las actividades que, por incumplir esta condición, no pudieran acogerse a la reducción del ISD. La finalidad del incentivo previsto en la norma estatal se desvirtúa cuando se reduce a favorecer a las empresas que se sitúan en el territorio autonómico específico, y se contradice cuando no se aplica a las que no cumplen esta condición. Se trata de una barrera fiscal más en el espacio económico español contraproducente para el conjunto del Estado y con potenciales consecuencias negativas para las Comunidades que lo contemplan. Así, estas Autonomías deben ser conscientes de que ante la imposibilidad de trasladar la empresa, el empresario puede optar por cambiar su residencia con lo que ya no tributaría en el IRPF de esa Comunidad.

Asimismo, la condición de mantenimiento de la actividad en las donaciones puede tener consecuencias fiscales negativas en una situación económica adversa, como la actual. Su revisión a la baja facilitaría las transmisiones *inter vivos*, al menos en la transmisión de negocios y pequeñas empresas que representan el sustento de la familia, que es la primera interesada no ya en su mantenimiento sino en el crecimiento de la misma.

Otro tema muy interesante y trascendente es qué ocurre cuando existen fórmulas de participación del cónyuge en la actividad empresarial, bien porque el régimen económico matrimonial es de gananciales o porque la propiedad, incluso la dirección, es compartida en un grado relevante entre los esposos. En el primer supuesto, se procede a la disolución de la sociedad ganancial con carácter previo a la determinación del caudal relicto, por tanto se excluyen los bienes privativos del cónyuge supérstite y se atribuye al mismo la parte correspondiente (50%) de los que eran titularidad de la sociedad ganancial. El resto, es decir, la participación del fallecido es lo que distribuirá entre sus herederos de acuerdo al testamento aplicable y si este no existiera, a partes iguales. Uno de los problemas que plantea la legislación civil española es la obligación de mantener el equilibrio entre los herederos, es decir, que no se puede mejorar por herencia a uno de los herederos, incluso si éste tiene un grado de parentesco más lejano con el empresario. El Derecho Civil ofrece fórmulas para evitar este problema, la figura del legado de cosa que no admite cómoda división o, la fiducia a favor del cónyuge. En cualquiera de estos casos, la reducción impositiva sería aplicable con las particularidades de la normativa autonómica de referencia.

En suma, el objetivo de la reducción fiscal en el ISD, que es favorecer la transmisión, se adapta muy bien a las necesidades de la Empresa Familiar, sin perjuicio de que algunas Comunidades hayan sido conscientes de que el fin último es que la empresa se mantenga, aunque pierda su carácter familiar. En nuestra opinión es un acierto la introducción de los no parientes como beneficiarios de la reducción, si bien con unos requisitos que pueden resultar excesivos en los plazos temporales de vinculación con la entidad. De nuevo, si el empresario tuviera la voluntad de dejar su empresa a una persona de estas características, la fijación de su domicilio en Canarias, Cataluña o Andalucía, le ofrecería facilidades importantes.

Además de la reducción analizada por la transmisión de la empresa, hay que añadir las reducciones propias de cada Grupo, que son más importantes en el Grupo II y, sobre todo, en el Grupo I. Si añadimos que a la tarifa se le aplican unos índices correctores que son más bajos (o igual a 1,00), para los parientes más cercanos, el resultado es que el gravamen del ISD no puede ser considerado como un obstáculo fiscal para la transmisión empresarial. En este punto, las diferencias en la progresividad de la tarifa quedan matizadas por las reducciones objetivas y personales que el tributo presenta. Es lo que ocurre en la Comunidad Foral de Navarra, cuyo tipo impositivo del 0,8 para cónyuges y descendientes consanguíneos y adoptados, hace innecesarias reducciones específicas. Ciertamente esta opción es mucho más simple para el contribuyente, distando mucho de la complejidad de otras regulaciones autonómicas.

A nuestro entender, sería muy recomendable una regulación autonómica menos dispar en cuanto a los elementos ya estudiados, más transparente y que permita al empresario conocer las consecuencias fiscales de la transferencia de su empresa. Ciertamente, no puede decirse de la normativa actual que ésta sea una de sus cualidades, dada la dificultad existente para la comprensión de una regulación autonómica compleja y variable.

Como reflexión final, recodamos que la fiscalidad no debe ser el criterio básico para decidir cómo, cuándo y a quién transferir la empresa, sin embargo, mientras las regulaciones autonómicas presenten la diversidad actual, hay un margen para planificar la transferencia de la empresa variando el domicilio del empresario o de los sucesores – donatarios –, o de la propia empresa, hacia algunas Autonomías. Estos trámites son más difíciles para las personas físicas que para las jurídicas pero, en cualquier caso, implican la consideración de otros factores previos, no fiscales.

Referencias

Alfonso Galán, R.M. (2007). *Beneficios fiscales en el Impuesto sobre Sucesiones y Donaciones con ocasión de la transmisión mortis causa de la Empresa Familiar.* En Estudios en homenaje al profesor Pérez de Ayala, 765-797. Dykinson.

Círculo de Empresarios (2009). *El espíritu emprendedor: Elemento esencial para abordar la crisis económica española.* Disponible online en: http://www.circulodeempresarios.org/wp-content/uploads/2009/06/espititu-1.pdf. Consultado: 30 de junio de 2012.

Domínguez Barrero, F., & López Laborda, J. (2001). Principios de planificación fiscal. *Papeles de Economía Española, 87,* 335-345.

Dyer ,W.G. (1986). *Cultural Change in family firms.* San Francisco. Joseey Bass.

ESADE & Family Business Knowledge (2006). *Radiografía de la Empresa Familiar Española: Fortalezas y Riesgos.* Disponible online en: http://www.esade.edu/biblio/documentos/Radiografia_empresa_familiar_espanola.pdf Consultado: 30 de junio de 2012.

European Commission (2009). *Entrepreneurship in the EU and beyond. A survey in the EU, EFTA countries, Croatia, Turkey, the US, Japan, South Korea and China.* Flash Eurobarometer n° 283.Disponible online en: http://ec.europa.eu/public_opinion/flash/fl_283_en.pdf. Consultado: 30 de junio de 2012.

European Commission (2009). *Final Report of the Expert Group. Overview of Family-Business-Relevant Issues: Research, Networks, Policy Measures and Existing Studies.* Disponible online en: http://ec.europa.eu/enterprise/policies/sme/index_en.htm. Consultado: 30 de junio de 2012.

European Union (2012). Observatory of European Smes. Brusells: European Commission. Disponible online en: http://ec.europa.eu/enterprise/policies/sme/index_en.htm Consultado: 10 de junio de 2012.

Guinjoan, M., & Llauradó, J.M. (2000). *El empresario familiar y su plan de sucesión.* Madrid: Díaz de Santos.

Instituto de la empresa familiar (2012). Las cifras del IEF. Madrid: Instituto de la Empresa Familiar. Disponible online en: http://www.iefamiliar.com/web/es/cifras_ief.html Consultado: 20 de mayo de 2012.

Kenyon D., & Ward J.L. (2005). *Family Business Key Issues*. New York: Palgrave MacMillan.

Linares Gil, M.I. (2004). El conflicto en la aplicación de la norma tributaria en la Ley 58/2003, de 17 de diciembre, General Tributaria. *InDret, Documento de Trabajo nº 225, Julio*. Disponible online en: http://www.indret.com/pdf/225_es.pdf. Consultado: 30 de junio de 2012.

Melguizo Garde, M. (2009). Planificación fiscal en la transmisión lucrativa de padres a hijos. *Información Comercial Española, 850,* 125-144.

Observatory of European SMEs (2002). *European SMEs and Social and Environmental Responsibility*. Disponible online en: http://ec.europa.eu/enterprise/policies/sme/facts-figures-analysis/sme-observatory/index_en.htm. Consultado: 30 de junio de 2012.

Portillo Navarro, M.J. (2010). Impuestos autonómicos sobre la transmisión lucrativa de la Empresa Familiar y de las explotaciones agrícolas, forestales o rurales. *Quincena Fiscal Aranzadi, 13,* 55-75.

Spence, L. J., & Rutherfoord, R. (2003). Small Business and Empirical Perspectives in Business Ethics: Editorial. *Journal of Business Ethics, 47(1),* 1-5. http://dx.doi.org/10.1023/A:1026205109290

Stiglitz, J.E. (1985). The General Theory of Tax Avoidance. *National Tax Journal, 8(3),* 325-337.

Vacchiano López, C. (2007). *La sucesión en la Empresa Familiar. La Empresa Familiar y los nuevos retos de gestión*. Madrid: Fundación EOI.

Referenciar este capítulo

Lagos, G. (2013). Planificación fiscal de la sucesión de la Empresa Familiar En V. Fernandez (Ed.), *Nuevas investigaciones sobre la gestión de la Empresa Familiar en España* (pp. 85-112). Barcelona: OmniaScience.

OmniaScience

Capítulo 6

Buenas prácticas basadas en aplicaciones reales de Protocolos Familiares en las empresas familiares en España

Alfonso Chiner Furquet

IESE Business School, Universidad de Navarra

achiner@iese.edu

Doi: http://dx.doi.org/10.3926/oms.09

1. Introducción

Después de finalizar la elaboración y defensa de la tesis doctoral sobre el Protocolo Familiar, en los últimos diez años he tenido la oportunidad de analizar la influencia que han tenido los Protocolos Familiares en la propiedad, gobierno y gestión en distintas Empresas Familiares de España que disponen de un Protocolo Familiar.

El seguimiento práctico con estas empresas familiares, de distinto tamaño, desde pequeñas y medianas hasta grandes, algunas incluso cotizando en la Bolsa de Valores, en distinto momento generacional y en distintos sectores, me ha permitido contrastar e inventariar una serie de razones por las que en ocasiones los Protocolos Familiares no han sido de utilidad para lograr los objetivos fundamentales para los que se habían elaborado, y por tanto establecer unas conclusiones sobre el grado de utilidad de los mismos.

Por otro lado, este análisis práctico sobre situaciones reales, me ha permitido también abstraer algunas buenas prácticas de las Empresas Familiares que han logrado avances importantes en la resolución de los retos a los que cualquier Empresa Familiar se enfrenta tarde y temprano y que cristalizan en poder llevar a cabo o no, sus procesos de sucesión con éxito.

Un aspecto a mi juicio fundamental y que conviene resaltar ya que tiene mucha importancia para validar la función preventiva de los Protocolos Familiares, es que los riesgos que afectan a las empresas familiares son plenamente identificables, predecibles en el tiempo y tienen mecanismos y sistemas de solución.

Por tanto, la finalidad de este capítulo es que este conocimiento conceptualizado y práctico sea útil en la elaboración de nuevos Protocolos Familiares, o de revisión de los actuales, para mejorar su influencia y eficacia en la resolución de los retos que cualquier Empresa Familiar tiene que afrontar a lo largo de su existencia con referencia a situaciones y circunstancias relacionadas con temas de poder, dinero y trabajo en la Empresa Familiar.

En este capítulo se exponen diez razones contrastadas que se han producido de manera recurrente en un amplio número de empresas familiares distintas, y que desde el marco académico, he ido conceptualizando.

Estas razones han sido causa de inutilidad del Protocolo Familiar a la hora de gestionar dificultades y encontrar soluciones a retos que han aparecido en la vida de estas empresas familiares. Una de las conclusiones de esta investigación práctica es que también, al lado de cada una de estas razones, se identifican buenas prácticas a seguir para superar este tipo de dificultades.

A continuación se describen estas razones u errores en los Protocolos Familiares, las causas de su inutilidad y las buenas prácticas a aplicar para gestionar estos riesgos y dificultades.

1.1. ¿Un producto o un proceso? No confundir el instrumento con el fin

A veces el objetivo ha sido lograr la firma de un documento sin darle suficiente valor e importancia al propio proceso de análisis y reflexión a llevar a cabo por la propia familia. Un proceso tranquilo y sereno, en el que tienen que surgir todas las situaciones y circunstancias personales de cada uno de los miembros de la familia, y en el que los atajos para establecer normas y criterios no son buenos.

El Protocolo Familiar es un proceso, no sólo un producto per se: Un documento de acuerdos. En cierto modo, la elaboración del Protocolo Familiar debe ser una "gran excusa" para que la familia empresaria inicie un proceso de diálogo y comunicación respecto a su proyecto común a compartir: la propia Empresa Familiar. En muchos casos, la familia empresaria no ha sido responsable de esta confusión sino que ha sido inducida por un enfoque inadecuado de los asesores y/o personas que hayan intentado ayudar en este proceso.

1.2. Realizar un diagnóstico personal y familiar

No es posible que el Protocolo Familiar tenga éxito si no se parte de una fase inicial de análisis y diagnóstico de las personas y de la familia. ¿Qué piensan? ¿Qué sienten? ¿Cómo actúan? ¿Qué esperan? Cada persona tiene sus circunstancias específicas y cada familia su propia dinámica. De no ser así, el Protocolo Familiar se convierte sólo en un "documento archivado".

Para iniciar con rigor el proceso de elaboración de un Protocolo Familiar, se deben dar un grado de unidad y cohesión familiar mínimo y un grado de compromiso suficiente con el proyecto de Empresa Familiar. Una fase de análisis y diagnóstico previa es fundamental para ver si se dan estos grados mínimos de unidad y compromiso y poder realizar un inventario concreto de riesgos y disfunciones que la Empresa Familiar tiene. Sólo entonces se puede iniciar con garantía de éxito un buen proceso de reflexión para construir futuro.

Con frecuencia, si este análisis y diagnóstico se realizan suficientemente bien, se genera la necesidad de solucionar, previo a la elaboración del Protocolo Familiar, problemas pendientes del pasado. Si ello no se detecta y no se solucionan estos temas del pasado, algunos en ocasiones, arrastrados desde la infancia, se cerrará en falso el proceso del Protocolo Familiar y continuarán existiendo agendas ocultas en la Empresa Familiar que tarde o temprano producirán la aparición de discrepancias y problemas en las relaciones interpersonales entre los miembros de la familia empresaria que incidirán negativamente en la Empresa Familiar.

1.3. Enfocar el Protocolo sólo a las siguientes generaciones pasando por alto las actuales

Un error fácil y habitual, basado en la comodidad, y en ocasiones en la falta de valentía, es el no enfrentar los problemas actuales con voluntad de mejora y solución de los mismos. Intentar mantener situaciones de equilibrio aparente y tender a sumergir la problemática solo provoca que los problemas, tarde o temprano, surjan incluso con mayor fuerza.

El Protocolo Familiar debe servir para identificar y solucionar los problemas de mando de la actual generación. En ocasiones estos no se afrontan, se pasa por alto la problemática actual y se organiza y regula la situación de la siguiente generación, de los jóvenes, para el futuro. Eso está bien, pero el hecho de no adentrarse oportunamente en los temas actuales, en un proceso de este tipo, seguramente no encontrará otra mejor ocasión para hacerlo en el futuro. Claro que es muy importante regular aspectos de la siguiente generación, pero si no se afrontan los actuales, es probable que no se puedan aplicar los establecidos para la siguiente generación porque la empresa no sobreviviría en la actual etapa de vida.

1.4. No lograr un inventario claro y previo de riesgos y disfunciones

Si no se logran inventariar los riesgos y disfunciones específicos de cada familia no será posible acertar a los mecanismos adecuados para contenerlos y solucionarlos. Aunque los conceptos de riesgo pueden ser comunes, (poder, dinero y trabajo) su traducción práctica es distinta en cada familia.

Uno de los temas claves que deben ordenarse en las Empresas Familiares son los que derivan del dinero ya que si no se establecen normas claras y objetivas, así como criterios acordes con el mercado serán fuentes de conflicto. Lo primero es distinguir las razones de ser de los distintos e independientes tipos de remuneraciones a los que los miembros de la familia pueden acceder según sus roles específicos:

Rol de accionista

Es fundamental establecer un objetivo de rentabilidad vía dividendo que sea acorde con el mercado y de acuerdo con el tipo de empresa, modelo de negocio y sector. Es decisión de los accionistas decidir anualmente sobre la finalidad del beneficio: Cuánto se aportará al capital social de la empresa y cuánto se repartirá en dividendo. Pero para tomar una decisión ponderada al respecto es necesario que los accionistas tengan una formación adecuada de accionistas responsables que les permita encontrar el punto de equilibrio entre lo que necesite la empresa para continuar creciendo y ser sostenible, y lo que pueda repartirse en forma de dividendo.

Aquí tampoco hay reglas mágicas, sino que dependerá en cada caso de los potenciales proyectos de expansión y demás necesidades empresariales, para llevar una política prudente y digerible de endeudamiento respecto a los fondos propios de la empresa. También es importante no caer en celos respecto a los miembros de la familia que trabajen en la empresa, manteniéndose al margen y respetando la estructura de gobierno y dirección de la misma. Sin embargo, los Directivos y el Consejo de Administración deben entender y respetar el hecho de que los accionistas quieran legítimamente una remuneración competitiva (rentabilidad) de su capital aportado, acorde con la realidad de mercado.

Rol de consejero en el gobierno

Aquí se debe establecer la remuneración idónea, clara y aprobada por los accionistas, para la persona que adopte la responsabilidad de gestionar las tareas de gobierno y en línea con el mercado para el tipo de empresa determinado. La actividad de Consejero es una auténtica tarea de trabajo con responsabilidad que hay que ejercerla profesionalmente. Ejercer el cargo de Consejero con responsabilidad, competitividad y servicio, requiere notables habilidades de autocrítica en la aportación de valor y no escudarse en la mera representación accionarial.

Conviene tratar separadamente la retribución como Consejero, y no considerarla como "parte del dividendo" para los consejeros dominicales. Para focalizar las decisiones entre familiares, es de gran ayuda contar con un Consejo de Administración que incluya una Comisión de Remuneraciones y Nombramientos con participación activa de Consejeros Independientes.

Rol de trabajo en la gestión

Para los que trabajan en la empresa ocupando algún puesto de trabajo en la gestión deben participar en una política de sueldos e incentivos de mercado, no haciéndose distinción, ni por encima ni por debajo, por el hecho de ser miembros de la familia propietaria. El apellido "pesa" en las relaciones internas en la empresa ¿Quién evalúa y promociona? Por ello, conviene garantizar la objetividad y un plan de carrera bien estructurado. Defenderse solo sin apelar al vínculo familiar. Cumplir el deber de confidencialidad en los temas de trabajo y no utilizar inadecuadamente la información de detalle operativa a la que se tenga acceso. No ser el "submarino" de nadie.

Un departamento profesional de Desarrollo de Capital Humano es clave para establecer políticas de evaluación y remuneración acordes con el mercado y con base en el perfil de cada puesto.

Disponer de reglas de juego para los miembros de la familia que en el futuro quieran entrar a trabajar en la Empresa Familiar, cumplirlas y aceptar sus resultados es fundamental para no generar situaciones de conflicto entre familiares. La experiencia previa fuera de la Empresa Familiar es muy importante para que se produzca una decisión con máxima libertad por las dos partes. La incorporación debe ser para cubrir un puesto necesario vacante (no precisamente preparar un puesto a la medida).

En las empresas familiares de primera y segunda generación este tema económico de los miembros de la familia suele estar especialmente poco organizado, mezclando frecuentemente las remuneraciones por diferentes roles, y en ocasiones los fondos que se utilizan provienen indistintamente del patrimonio personal y de los recursos de la empresa. En este tema hay que mencionar los regalos, ayudas, etc. que se dan a miembros de la familia en determinado momento y por diversas circunstancias. Este es también un capítulo importante que debe ser organizado y regulado por el Protocolo Familiar.

1.5. Contemplar sólo los aspectos patrimoniales y no las circunstancias personales

Hay un concepto unidireccional demasiado extendido ¡Hay que proteger a la empresa de la influencia negativa de la familia! Y entonces se acaban protegiendo sólo los elementos económicos y patrimoniales; éstos evidentemente es importante tomarlos en cuenta, pero el Protocolo Familiar debe además contemplar y dar solución a situaciones y circunstancias personales y familiares que, no sólo ni siempre, pasan por disyuntivas y soluciones de contenido económico.

Por tanto, el marco necesario del que debe disponer una familia empresaria para avanzar con éxito, tanto para elaborar un Protocolo Familiar como para revisarlo y adaptarlo si ya lo tiene, o lo que en cualquier caso es siempre fundamental, ponerlo efectivamente en marcha con los órganos y mecanismos previstos y acordados en él, está determinado por:

- Una voluntad: Querer un proyecto común

- Un compromiso: De todos con el proyecto

- Un consenso: Sobre el guión y las maneras de actuar en consecuencia

Este marco debe ser claro y explícito, y para ello ayuda disponer de un documento escrito que sirva a modo de guión (partitura) que recoja en concreto lo que se quiere hacer y los criterios y normas para guiar las actuaciones de todos al respecto. Al ser importantes las personas y sus conductas, cada miembro de la familia, debe entender y aplicar lo que significa cada aspecto de lo acordado (al igual que el músico reconoce cada nota y signo en un pentagrama) y esforzarse para actuar acordemente (el músico traslada a su instrumento las instrucciones de la partitura para producir y aportar los tonos precisos).

Cada quien debe conocer el sistema de gobierno de la familia y de la empresa consensuado y establecido en el Protocolo Familiar, y su rol concreto, acorde con sus deseos y expectativas, sus capacidades y habilidades, sus situaciones y circunstancias personales, para poderlo desempeñar lo mejor posible. El ámbito (alcance y cobertura) del Protocolo Familiar debe estar establecido a la medida de cada familia (como una partitura escrita para una orquesta determinada) con lo cual su desarrollo y aplicación práctica permitirá un resultado excelente.

La ayuda de asesores externos de prestigio y con experiencia debe garantizar que el resultado final sea coherente y completo de modo tal que se contemplen todos los aspectos fundamentales y necesarios, y que hayan sido comprendidos e interiorizados por todos los miembros de la familia. Por ello, es conveniente establecer, en paralelo con el proceso, aspectos de formación para compartir entre todos un grado de suficiente conocimiento de los mismos.

No podemos olvidar la función de liderazgo y de coordinación para los esfuerzos de todos (el rol del director de orquesta). También en estos procesos de las familias empresarias es fundamental que alguno(s) desempeñe(n) este rol para que se avance uniformemente hacia los objetivos.

Si todo ello no se da, al final el Protocolo Familiar puede llegar a ser un documento guardado en un cajón sin que sirva de guía u hoja de ruta para desarrollar en la práctica todo lo acordado en su momento. Para pasar del qué al cómo, al cuándo y al quién, cada uno tiene que ponerse a actuar para ello, a la vez, en vivo y en directo, (no cabe el play-back), y aportando lo mejor de cada uno al servicio del conjunto. La generosidad es necesaria para lograrlo, y en ocasiones, es imprescindible una buena dosis de humildad para compartir el éxito con todos (al igual que el director hace levantar a todos los músicos de la orquesta para compartir los aplausos).

1.6. No identificar qué modelo de Empresa Familiar se tiene y cuál se quiere

Con el tiempo, tanto la empresa como las propias familias crecen y el número de personas aumenta y la Empresa Familiar debe evolucionar: De un modelo de trabajo familiar, en la etapa del fundador y en las primeras generaciones, hacia un modelo de dirección o sólo de gobierno familiar, en la que coexisten distintos roles de la familia en la propiedad, el gobierno y la gestión de la empresa.

La identidad de la familia se compone de diferentes aspectos, no sólo los relacionados con la empresa. En este sentido la transferencia de valores debe considerarse que se inicia desde el nacimiento de cada miembro de la siguiente generación. Los valores se pueden y deben transmitir en todo momento y la identidad de la familia puede ser permanente a lo largo del tiempo, independientemente de los avatares y cambios que pueda sufrir la empresa. Si se le da a la familia el valor fundamental que tiene, el proceso de incorporación de la siguiente generación resulta más seguro, ya que al final coinciden en gran medida los objetivos que se buscan tanto en la familia como en la empresa: Seguridad, libertad con base en la formación y aprendizaje y felicidad.

Es fundamental el respeto a las inquietudes e interés de la siguiente generación hacia las diversas profesiones y actividades, dando soporte a las diversas distintas carreras profesionales fuera del ámbito de la empresa. Claro que es importante cuidar la generación de la capacidad emprendedora, pero ésta puede y debe aplicarse a las áreas de interés de cada miembro de la siguiente generación. Este tema debe y puede acordarse en el Protocolo Familiar, guías y criterios, pero no levantar barreras que frenen el desarrollo particular fuera de la empresa. En estos aspectos, hay que considerar y prestar atención a que los cónyuges tienen también su grado de influencia en el desarrollo de la siguiente generación.

1.7. Iniciar con insuficiente grado de compromiso hacia la familia y la empresa familiar

Sólo puede elaborarse un Protocolo Familiar con garantía de éxito si se da, o se desarrolla, un grado suficiente de compromiso con la empresa familiar y de cohesión y de adaptabilidad familiar, y éstos hay que "medirlos" profesionalmente y a nivel de cada miembro de la familia. Las razones para continuar juntos deben validarse, no sólo asumirse, de otra forma, surgirán las sorpresas en actitudes y comportamientos frente a los problemas. Es necesario disponer de unas reglas y un sistema de gobierno de la familia y de la empresa que permitan una gestión eficaz de la problemática inherente a estas situaciones.

Un ejemplo de situación difícil es cuando miembros de la familia tienen que evaluar y decidir sobre las actuaciones en la empresa de otros miembros de la familia. Esta problemática requiere de una estrategia bien focalizada y cada generación debe encontrar sus propias soluciones. Estas soluciones deben basarse en el criterio de aportación específica de valor a la empresa. Ayuda la existencia de un Comité Junior a través del cual la siguiente generación va tomando conciencia de las problemáticas y prepara estrategias para evitar los riesgos que estas situaciones generan. Cada generación debe encontrar sus propias soluciones, debe hacer reingeniería de su propio modelo interno de gobierno.

1.8. El protocolo familiar como acuerdo de voluntades alrededor de un proyecto común

En ocasiones el proceso se dirige hacia la mera adhesión, hacia un esquema inicial de acuerdos más o menos preconcebidos por la generación "en el poder", del que finalmente se logra su firma casi más por cansancio y/o aburrimiento que por sentirse parte integrante de un acuerdo de voluntades crucial para el futuro de la empresa, de las personas y de las distintas generaciones de la propia familia en torno a ciertos valores y criterios comunes.

Conviene de nuevo resaltar la importancia del propio proceso de reflexión y comunicación de toda la familia empresaria y la voluntad de querer avanzar en un proyecto común. Utilizando el símil musical, para tener una orquesta tiene que haber un conjunto de músicos que deciden un proyecto colectivo y canalizar todos a la vez sus capacidades individuales y coordinadas al servicio de un proyecto común que quieren desarrollar. Por tanto, es conveniente y oportuno resaltar los siguientes aspectos claves para lograrlo:

- La renuncia a un proyecto individual (aunque uno pueda ser un gran solista) para formar parte de un proyecto colectivo (orquesta) poniendo al servicio de los demás sus capacidades y habilidades personales y profesionales.

- La decisión de compartir un proyecto común concreto (partitura)

- La necesidad de un mínimo denominador común de educación, formación y capacidades (conocimientos musicales: solfeo, etc.) para leer, interpretar y actuar en congruencia con el proyecto (pentagramas de la partitura) acordado.

Para avanzar coherentemente se hace necesario asumir e interiorizar estos principios.

Al igual que en el ejemplo de la orquesta musical, el proyecto compartido de empresa familiar no es compatible con las actuaciones individuales del que "toca de oído". Esto último puede producir un resultado satisfactorio a nivel individual, pero no se podrá integrar con garantías de éxito en una orquesta.

1.9. Intentar atar situaciones de detalle en vez de definir criterios

Ocasionalmente, se crea la expectativa de que el Protocolo Familiar es la solución a todos los problemas, y se intenta atar en él una casuística imposible de prever. No se definen ni consensuan los criterios de actuación y terminan siendo una extensión de los Estatutos Sociales, unos pactos privados entre socios para atender ciertas situaciones que pudieran producirse. Es obvio que también pueden ser necesarios pero ¿No lo son también los Planes de Formación para que cada miembro de la Familia Propietaria identifique y se prepare para desempeñar bien su rol trabajando o no en la empresa familiar?

Uno de los temas delicados en las empresas familiares es el del trabajo de familiares y amigos en la empresa: Qué criterios, normas y procedimientos son aconsejables, así cómo, qué capacidades y actitudes hay que tener para gestionar adecuadamente todo lo referente a este ámbito. Incluyo la capacidad de gestionar, porque tan importante es disponer de criterios y normas como la capacidad de aplicarlas y aceptar sus consecuencias.

Es, así mismo fundamental, aceptarlas de buen grado cuando tienen implicaciones propias y afectan a personas directamente relacionadas con uno mismo, y por tanto influyen afectos y emociones. Por tanto, este tema es un claro ejemplo de que además de las normas y criterios hay que desarrollar muchos otros temas que están interrelacionados y que constituyen el marco necesario de accionistas responsables, de donde se derivan actitudes positivas y consecuentes con el modelo de Empresa Familiar acordado.

Si no se genera un respeto por la empresa, y hay una apuesta decidida por la meritocracia, va a ser muy difícil evitar los problemas que se deriven de estas situaciones, pese a la existencia de normas y criterios a aplicar. Por supuesto que hay que disponer de reglas para que no se desarrolle el nepotismo, pero tan importante como fijarlas es desarrollar valores y cultura familiar propia basada en valores y no en privilegios.

El abanico de posibles normas y requisitos es muy amplio. En un extremo esta el acordar que nadie de la familia trabaje en la gestión diaria de la empresa; en el otro extremo, el de que todos sean bienvenidos en cualquier puesto o se les crean algunos ad hoc. Todos tienen ventajas e inconvenientes, pero este último ha demostrado que en la práctica acarrea demasiados problemas y está en desuso, al menos mayoritariamente.

Una experiencia que se consolida como muy segura es requerir del candidato familiar cierta experiencia previa en otras empresas, con ello se garantiza que la decisión de incorporación se tome con mayor libertad y conocimiento por las dos partes, y también si por algún motivo la incorporación del candidato no evoluciona favorablemente, éste será suficientemente competitivo en el mercado laboral, para encontrar otras oportunidades.

Seguir las reglas de mercado en los procesos de selección, retribución y evaluación minimiza en gran medida el riesgo de dificultades. Evitar, por ejemplo, que un familiar dependa de otro familiar, y que por tanto, uno como jefe directo del otro tenga que evaluarlo, puede ayudar a no incrementar el riesgo de las situaciones de convivencia de familiares en la gestión y dirección de la empresa. Actuar con profesionalidad en los planes de carrera, nombramientos, etc., independientemente de si uno es familiar o no de la propiedad. Esto es necesario, aunque a veces es difícil de lograr.

En todos los casos, el papel del Consejo de Familia es fundamental en cada una de las etapas: preocuparse de que existan normas, requisitos y procedimientos explícitos y conocidos por todos, que se apliquen adecuadamente y con rigor estos procedimientos, y que se acepten los resultados de los procesos de buen agrado por todos los implicados. De no ser así, surgen los problemas en este tema y, con mucha frecuencia, suelen derivar en conflictos.

En el lado empresarial, si la función de Recursos Humanos está suficientemente desarrollada puede y debe desempeñar un papel clave en el proceso y tratamiento de estos aspectos, actuando con la máxima profesionalidad por el bien, en primer lugar del propio candidato familiar, y a continuación de la empresa, y de la propia familia.

En resumen, este tema es un claro ejemplo de que la Empresa Familiar, además de empresa y de familia, fundamentalmente es de personas. Si al diseñar, aplicar y aceptar normas y procedimientos, tenemos en cuenta este enfoque, seguro es que acertaremos.

1.10. Exceso de confianza, pensar que no hay ni habrá problemas. Sentirse inmune

La grandeza de la libertad de las personas hace que las relaciones interpersonales sean complejas, y que las circunstancias personales requieran una labor de encaje "mágico" y permanente. Por tanto, el equilibrio Familia-Empresa nunca puede darse por asegurado sino que es un proceso continuo basado en una voluntad de mejora permanente. Nunca será bueno abordar el proceso de elaboración del Protocolo Familiar más como un "tema de moda" que por el convencimiento de su necesidad.

La realidad es que la Empresa Familiar genera en los miembros de la familia empresaria circunstancias y situaciones diferentes en referencia a temas de influencia, dinero y trabajo o no en la empresa. Las personas añadimos siempre nuestras emociones a todo lo que hacemos, esto es así y no es necesariamente malo, pero hay que saber gestionar adecuadamente estos procesos, para que las discrepancias lógicas no deriven en problemas, y éstos a su vez en conflictos. El Consejo Familiar es el órgano sobre el que recae la tarea de organizar un proceso de mediación adecuado para gestionar de una manera eficaz esta problemática. Para ello, es fundamental disponer de lo siguiente:

- Un marco familiar de confianza suficiente basado en valores que se comparten y se viven.

- Un Consejo Familiar en funcionamiento que vele por la unidad familiar y cuide a cada uno de los miembros de la familia, y por tanto sea el foro para canalizar estas discrepancias.

- Un Comité de Mediación que dependiendo del Consejo Familiar y constituido por Asesores Externos profesionales, con conocimiento suficiente de la familia y de sus miembros y aceptados por todos como neutrales, apoyen la objetividad, el análisis y propuestas de soluciones para desbloquear las relaciones interpersonales entre miembros de la familia.

Este proceso de mediación realizado oportunamente, con rigor y de manera profesional es sin duda, más ágil y mucho menos costoso, que dejar que las discrepancias se enquisten y generen conflictos que pueden llegar al final a tener que dirimirse con argumentos legales por cada parte en los tribunales, provocando una ruptura familiar grave, y en la mayoría de los casos un daño irreparable a la Empresa Familiar.

Este proceso de mediación requiere una serie de premisas que deben ser aceptadas por el Consejo Familiar y formar parte del sistema de gobierno de la familia empresaria:

- Exige honestidad y franqueza.

- Es un proceso voluntario.

- Se ocupa de las necesidades e intereses personales mas que de las posiciones.

- No es amenazante ni punitivo.

- Es confidencial.

Las funciones de este Comité de Mediación se pueden resumir en:

- Ayudar a afrontar y minimizar constructivamente la discrepancia, no quedándose en un mero intento de búsqueda de consenso puntual, sino analizando las causas, y canalizando y gestionando con sensibilidad la discrepancia para avanzar.

- Ayudar y facilitar la gestión de las relaciones interpersonales entre familiares que se encuentren en situación de bloqueo o dificultad.

- Elaborar alternativas de actuación, procesos y hojas de ruta para desbloquear situaciones de enfrentamiento en las relaciones entre miembros de la familia.

- Ayudar a sustituir la inseguridad por la confianza, única capaz de aportar autentica motivación.

- Ayudar a focalizar los hechos y las situaciones compensando las interpretaciones, imágenes y concepciones diversas de la realidad que cada miembro de la familia pueda tener.

- Preparar y participar en las reuniones entre familiares en conflicto, mediando para facilitar su comunicación.

- Ser proactivo con aportación de nuevas ideas y enfoques para la transformación del conflicto y la mejora de las relaciones.

En definitiva, el Protocolo Familiar debe establecer la constitución de un Consejo Familiar, y un Comité de Mediación que al actuar como mecanismos de prevención y resolución de conflictos dentro del Consejo Familiar, cumplan así mismo aquel refrán popular de que "los trapos sucios se lavan dentro de casa".

Es fundamental el respeto a las inquietudes e interés de la siguiente generación hacia las diversas profesiones y actividades, dando soporte a las distintas carreras profesionales fuera del ámbito de la empresa. Claro que es importante fortalecer las capacidades emprendedoras, pero éstas pueden y deben aplicarse a las áreas de interés de cada miembro de la siguiente generación. Este tema puede y debe acordarse en el Protocolo Familiar, guías y criterios, pero no levantar barreras que frenen el desarrollo particular fuera de la empresa. En estos aspectos, hay que considerar y prestar atención a que los cónyuges tienen también su grado de influencia en el desarrollo de la siguiente generación.

2. Conclusión

Para finalizar este capítulo, en la línea de brindarles mayor utilidad a los interesados en este libro de investigación sobre las empresas familiares en España, les comparto algunos consejos prácticos, nuevamente diez en concreto, para implantar con éxito, un Protocolo Familiar que permita dotar a la familia propietaria de un buen sistema de gobierno para su Empresa Familiar:

- **Los "atajos" no funcionan.** La implantación de un Protocolo Familiar y de un gobierno familiar es un proceso secuencial. Hay que cumplir los deberes generacionales correspondientes a cada etapa, de otra forma, se acumularán a la siguiente generación con el consiguiente lío familiar.

- **No hay modelos de protocolos familiares prefabricados.** El Protocolo Familiar es un traje a la medida basado en el conocimiento de las personas y de la familia. Cada familia necesita su propio modelo y lograr que encajen en este todos los miembros de la familia. Se gobierna para todos. Al final del proceso, no puede haber "víctimas" ni damnificados.

- **Deberes para cada generación.** Cada generación debe validar y en su caso "re-fundar" el Protocolo Familiar y el sistema de gobierno con carácter emprendedor y compromiso suficiente haciéndolo suyo. Además de los valores que recibe de la anterior generación debe descubrir y asumir sus propios valores diferenciales.

- **Con nombres y apellidos**. Hay que definir los roles de los distintos miembros de la familia "con nombres y apellidos" basándose en un conocimiento objetivo de capacidades y habilidades. Aquí puede ser de mucha ayuda el apoyo y opinión de profesionales expertos en el tema.

- **¿Quién va a tener qué, cómo y cuándo?**. La generación que tenga en la actualidad la propiedad tendrá todo el derecho a decidir qué hace, pero debe clarificar a tiempo los criterios y el calendario para el traspaso de la propiedad a la siguiente generación. ¿Todos iguales? En ocasiones lo igual no implica necesariamente lo justo.

- **"Limpiar el pasado".** Las reivindicaciones del pasado sobre desigualdad de oportunidades, agravios, o desequilibrios pueden ser letales a la hora de poner en marcha el gobierno de la familia. No es posible desarrollar con éxito un Protocolo Familiar y poner en funcionamiento un Consejo Familiar con situaciones de este tipo pendientes de solución.

- **Hay que ser "referentes", no "barreras".** A raíz de la implantación de lo acordado en el Protocolo Familiar, la generación "en el poder" tiene que facilitar el nuevo sistema de gobierno de la generación que se incorpora. Facilitar un nuevo sistema colegiado y elegido por la nueva generación, por ellos mismos. No porque el anterior sea malo, sino porque los modelos no son repetibles, en razón de que las personas no son iguales.

- **¿Quiénes somos familia?** Hay que delimitar el "perímetro" familiar al que se aplica el sistema de gobierno de la familia: ¿sólo miembros consanguíneos? ¿rol de los cónyuges? ¿a qué edad se incorporan los jóvenes al sistema de gobierno de la familia? ¿Cómo se eligen los representantes en los órganos de gobierno familiar, por ramas o por otros criterios?

- **En realidad, ¿Qué esperamos de la empresa?** Hay que definir los parámetros de lo que realmente se quiere de la empresa por parte de la familia propietaria. No sirve "hacerse trampas en el solitario". Hay que empaparse y consensuar hablando claro.

  ¿Queremos una empresa que ofrezca un puesto de trabajo a miembros de la familia que lo necesiten? ¿Sólo a los que tengan capacidades para ocupar puestos de dirección y responsabilidad? ¿Sólo a los que tengan capacidad para ocupar puestos en el Consejo de Administración? Y todo ello ¿Quién, cómo y cuándo lo decide?

  Y en términos económicos, ¿Qué dividendos esperan los accionistas? ¿Cuántos años sin dividendos "resistirá" el compromiso con el proyecto común empresarial de los familiares propietarios, sobre todo el de los que no trabajan en la empresa ni están en el Consejo de Administración?

- **La comunicación es cosa de las dos partes.** Organizar la interrelación entre los órganos empresariales y los órganos familiares. Establecer el mecanismo de comunicación adecuado. Por ejemplo, un plan de reuniones regulares entre el Presidente del Consejo Familiar y el Presidente del Consejo de Administración ayuda a canalizar expectativas e inquietudes entre la familia y la empresa.

Por supuesto que no es fácil y se necesita "tiempo de dedicación" y "tiempo de calidad", pero lo que es seguro es que hacer los deberes que corresponden para disponer de un buen Protocolo

Familiar y de un sistema de gobierno familiar fuerte es la mejor herencia que se podría traspasar a la siguiente generación.

El éxito y continuidad de la Empresa Familiar, por un lado, y la unión y felicidad de la Familia Propietaria por otro, son suficientemente importantes como para llevar a cabo con ilusión y sana ambición un proceso de elaboración o adaptación del Protocolo Familiar, enfocado a las personas, y lo que es fundamental, utilizando e invirtiendo las actuales generaciones en él, un tiempo propio y personal de calidad, que es el mejor legado para las siguientes generaciones.

Referencias

Charan, R. (2005). *El Consejo de Administración como ventaja competitiva*. Bilbao: Ediciones Deusto.

Davis, J.A. (2006). *Governance of the Family Business Owners*. Boston, US: Harvard Business School.

Lansberg, I. (1999). *Succeeding Generations*. Boston, US: Harvard Business School.

Sundaramurthy, C. (2008). Sustaining Trust Within Family Businesses. *Family Business Review, 21(1)*, 89-102. http://dx.doi.org/10.1111/j.1741-6248.2007.00110.x

Tàpies, J. (Director) (2011). *Familia Empresaria.* Madrid: LID Editorial Empresarial S.L.

Jaffe, D.T. (1991). *Working with the ones you love*. Berkeley, CA, US: Conari Press.

Ward, J.L. (Director) (2005). *Unconventional wisdom*. England: John Wiley &Sons, Ltd.

Ward, J.L. (Director) (2010). *Family Business as a Paradox*. England: Palgrave Macmillan.

Referenciar este capítulo

Chiner Furquet, A. (2013). Buenas prácticas basadas en aplicaciones reales de Protocolos Familiares en las empresas familiares en España. En V. Fernandez (Ed.), *Nuevas investigaciones sobre la gestión de la empresa familiar en España* (pp. 113-125). Barcelona: OmniaScience.

Capítulo 7

Diseño de un plan estratégico docente para la formación de estudiantes universitarios hacia la creación y dirección de empresas familiares en Barcelona, España

Linda García Rodríguez[1], Darío Fuentes Guevara[1], Beatriz Pico González[2], Marta Mas Machuca[1], Miguel Subirachs Torne[1]

[1]Universitat Politècnica de Catalunya, (España), [2]Universidad Popular Autónoma del Estado de Puebla (México)

dotl25@hotmail.com, dariof25@hotmail.com, beatriz.pico@upaep.mx, marta.mas-machuca@upc.edu, miguel.subirachs@upc.edu

Doi:http://dx.doi.org/10.3926/oms.06

1. Introducción

Las empresas familiares a nivel mundial, han sido el motor principal para el desarrollo de la economía, de ahí la relevancia al estudiarlas. Según numerosos estudios de investigación, las empresas familiares obtienen mejores resultados que las empresas no familiares (Schwass, 2008). En la actualidad, se forman estudiantes principalmente para administrar y dirigir organizaciones de distintos sectores; sin embargo, no existe una formación específica en Instituciones educativas de nivel universitario hacia empresas familiares, tanto en economías desarrolladas como en economías emergentes.

Existen varios factores que hacen que una Empresa Familiar pueda tener éxito; entre ellos está, una planificación a largo plazo, la tradición y continuidad, el ambiente empresarial familiar, la responsabilidad social, la calidad de producción y el ser innovador y emprendedor. Si estos factores se llevan a cabo, es muy probable que una Empresa Familiar tenga éxito y se desarrolle de manera adecuada.

A principio de los años 90 se afirmaba que mantener viva a una Empresa Familiar, era el más complicado de los trabajos de gestión. Desde entonces las empresas familiares se han encontrado a sí mismas compitiendo en un entorno cada vez más turbulento, impulsado por las nuevas tecnologías, los valores sociales pluralistas, la intensificación de la competencia, las economías globales, las políticas y las regulaciones cambiantes.

Para utilizar las capacidades empresariales y las oportunidades del mercado resulta importante generar, desarrollar y establecer en instituciones del sector educativo la formación de docentes como herramienta fundamental para ayudar a las empresas familiares a desarrollar un enfoque estratégico, resiliente y competitivo a través del estudiante.

La presente investigación tiene como propósito principal diseñar un Plan estratégico docente, con características interdisciplinarias para la formación de estudiantes universitarios hacia la creación y dirección de empresas familiares, dando respuesta a las necesidades y demandas de la sociedad.

En el caso específico de España a lo largo del último lustro, se han realizado aportaciones de especialistas nacionales sobre el tema; además del apoyo que brinda la Red de Cátedras de Empresa Familiar cuyo objeto, es analizar la investigación y docencia, con el fin de profesionalizar a las familias para desempeñar en condiciones adecuadas sus responsabilidades dentro de la realidad de estas empresas (Pecharromán, 2008). No obstante que se están realizando estas prácticas, resulta necesario reforzar las mismas, considerando que según Pecharromán (2008), las familias españolas se enfrentan a dificultades para mantener a sus empresas más allá de la tercera generación.

De ahí la importancia de contar con docentes enfocados hacia la formación de empresas familiares en economías desarrolladas no dejando fuera a las economías emergentes, lo cual conduciría a reducir el índice de fracaso de las mismas.

A pesar de la importancia cualitativa y cuantitativa de las empresas familiares, dichas empresas tienen más dificultades que las de mayor dimensión para acceder a recursos financieros, para crearse y sobrevivir en un entorno competitivo complejo, dinámico y hostil. Por su parte, hasta hace muy poco tiempo, el estudiante-emprendedor no ha tenido la oportunidad de recibir la formación específica de forma transversal con un enfoque sustentable para afrontar con éxito el reto empresarial.

Principalmente, la educación a nivel universitario en gestión, dirección y administración de empresas es muy general y centra su atención en el análisis de las grandes empresas y no en su creación; sino, más bien en su administración. En el caso de postgrados han estado más cerca de la realidad empresarial, mediante la incorporación de temas relacionados en la creación de empresas e incluso se han puesto en marcha algunas iniciativas emprendedoras.

Se entiende que entre el colectivo de jóvenes universitarios se encuentra un gran número de futuros propietarios y gestores de este tipo de empresas y, por lo tanto, es importante ofrecer la posibilidad de recibir formación en cuestiones específicas de las empresas familiares.

Por tanto, resulta necesario que desde el primer cuatrimestre en la universidad se dé respuesta a esta necesidad presente en un mundo globalizado cada vez más competitivo; de ahí que las empresas familiares deban enfatizar en algunas actividades; entre ellas, en la formación de sus líderes para estar en condiciones de sobrevivir y crecer para ser competitivas a largo plazo dentro de la industria a la que pertenecen.

En este sentido se vuelve relevante la aplicación de un plan estratégico, adquiriendo nuevos estilos de dirección, recuperación de valores, desarrollo de pensamiento estratégico o fortalecimiento con gobiernos eficaces de familia y empresa. Por tanto, hay que tener presente que la supervivencia de la Empresa Familiar en el mundo global, exige cambios en la visión y desarrollo de estrategias para lograr un posicionamiento sustentable dentro del mercado. De ahí la importancia de contar con herramientas dentro de las universidades, que formen a los estudiantes hacia la aplicación de estrategias para conducir a las empresas familiares a un desarrollo sostenido.

"La sociedad reclama de las instituciones educativas, que con el ejercicio de su actividad garanticen los requisitos que el mercado laboral demanda para la inserción de los estudiantes y que adopten experiencias e ideas aportadas por aquellos que se benefician de su actividad (empresa, alumnos, docentes, etc.)" (Martín, 2001).

2. Impacto de la formación docente en empresas familiares

Hablar de la formación, implica incursionarse en un campo polémico y en términos teóricos aún en construcción; se alude a la formación escolarizada para representarla como lo más acabado; sin embargo, la formación es un proceso que rebasa este ámbito y por lo tanto, implica una construcción permanente del sujeto sobre sí mismo (Ferry, 1990); además, es la posibilidad de incorporar los productos que la cultura pueda ofrecerle. Formarse es una dinámica de desarrollo personal que consiste en tener aprendizaje, hacer descubrimientos, encontrar gente, desarrollar capacidades de razonamiento y es también descubrir las propias capacidades y recursos (Ferry, 1997). La formación, en suma, es todo un proyecto de vida.

Por otro lado, los escenarios donde se desarrolla la actividad docente, escuela, colegio, universidad, son entidades complejas, dinámicas y dialécticas que tienen como propósitos centrales: transmitir y mantener los valores de la cultura de una sociedad a través de un currículo, promover los cambios socio-culturales de su entorno y contribuir con la formación personal y profesional de la población. La educación, como saber, se ocupa de los problemas de las instituciones educativas, pero los problemas de la educación no son sólo los problemas de estas instituciones aunque éstos sean los principales. Los hechos que suceden en los contextos sociales y culturales son también de interés de la educación en una doble dirección, por la influencia que puedan tener en ella, así como por la intervención que la educación pueda realizar en esos contextos.

El docente desde el deber ser de su actuación profesional, como mediador y formador, debe reflexionar sobre su práctica para mejorarla y/o fortalecerla y desde esa instancia elaborar nuevos conocimientos, pues en su ejercicio profesional continuará enseñando y construyendo saberes al enfrentarse a situaciones particulares (Díaz, 2006).

Según Aguilar y Block (2001), existen varias acciones que pueden dar impulso a los cambios en las universidades:

La primera acción de impulso a los cambios en el sector educativo, resulta de la ampliación y diversificación de las actividades escolares de su apertura a la comunidad; del aprovechamiento racional de todos los recursos de otras entidades; de la mejor calidad de sus resultados, obtenida por educadores capacitados para comunicar a los estudiantes de modo y medios de aprender mejor; así como también, del análisis crítico y del examen comparativo de varios sistemas educacionales, con el fin de obtener ideas nuevas y fuentes de recursos para la ampliación de las oportunidades de estudio y perfeccionamiento del mayor número posible de personas.

La segunda acción, está basada en el convencimiento de que ninguna de las actividades comprendidas en la primera acción tiene posibilidades de éxito si el profesor, el instructor o el técnico en educación no han sido formados adecuadamente y si no se les ofrecen, en forma sistémica, condiciones e instrumentos favorables para su perfeccionamiento y actualización.

La tercera acción, sintetiza lo que se podría denominar empleo de todos los recursos convenientes y oportunos de la moderna tecnología educativa, creando condiciones para la autonomía de los estudios y de las prácticas y, por tanto, para una atención ilimitada de las personas interesadas en la formación y perfeccionamiento profesionales.

Por todo lo anterior, es relevante decir que los planes docentes enfatizan ante todo en la planeación de la ruta de formación, y orientan de forma general en cómo abordar dicha formación, acorde con las competencias propuestas para el programa, el número de créditos asignados y los recursos disponibles (Tejeda et al., 2006).

De ahí la importancia de crear docentes especializados en la formación de alumnos orientados a la creación, crecimiento o sustentabilidad de empresas familiares. Como respuesta a esta formación, es necesario considerar un plan estratégico enfocado al docente.

Por lo anterior, se consideró conveniente realizar la presente investigación debido a que las empresas familiares representan, por un lado, la mayor parte de la economía en distintos países, y por el otro, los ideales, el esfuerzo y en ocasiones el patrimonio mayoritario de sus dueños. Por lo que, el fracaso de estas empresas conduciría a los dueños a su ruina; a los empleados a la pérdida de su fuente de ingresos; a los proveedores a la pérdida de un cliente y para los países, la no participación dentro de su economía.

Asimismo, la demanda social de educación puede verse desde diversos enfoques; sin embargo, la forma de contemplarla para efectos de dicha investigación es a través del reflejo de las aspiraciones de la población, las esperanzas que se cifran en la educación y las posibilidades de atender esta demanda que ha tenido el País a lo largo de los años.

2.1. Formación para la creación de empresas en las universidades

La formación para la creación de empresas desde las universidades se inició en 1947, en los EE.UU., cuando la Escuela de Negocios de Harvard introdujo el primer curso de *Máster in Business Administration* (Katz, 2003). A partir de ahí, se impartieron cursos en otras universidades *(Chicago University*; *Georgia State University*); se crearon revistas especializadas en el tema (*Entrepreneurship Theory And Practice; Entrepreneur; Entrepreneurship and Regional Development*); y, comenzó a extenderse su popularidad en diversos países de América del Norte, África, Europa y Oceanía (Robinson & Haynes, 1991; Finkle & Deeds, 2001; Katz, 2003); lo cual no ha ocurrido igual en países de América Latina, donde se ha observado un desarrollo más lento. Por otro lado, en España la formación de estudiantes en empresas, se ha dado de manera progresiva.

Es un hecho que el crecimiento económico de los países depende, en gran parte, de la habilidad de crear nuevas empresas y puestos de trabajo. En ese sentido, son varios los estudios analizados que vinculan la creación de empresas con el crecimiento y desarrollo económico de una región (Parker, 2005; Wennekers, Van Stel, Thurik, & Reynolds, 2005). Sin embargo, para que esto suceda, se requieren formadores y emprendedores capacitados, dispuestos a crear y desarrollar empresas. De lo anterior se deduce que las iniciativas efectivas, en relación a la formación en creación de empresas, serán cada vez más importantes para la expansión de emprendedores dentro de la economía (Korurilsky, 1995).

La implementación de la formación para la creación de empresas, puede ser vista como una respuesta estratégica de las universidades frente a un contexto demandante y a la evolución de la sociedad, que determina en conjunto, que las capacidades emprendedoras sean vistas cada vez más como algo útil, incluso necesario (Laukkanen, 2000). Ante tal urgencia, las organizaciones de educación superior empezaron a contribuir en la creación de empresas hace ya más de cincuenta años (Katz, 2003). Pero es quizá, hoy en día, cuando su participación ha aumentado.

Autores como Korurilsky (1995), Varela (1997) y Veciana (1999) presentan diversas razones por las que el tema de la formación para la creación de empresas debe ser estudiado, considerando que:

- Desarrolla una cultura empresarial con la finalidad de favorecer el crecimiento económico y contribuir a la generación de empleo.

- Puede modificar la actitud e intención emprendedoras entre los estudiantes.

- Genera mejores oportunidades para el desarrollo profesional y laboral.

- Estimula las capacidades emprendedoras y produce, en medio y largo plazo, generación de nuevos empresarios.

- Prepara a los estudiantes para un mercado laboral dinámico, donde el perfil emprendedor es altamente valorado.

Por todo lo anterior, es de gran relevancia tomar en cuenta la formación hacia la creación y dirección de empresas familiares; ya que, tanto en España como en el resto del mundo, son el elemento fundamental de la actividad económica, como lo demuestra su gran importancia en la participación en términos de creación de riqueza y empleo. Su creciente valor se ve reflejado en el papel como impulsora de la actividad empresarial, en la capacidad para emprender y en la aportación a la innovación.

Actualmente la Empresa Familiar en España representa el 85% sobre el total de las empresas y el 70% del PIB y empleo privado. Asimismo, representan el 13,9 millones de empleos y el 2,9 millones de empresas familiares (Instituto de Empresa Familiar, 2012).

En España existen 73 universidades, la mayoría posee estudios de dirección de empresas; así mismo, hay un alto número de escuelas de negocios, sobre todo en Madrid y Barcelona, centradas en los estudios de postgrado o máster. Hasta ahora la mayor parte de los estudios de diplomatura o licenciatura en administración y dirección de empresas han sido bastante generalistas y han centrado su atención en al análisis de las grandes empresas, y desde luego, no en su creación sino más bien en su administración. Los estudios de postgrado han estado tradicionalmente más cerca de la realidad empresarial y ha sido más frecuente en los mismos la incorporación de temas relacionados con la creación de empresas e incluso proyectos fin de máster, enfocados en la creación y puesta en marcha de iniciativas emprendedoras (Universidad de Alicante, 2011).

Algunas de las más prestigiosas escuelas de negocio han sido pioneras en el desarrollo de la Empresa Familiar y las iniciativas empresariales. Por lo que se refiere a su enseñanza, en los últimos diez años se han creado 34 cátedras de Empresa Familiar, lo que ha permitido que alrededor de 8.000 alumnos aprendan las peculiaridades de este tipo de empresas. La primera cátedra se creó en 1998 en Barcelona y se espera que se generalice la difusión de estos estudios.

En definitiva, el nuevo Espacio Europeo de Educación Superior ofrece la oportunidad a la universidad española de mejorar y acercarse a la realidad y a las necesidades que la sociedad moderna demanda, no sólo ofreciendo títulos de grado que se especialicen en la dirección y creación de empresas, sino incorporando las buenas prácticas de las clásicas escuelas de negocio en cuanto al desarrollo de habilidades y competencias en el alumno, lo cual dota al estudiante de grado de las herramientas necesarias para poder desarrollar su carrera profesional.

Tanto el Instituto de Empresas Familiares (IEF), como la consultora *Price-Waterhouse-Coopers*, en un estudio llevado a cabo en el año 2007 sobre las empresas familiares en España, coinciden en afirmar que más de la mitad de los empresarios familiares desean transmitir su empresa a la generación siguiente; sin embargo, las estadísticas en este sentido son demoledoras. Ya que sólo una pequeña parte de las empresas familiares consigue mantener el carácter familiar por más de una generación. Para el IEF esta ruptura en la continuidad es debida a que el empresario familiar no siempre consigue superar con éxito una cuestión tan importante como la planificación de la sucesión; elemento clave que garantiza que el sucesor familiar sea competente, o en su caso, la incorporación de directivos no familiares (López, Navarro, & Pried, 2009).

Son pocos los artículos enfocados hacia el tema de formación para la creación de empresas, en la tabla se aprecian los más sobresalientes (tabla 1).

Es importante enfatizar en aquellas universidades que a nivel mundial están trabajando en programas de formación y creación de empresas (tabla 2).

Con base en la información anterior, es importante destacar que ninguno de los programas descritos anteriormente, consideran la formación de estudiantes universitarios hacia la creación y dirección de *empresas familiares*, aún cuando en algunas universidades es manejado en los últimos cuatrimestres o semestres, o de manera extracurricular.

Por tanto, entre las exigencias que cada vez son más complejas en nuestra sociedad y los sistemas educativos vigentes que no alcanzan a preparar a técnicos y profesionales con la rapidez, profundidad y eficiencia que ellos esperan, lo que los coloca frente a una realidad que no pueden ocultarse; razón por la cual, la educación requiere efectuar cambios sustanciales (Aguilar & Block, 2001).

Es por esto, que se considera de gran relevancia cumplir con los objetivos generales y principales que señala un Sistema Integral de Enseñanza - Aprendizaje (SIEA), el cual permite satisfacer necesidades de enseñanza - aprendizaje de la sociedad mediante la formación de estudiantes, modificación y enriquecimiento de su conducta, con el óptimo empleo de los recursos disponibles (Aguilar et al., 2001).

Autor/Año	Tipo de estudio	Revista	Clasificación de Artículo
Aronsson (2004)	Estudio empírico	Academy of Management Learning &Education	JCR
Brockhaus (1991)	Estudio teórico	Entrepreneurship: Theory & Practice	JCR
Brush, et al. (2003)	Estudio teórico	Journal of Management	JCR
Carsrud (1991)	Estudio teórico	Entrepreneurship: Theory & Practice	JCR
Clouse (1990)	Estudio empírico	Journal of Small Business Management	JCR
Fiet (2001)	Estudio empírico	Journal of Business Venturing	JCR
Finkle y Deeds (2001)	Estudio empírico	Journal of Business Venturing	JCR
Galloway y Brown (2002)	Estudio empírico	Education and Training	Artículo Internacional
Gartner y Vesper (1994)	Estudio empírico	Journal of Business Venturing	JCR
Gibb (2002)	Estudio empírico	International Journal of Management Reviews	JCR
Gibb y Hannon (2007)	Estudio empírico	International *Journal of Entrepreneurship Education*	Artículo Internacional
Huggins (2008)	Estudio empírico	Entrepreneurship and RegionalDevelopment	JCR
Hynes (1996)	Estudio teórico	Journal of European Industrial Training	Artículo Internacional
Jones y English (2004)	Estudio empírico	Education and Training	Artículo Internacional
Jones-Evans, et al. (2000)	Estudio empírico	Education and Training	Artículo Internacional
Katz (2003)	Estudio teórico	Journal of Business Venturing	JCR
Kirby (2004	Estudio empírico	Education and Training	Artículo Internacional
Klofsten (2000)	Estudio empírico	Technovation	JCR
Laukkanen (2000)	Estudio empírico	Entrepreneurship and Regional Development	JCR
McMullan y Vesper (2000)	Estudio empírico	Entrepreneurship and innovation	Artículo Internacional
Plaschka y Welsch (1990)	Estudio teórico	Entrepreneurship: Theory & Practice	JCR
Robinson y Haynes (1991)	Estudio empírico	Entrepreneurship: Theory & Practice	JCR
Robinson y Sexton (1994)	Estudio empírico	Journal of Business Venturing	JCR
Sexton. Et al. (1997)	Estudio empírico	Journal of Business Venturing	JCR
Souitaris et al. (2007)	Estudio empírico	Journal of Business Venturing	JCR
Vesper y Gartner (1997)	Estudio empírico	Journal of Business Venturing	JCR
Vogel y Kaghan (2001)	Estudio empírico	Organization Speaking out	Artículo Internacional

Tabla 1. Estudios sobre formación para la creación de empresas en la universidad (Mayer, 2010)

Alemania	Existe un Programa de emprendedurismo sustentado en la gestión del conocimiento y la tecnología.
Austria	Se efectúa un concurso de planes de negocio, donde los estudiantes universitarios del último ciclo escolar se encuentran trabajando en equipos multidisciplinarios.
Escocia	Se ha implantado una infraestructura para la educación empresarial desde la enseñanza primaria en los últimos años.
España	Se ha realizado un curso teórico – práctico obligatorio para el empleo por cuenta propia y la creación de empresas para estudiantes de formación profesional media.
Finlandia	Por medio de una red de aprendizaje y simulando con instalaciones similares a las de una oficina real, los estudiantes crean el sistema de funcionamiento de una empresa con apoyo de una tutora.
Francia	Educación y entretenimiento en administración de pequeños negocios en universidades.
Grecia	A través de empresas virtuales los aprendices de educación secundaria participan asistiendo en las tardes a éstas y por las mañanas a un curso teórico.
Holanda	El Ministerio de Economía y de Educación, creó una comisión especial de espíritu empresarial y educación, la cual promueve y apoya el espíritu empresarial en los diferentes niveles educativos.
Irlanda	Existe un programa cuyo enfoque consiste en aprender haciendo armonizándolo mediante un estudio autodirigido hacia la empresa, el trabajo y la comunidad.
Italia	Se ha introducido una serie de instrumentos para promover la enseñanza del espíritu empresarial. Se han impartido cursos destinados a promover una cultura empresarial, juegos empresariales y prácticas en empresas para los estudiantes.
Estados Unidos de Norteamérica	Algunos cursos son interactivos incluyendo el emprendedurismo.
Argentina	Se proporciona un curso integral de emprendedurismo.
Chile	Existe un programa que incluye la impartición semestral de asignaturas para que el alumno seleccione, combinándolas según el tiempo del que disponga y sus intereses, distribuidas en dos o más semestres.
Costa Rica	Se dan cursos en los últimos semestres y se participa en concursos de emprendedores mediante juegos de simulación empresarial, se hace a nivel regional y nacional.
Ecuador	Se realizan actividades de emprendedores extracurriculares o de apoyo.
México	La mayoría de las universidades contemplan cursos de emprendedores extracurriculares y optativos o al final de la carrera profesional para impulsar habilidades de los estudiantes con potencial emprendedor.

Tabla 2. La formación de estudiantes en el entorno nacional e internacional hacia el emprendimiento de empresas. (Pico, Nuño & Martínez, 2010).

Considerando lo anterior, la investigación siendo de naturaleza descriptiva y basada en el análisis documental, especifica algunas características y rasgos de las Instituciones de Educación Superior Públicas en Barcelona (España) dedicadas a impartir cátedras sobre empresas familiares.

Para obtener dicha información, se consultó principalmente al Instituto de la Empresa Familiar, es importante señalar que los profesores que imparten estas cátedras tienen experiencia en el ámbito de empresas familiares, sin estar enfocados exclusivamente con una formación académica hacia las mismas. De esta forma, se identifica la necesidad de que exista un plan estratégico enfocado a formar docentes con un perfil dirigido a la impartición de cátedras para la creación y desarrollo de empresas familiares.

Localización	Universidad
Andalucía	Universidad de Almería Cátedra de Empresa Familiar
	Universidad de Huelva
	Universidad de Granada
	Universidad de Málaga
	Universidad de Córdoba
	Cátedra de la Universidad de Cádiz
	Universidad de Sevilla
	Universidad de Jaén
Castilla y León	Universidad Europea Miguel de Cervantes
	Universidad de Burgos
	Universidad de León
	Universidad de Valladolid
	Universidad de Salamanca
Castilla-La Mancha	Universidad de Castilla-La Mancha
Aragón	Universidad de Zaragoza
Extremadura	Universidad de Extremadura
Cataluña	Universitat de Girona
	Universitat de Barcelona
	Universitat Abat Oliba CEU
Galicia	Universidad de Vigo
	Universidad de A Coruña
	Universidad de Santiago de Compostela
Comunidad Valenciana	Universidad de Valencia
	Universidad Miguel Hernández de Elche
	Universidad de Alicante
Región de Murcia	Universidad de Murcia
Asturias	Universidad de Oviedo
Comunidad de Madrid	Universidad Carlos III de Madrid
	Universidad Antonio de Nebrija de Madrid
	Universidad Complutense de Madrid
Canarias	Universidad de Las Palmas de Gran Canaria
País Vasco	Universidad del País Vasco
Cantabria	Universidad de Cantabria
La Rioja	Universidad de La Rioja
Baleares	Universitat de les Illes Balears

Tabla 3. Lista de cátedras

Para subsanar lo anterior, se realizó una revisión documental de los diferentes modelos de los expertos en el ámbito del proceso enseñanza – aprendizaje, de lo cual, se citan algunos modelos de sistematización con sus interrelaciones y su adecuada organización (Gago Huget citado por López, 2000).

El modelo de James (W.Popham)

Es un modelo de instrucción muy simple que, como su mismo autor lo indica, está sujeto a metas que parten de la pregunta, ¿Qué quiero que mis alumnos lleguen a ser?

Este modelo está compuesto por cuatro operaciones esencialmente distintas:

- Especificar objetivos de instrucción hacia el estudiante.

- Elaborar una prueba diagnóstica.

- Plantear actividades de instrucción.

- Evaluar los objetivos logrados por el estudiante.

El modelo de Anderson y Faust

Publicado en 1970, año en que Popham publicó el suyo y ambos coinciden en que el modelo centra su atención en las metas; éste se distingue del anterior porque hace una subdivisión en las etapas. Sin embargo, conserva las cuatro operaciones del modelo anterior (objetivos, pre-medición, instrucción y evaluación).

El modelo de Bela H. Banathy

Banathy citado en López (2000) señala; que para aplicar el enfoque sistémico en la educación se requiere de lo siguiente:

- Definir objetivos de aprendizaje.

- Aplicar pruebas para medir el grado de cumplimiento por el alumno.

- Examinar la capacidad del alumno.

- Identificar lo que tiene que ser aprendido.

- Seleccionar contenidos y experiencias de aprendizaje.

- Implantar y verificar el sistema.

Enfatiza, haciendo una propuesta de hacer una distinción entre la instrucción y el aprendizaje, subrayando que no son lo mismo en cuanto a la finalidad del sistema educativo.

Con base en lo anterior, se confirma que los modelos deben estar enfocados al saber, saber hacer y ser para la creación y el desarrollo de empresas familiares; sin embargo, al existir la ausencia de formación del docente con enfoque hacia el proceso de enseñanza – aprendizaje de estas empresas, genera en el estudiante un conocimiento no sistematizado para lograr la sustentabilidad de las mismas.

2.2. Aspectos importantes del Plan estratégico

La planeación es *estratégica* cuando esta se da en un lapso de tiempo de acuerdo a las necesidades de la organización. Por otro lado, el **plan estratégico** de una organización se debe fundamentar en la participación activa de sus elementos más valiosos a todos sus niveles.

Y según (Munch, Galicia, Jiménez, Patiño, & Pedronni, 2010) la planeación de la institución educativa, puede ser:

Figura 1. Planeación Estratégica (Münch, et.al., 2010). Administración y planeación de instituciones educativas

Para efectos de la presente investigación, el enfoque del plan estratégico se tomará desde el punto de vista académico, referido a la planeación de contenidos, programas, recursos y herramientas para impartir la asignatura de empresas familiares.

Asimismo, en la realización del Plan Estratégico Docente para la formación de estudiantes universitarios hacia la creación y dirección de empresas familiares, se plasmó bajo el siguiente enfoque:

El *Plan de Formación Docente,* se adecua a las personas y a las necesidades existentes, mejorando los conocimientos y habilidades en los que no se encuentran suficientemente preparados.

Es necesario por lo tanto, que los docentes cumplan con ciertas características para lograr un aprendizaje significativo en su cátedra. Como ejemplo de ello, se considera la partición de Martens (2000), citado por Tobón (2004) donde menciona que para promover el aprendizaje organizacional, la movilidad y la competencia es importante que el docente tenga un enfoque basado en competencias.

Los contenidos y competencias no son aspectos a considerar como excluyentes; es decir que los contenidos se vuelven relevantes en función del uso de competencias alcanzadas por los estudiantes (Perrenoud, 1999, citado por González-Bernal 2008). De ahí la importancia, de que el docente se encuentre con una formación acorde a la cátedra que imparte, donde él aplique las competencias de acuerdo a las estrategias de enseñanza y metodologías requeridas, mismas que se verán reflejadas en el trabajo del aula.

A continuación se muestra el modelo propuesto y se detallan sus características:

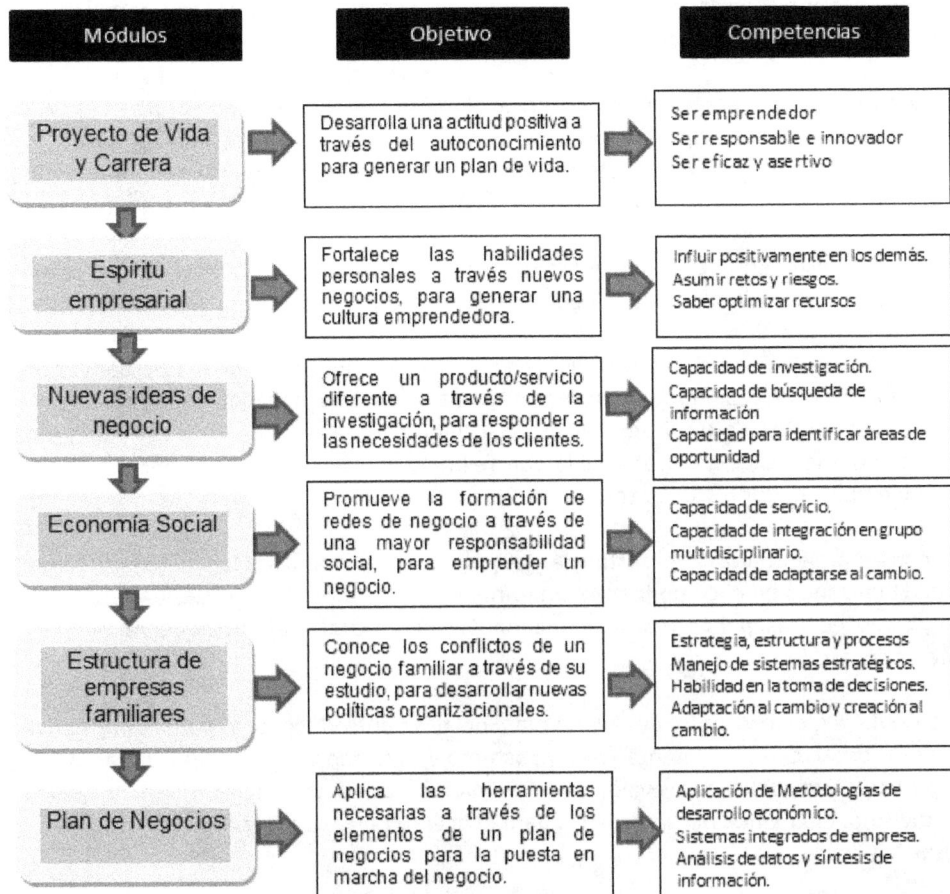

Módulos	Objetivo	Competencias
Proyecto de Vida y Carrera	Desarrolla una actitud positiva a través del autoconocimiento para generar un plan de vida.	Ser emprendedor Ser responsable e innovador Ser eficaz y asertivo
Espíritu empresarial	Fortalece las habilidades personales a través nuevos negocios, para generar una cultura emprendedora.	Influir positivamente en los demás. Asumir retos y riesgos. Saber optimizar recursos
Nuevas ideas de negocio	Ofrece un producto/servicio diferente a través de la investigación, para responder a las necesidades de los clientes.	Capacidad de investigación. Capacidad de búsqueda de información Capacidad para identificar áreas de oportunidad
Economía Social	Promueve la formación de redes de negocio a través de una mayor responsabilidad social, para emprender un negocio.	Capacidad de servicio. Capacidad de integración en grupo multidisciplinario. Capacidad de adaptarse al cambio.
Estructura de empresas familiares	Conoce los conflictos de un negocio familiar a través de su estudio, para desarrollar nuevas políticas organizacionales.	Estrategia, estructura y procesos Manejo de sistemas estratégicos. Habilidad en la toma de decisiones. Adaptación al cambio y creación al cambio.
Plan de Negocios	Aplica las herramientas necesarias a través de los elementos de un plan de negocios para la puesta en marcha del negocio.	Aplicación de Metodologías de desarrollo económico. Sistemas integrados de empresa. Análisis de datos y síntesis de información.

Figura 2. Plan estratégico docente para la formación de estudiantes universitarios hacia la creación y dirección de empresas familiares (Pico, 2008)

El uso de un plan estratégico por parte del docente, entonces es de gran relevancia, llevando a replantear cuidadosamente el quehacer diario en el aula, generando flexibilidad y atención personalizada, para lograr con ello el cumplimiento de los objetivos fijados al inicio de la cátedra. Asimismo, (Ruffinelli, 2002, citado por González-Bernal), el papel central del profesor debe ser la responsabilidad de mediar el buen desempeño del estudiante.

La construcción de conocimiento significativo y útil en todos los campos del quehacer humano es, sin duda, una tarea prioritaria en la actualidad en todo el mundo. Tomar las iniciativas y conjugar las condiciones necesarias para generarlo, implica una serie de esfuerzos de múltiples órdenes que no siempre se tiene la fortuna de hacer coincidir. Lo que sería un privilegio, al tener materializados los resultados en acciones que beneficien a la Empresa Familiar.

Como resultado de estas acciones conjuntas se generaron características interdisciplinarias, para desarrollar mano de obra altamente especializada de profesores, con conocimientos específicos en determinados campos, habilidades y destrezas. Asegurando de esta manera su desarrollo eficiente y un cambio en la educación para la administración de empresas familiares, de tal forma que responda a los requerimientos de un mercado laboral cada vez más dinámico.

Con base en el Plan Estratégico Docente propuesto, se pretende que los profesores adquieran primeramente las mismas capacidades que se requiere de los alumnos para gestionar y dirigir empresas familiares. Mismas que posteriormente deben verse reflejadas al momento de impartir la cátedra.

El modelo propuesto, enfatiza inicialmente en el primer módulo, con el autodescubrimiento del profesor hacia sus capacidades y habilidades personales enfocándose a desarrollar sus talentos.

Para el 2º módulo se plantea el desarrollo de una forma de pensar, razonar y actuar centrada en las oportunidades, representadas con visión global y llevada a cabo mediante un liderazgo equilibrado y la gestión de un riesgo calculado. Dando como resultado el Espíritu emprendedor docente, como una creación de valor de la que se beneficia la empresa, la economía, la sociedad y el mismo emprendedor (estudiante).

El tercer módulo centraliza la importancia del proceso de identificar Nuevas Oportunidades de Negocio. Enfatizando en el cómo ir generando nuevas ideas a partir de necesidades, experiencia laboral y otras técnicas, para ir motivando la innovación en cualquier sector económico donde el docente se desarrolle.

En el módulo 4º el concepto de Economía Social se introduce como una alternativa, que promueve el desarrollo socialmente justo y sostenible, que considera modelos de desarrollo con mayor participación social, cuyos valores se basan en la confianza, la solidaridad, la igualdad y el cooperativismo, elementos indispensables para el acervo de capital social vistos comúnmente en empresas familiares.

En el 5º módulo se ve la importancia de los negocios familiares y sus características. Analizando cómo hacer frente a las debilidades de los negocios familiares y las estrategias y qué estrategias aplicar para reducirlas. De la misma forma se definen las ventajas y desventajas de los negocios familiares y cómo se deben administrar para su correcto funcionamiento, utilizando acciones para aprovechar al máximo sus ventajas competitivas.

Finalmente, en el 6º. Módulo se consolidan los cinco anteriores a través del desarrollo de un plan de negocios, donde se analizan los diferentes factores y objetivos de todas las áreas que van a intervenir en la puesta en marcha del negocio. Es una herramienta de diseño donde el docente - emprendedor da forma a su empresa antes de llevar a cabo la puesta real de la misma.

3. Conclusiones

Siendo las empresas familiares a nivel mundial, un motor principal para el desarrollo de la economía, se consideró de gran relevancia estudiarlas, con el fin de profesionalizar a las familias para desempeñar en condiciones adecuadas sus responsabilidades dentro de la realidad de estas empresas.

Al observar que las familias españolas se enfrentan a dificultades para mantener sus empresas más allá de la tercera generación; se consideró relevante realizar el estudio en Barcelona, España, por una parte; donde se observó que a lo largo del último lustro, se han venido realizado aportaciones de especialistas nacionales sobre el tema; aunado a que cuentan con el apoyo que brinda la Red de Cátedras de Empresa Familiar (Instituto de la Empresa Familiar) cuyo objeto, es analizar la investigación y docencia con el fin de desempeñar en condiciones adecuadas sus responsabilidades.

De esta manera, se identificó que en la actualidad se forman estudiantes principalmente para administrar y dirigir organizaciones de distintos sectores, pero aún no existe una educación específica de docentes hacia la formación de estudiantes para crear o desarrollar empresas familiares, lo cual conduciría a reducir el índice de fracaso de las mismas.

Es así, que en esta investigación se presenta el diseño de un Plan estratégico docente para la formación de estudiantes universitarios hacia la creación y dirección de empresas familiares; el cual, se adecua a las personas y a las necesidades existentes, mejorando los conocimientos y habilidades en los que no se encuentran suficientemente preparados.

Por lo tanto, fue necesario considerar que los docentes requieren primeramente ser capacitados para cubrir con competencias necesarias en el logro de un aprendizaje significativo en su cátedra, arrojando de esta manera el desarrollo de capacidades y habilidades en los estudiantes para lograr un aprendizaje organizacional. Enfatizando el hecho de que los contenidos y competencias no son aspectos a considerar como excluyentes; de ahí la importancia de que el docente se encuentre con una formación acorde a la cátedra que imparte, donde él aplique las competencias de acuerdo a las estrategias de enseñanza y metodologías requeridas, mismas que se verán reflejadas en el trabajo del aula.

Se justifica la importancia de que exista un plan estratégico enfocado al docente, ya que se tendrá mayor seguridad al generar los contenidos temáticos necesarios en los estudiantes para prepararlos en el ámbito de empresas familiares; llevándolos a replantear cuidadosamente el quehacer diario en el aula; promoviendo de esta forma flexibilidad y atención personalizada, para lograr con ello el cumplimiento de los objetivos fijados al inicio de la cátedra.

Es así, que el Plan Estratégico Docente propuesto, pretende que los profesores adquieran primeramente las mismas capacidades y habilidades que se requieren de los alumnos, para gestionar y dirigir empresas familiares. Mismas que posteriormente deben verse reflejadas en el momento de impartir la cátedra. Tomando en cuenta que el profesor será el responsable de mediar el buen desempeño del estudiante.

Referencias

Aguilar, J.A., & Block, A. (2001). *Planeación escolar y formulación de proyectos: Lecturas y ejercicios.* México, Ediciones Trillas S.A de C.V.

Díaz, Q.V. (2006). Formación docente, práctica pedagógica y saber pedagógico. *Revista de Educación Laurus, 12* (extraordinario).

Ferry, G. (1990). El trayecto de la formación. Los enseñantes entre la teoría y la práctica, Consultado el 10 de Enero de 2012 desde https://docs.google.com/viewer?a=v&q=cache:klHe5AY0TmMJ:bibliotecadigital.conevyt.org.mx/

Ferry, G. (1997). *Pedagogía de la formación.* Buenos Aires: Facultad de Filosofía y Letras. UBA Ediciones – Novedades Educativas.

Figueroa, M.L.M. (2000). La Formación de docentes en las escuelas normales: Entre las exigencias de la modernidad y las influencias de la tradición. *Revista Latinaoamericana de Estudios Educativos, 1°Trimestre, 001,* 117-142.

Finkle, T.A., & Deeds, D. (2001). Trends in the Market for Entrepreneurship Faculty, 1989-1998. *Journal of Business Venturing, 16,* 613-630. http://dx.doi.org/10.1016/S0883-9026(99)00051-8

Gago, H. A. (1986). *Modelos de sistematización del proceso de enseñanza- aprendizaje.* México, Ediciones Trillas.

González, B.M.I. (2008). Alcance y limites de un currículo basado en competencias. *Educación y Educadores, 11(001).*

Instituto de la Empresa Familiar (2012). *La empresa familiar: Cifras.* Consultado el 8 Agosto de 2012 desde http://www.iefamiliar.com/web/es/cifras_familia.html

Katz, J. A. (2003). The Chronology and Intellectual Trajectory of American Entrepreneurship Education: 1876–1999. *Journal of Business Venturing, 18(2),* 283-300. http://dx.doi.org/10.1016/S0883-9026(02)00098-8

Korurilsky, M. L. (1995). Entrepreneurship Education: Opportunity in Search of Curriculum. *Proceedings of the Business Education Forum.*

Laukkanen, M. (2000). Exploring Alternative approaches in high-level entrepreneurship education: Creating micro mechanisms for endogenous regional growth. *Journal of Entrepreneurship and Regional Development, 12,* 25-47. http://dx.doi.org/10.1080/089856200283072

López, C., Navarro, C., & Priede, B.T. (2009). La necesidad de un enfoque estratégico ante el planteamiento de los nuevos grados en el área de Administración y Dirección de Empresas. *Red U. Revista de Docencia Universitaria. (3).*

López, C.M. (2000). *Manual del Docente. Planeación y evaluación del proceso: enseñanza – aprendizaje.* México, Ediciones Trillas.

Martin, F.E. (2001). Gestión de Instituciones Educativas Inteligentes: Un manual para gestionar cualquier tipo de organización. Madrid, Ediciones Mc Graw Hill.

Mayer, G.E.L. (2010). El *fomento de la creación de empresas desde la universidad mexicana: El caso de la Universidad Autónoma de Tamaulipas*. Trabajo de Investigación, Universidad Autónoma de Barcelona, Barcelona, España.

Mertens, L. (2000). *La gestión por competencia laboral en la empresa y la formación profesional.* OEI.

Munch, L., Galicia E., Jiménez, S., Patiño, F., & Pedronni, F. (2010). *Administración y Planeación de Instituciones Educativas.* Ed. Trillas S.A de C.V. Primera Edición.

Parker, S. C. (2005). Explaining regional variations in entrepreneurship as multiple occupational equilibria. *Journal of Regional Science, 45,* 829-850. http://dx.doi.org/10.1111/j.0022-4146.2005.00394.x

Pecharromán, X.G. (2008). Profesionalizar a la empresa familiar. *Escritura pública, 52,* 32-34.

Perrenoud, P. (1999). *Construir competencias desde la escuela*. Santiago de Chile, Chile: Dolmen.

Pico B., Nuño P., Martínez J.L. (2010). Model for Entrepreneurs formation based on human quality. *Proceedings of the 2010 Industrial Engineering Research Conference A*. Johnson and J. Miller, Eds.

Pico, B. (2008). *Manual del facilitador para formadores*. Manuscrito no publicado.

Robinson, P., & Haynes, M. (1991). Entrepreneurship Education in America's Major Universities. *Entrepreneurship: Theory and Practice, 15,* 41-53.

Rufinelli, A. (2002). Modificabilidad cognitiva en el aula reformada. *Revista Ciencia y Educación Superior,* (9) 15-26. Consultado el 20 de Diciembre 2011 desde http://132.248.9.1:8991/hevila/Revistaelectronicadialogoseducativos/2002/vol2/no3/5.pdf

Schwass, J. (2008). *Crecimiento Inteligente: La experiencia de las mejores empresas familiares del mundo.* Colección del Instituto de la Empresa Familiar. Barcelona, Ediciones Deusto.

Tejada, A.C., et al. (2006). *El diseño del plan docente en Información y Documentación acorde con el Espacio Europeo de Educación Superior: Un enfoque por competencias.* Facultad de Ciencias de la Documentación Universidad Complutence de Madrid. Consultado el 19 de Noviembre 2011 desde http://eprints.ucm.es/6005/1/MANUAL.pdf

Tobón, S.T. (2004). *Formación basada en competencias. Pensamiento complejo, diseño curricular y didáctica.* Bogotá Colombia, Ecoe Ediciones.

Universidad de Alicante (2011). *Listado Alfabético de Universidades Españolas*. Consultado el 5 de Junio 2011 desde http://www.ua.es/es/internet/listado.htm

Varela, R. (1997). *Entrepreneurial Education in Latin America*. Center for Entrepreneurship Development. Colombia, ICESI, Cali.

Veciana, J. M. (1999). Creación de Empresas como Programas de Investigación Científica. *Revista Económica Europea de Dirección y Creación de Empresas, 8(3),* 11-36.

Wennekers, S., Van Stel, A., Thurik, R. & Reynolds, P. (2005). Nascent entrepreneurship and the level of economic development. *Small Business Economics, 24,* 293-309. http://dx.doi.org/10.1007/s11187-005-1994-8

Referenciar este capítulo

García-Rodríguez, L., Fuentes Guevara, D., Pico González, B., Mas Machuca, M. Subirachs Torne, M. (2013). Diseño de un plan estratégico docente para la formación de estudiantes universitarios hacia la creación y dirección de empresas familiares en Barcelona, España. En V. Fernandez (Ed.), *Nuevas investigaciones sobre la gestión de la empresa familiar en España* (pp. 127-144). Barcelona: OmniaScience.

Capítulo 8

Modelo de Planificación aplicando la Teoría de Caos y la Complejidad en empresas privadas/familiares del sector educativo de nivel universitario superior

Darío Fuentes Guevara[1] , Linda García Rodríguez[1], Beatriz Pico González[2], Marta Mas Machuca[1], Miguel Subirachs Torne[1]

[1]Universitat Politècnica de Catalunya.BarcelonaTech, (España), [2]Universidad Popular Autónoma del Estado de Puebla (México)

dariof25@hotmail.com, dotl25@hotmail.com, beatriz.pico@upaep.mx, marta.mas-machuca@upc.edu, miguel.subirachs@upc.edu

Doi: http://dx.doi.org/10.3926/oms.07

1. Introducción

Las empresas privadas y familiares han tomado tanta importancia en la economía global que ya se habla de una línea completa de especialización, donde no sólo se estudian las situaciones empresariales sino que también se relacionan con los aspectos macroeconómicos y microeconómicos. Por otro lado, con la globalización de los mercados las economías se encuentran cada vez más dependientes unas de otras, y al mismo tiempo más susceptibles a las crisis, lo que genera también un mayor grado de incertidumbre (Margolis & Walsh, 2003).

Dentro del campo del sector educativo de nivel superior, existen instituciones educativas de tipo privadas en España y familiares en México, las cuales hasta la fecha no han sido estudiadas en su estructura ni en los procesos que las conforman. Es importante resaltar que el surgimiento de las universidades privadas en España se dio de un estrecho vínculo entre la universidad y la sociedad (Rodríguez, 1993); en la actualidad el sistema universitario español está conformado por 77 universidades, de las cuales 27 son privadas y el resto públicas (Datos Básicos del Sistema Universitario Español, 2008). Por otro lado, en México surgieron las universidades privadas para dar atención a los demandantes de servicios educativos (ANUIES, 2005), existiendo en la actualidad 238 universidades de las cuales 185 son privadas en el estado de Puebla.

Si bien las investigaciones sobre instituciones familiares no es un campo virgen, no existe aún algún estudio enfocado especialmente en la gestión desde el punto de vista de su planificación sobre instituciones privadas y familiares en educación de nivel superior, atendiendo a las necesidades de sus clientes así como a sus intereses organizacionales.

El principal objetivo de esta investigación se enfocó en diseñar un modelo de planificación aplicando la Teoría del Caos y la Complejidad, sustentado en la estructura, procesos, responsabilidad social y perfil directivo para la gestión directiva de empresas privadas y familiares del sector educativo de nivel superior.

Modelo que permitirá el apoyo en su supervivencia y crecimiento competitivo, Todo ello, con la finalidad de dar una herramienta para que las universidades puedan ser sostenibles y productivas, permitiendo garantizar así su existencia, teniendo siempre en cuenta que los sistemas administrativos constituyen una función básica en las organizaciones.

2. La educación superior

En la última década del siglo XX, el debate sobre el futuro de la educación superior ha estado presente en todo el mundo. Entre los temas abordados, destaca el del carácter de los sistemas educativos y la necesidad de revisarlos y transformarlos para enfrentar demandas de una nueva naturaleza, asociadas a un mundo globalizado en el que se encuentran insertas las sociedades nacionales (ANUIES, 2005).

Por lo que al enfrentarse la educación superior a una de las épocas más globalizadas, inciertas y complejas, implica la posibilidad de aprovechar oportunidades importantes, pero también desafíos y problemas serios con relación al futuro. Los valores tradicionales de las universidades siguen siendo válidos (la autonomía, la libertad de cátedra, la investigación, el trabajo de los estudiantes, la evaluación); pero son valores amenazados con el contexto de la globalización (Pérez, 2004).

Con base en lo anterior, es necesario señalar la importancia de la planificación estratégica en la educación como medio fundamental para generar el desarrollo sostenible de la misma.

De este modo, no puede entenderse a la educación superior sin tener como referente el contexto de transición mundial y nacional. Las instituciones educativas actúan hoy en día en contextos cualitativamente distintos a aquellos en que, la mayoría de ellas, iniciaron operaciones tan sólo apenas hace algunas décadas. Es por esto, que ante situaciones, problemas y necesidades emergentes, las respuestas a los nuevos retos tendrán que darse bajo paradigmas más novedosos, puesto que ya no son viables las respuestas pensadas para condiciones de épocas anteriores.

Debido a que la educación superior en el mundo ha sufrido constantes transformaciones a través del tiempo, con repercusiones en los planos económico, social, político y cultural; los países como España y México no han sido la excepción, países que se consideran de gran importancia para este estudio, por contar con características que los hacen especiales al realizar alguna comparación en el sector educativo de nivel universitario; mientras en España se cuenta con instituciones de tipo privadas, en México son en su mayoría de carácter familiar. Las cuales hasta la fecha no han sido tratadas en su estructura ni en los procesos que las conforman.

2.1. La Educación superior en España

La Universidad como institución educativa de enseñanza superior desde su surgimiento en el siglo XII ha estado sujeta a continuos cambios (Rodríguez, 2000), vinculados muchas veces a las propias circunstancias políticas, económicas y sociales en los diferentes momentos de la historia. En este sentido, los grandes cambios socioculturales ligados a la sociedad del conocimiento en los últimos años y las demandas implícitas subyacentes a ello, así como a las propias circunstancias socio-políticas y económicas del entorno dentro del marco europeo (Rodríguez 2005), han apresurado la necesidad de un profundo cambio cultural o de un modelo de universidad moderna, tanto en el plano educativo, como investigador o de gestión y administración (Lorenzo, Santos, Touriñan & Rodríguez, 1999; Sánchez & Zubillaga, 2005).

Por tanto, las principales transformaciones del sistema universitario español en las últimas dos décadas están basadas en la aceptación generalizada de que la educación superior constituye un activo que capitaliza social y económicamente a los individuos y a la sociedad, y en el reconocimiento del papel estratégico de la educación superior y de la investigación universitaria (Consejo Económico y Social de España, 2009).

La situación actual de las instituciones educativas en España se caracteriza por diversos rasgos, algunos de ellos históricos, otros estructurales y, finalmente, algunos debidos a las últimas reformas que han tenido lugar. Dentro de estos rasgos, el número de características que afecta al sistema universitario, se ha dado bajo los siguientes aspectos (Pérez, 2004):

Crecimiento del sistema universitario

Los sistemas de educación superior en la mayoría de los países occidentales han experimentado una expansión vertiginosa a partir de la década de los cincuenta. Esta expansión ha tenido lugar posteriormente en España, donde el volumen de matrículas aumentó considerablemente. El crecimiento es similar al del resto de los países desarrollados; no obstante, este incremento no ha sido sostenido siempre. Asimismo, han surgido nuevas titulaciones y se han desarrollado nuevas áreas de conocimiento que responden a los avances tecnológicos desarrollados en fechas recientes.

Restricción de recursos financieros

Esta circunstancia es un problema que afecta de manera creciente a la gran mayoría de los países. Incluso en los países de la OCDE (Organización para la Cooperación y el Desarrollo Económico), ya no existe la bonanza de tiempos pasados. El caso de Japón es el más claro pero también lo anterior es aplicable a Canadá y a un gran número de países de Europa occidental, como por ejemplo, Francia y Alemania.

Cambios en el contexto europeo

La enseñanza universitaria en España ha reconocido y asimilado la necesidad de promover cambios en el sistema de educación superior derivados de las nuevas normativas europeas (Declaración de Bolonia, 1999). Con la creación del espacio europeo de educación superior se está demandando una profunda reorganización y una mayor armonización de los sistemas europeos de educación superior y, consecuentemente, una mejora de la eficacia del sistema universitario. Además, la Declaración de Bolonia específica que los sistemas de educación superior deberían incrementar: la comparabilidad, la compatibilidad, la transparencia y la flexibilidad. Ante esta nueva encrucijada, ha surgido un incremento de las expectativas de la sociedad respecto a la actuación y los servicios de las universidades y una mayor exigencia por parte de los diferentes usuarios de dichos servicios (Fidalgo & García, 2007).

Educación superior privada en España

La debilidad económica e ideológica de la clase burguesa y del sistema político español a lo largo del siglo XIX y el primer tercio del XX se tradujo en la división entre "las dos Españas", tradicional y moderna, que tuvo su expresión educativa en la divisoria escuela pública / escuela privada. La educación privada fue siempre, con escasas excepciones la de las clases privilegiadas, fundamentalmente en manos de la iglesia católica (Fernández, 2008).

El aumento de centros privados en España, a lo largo de los últimos años, constituye una realidad cada vez más extendida. Son varios los motivos que propician la inscripción en un centro de estas características. Para algunos, la opción privada, con titulaciones propias, se presenta como una alternativa real y fiable a la Universidad de carácter público. Para otros, la posibilidad de realizar prácticas en empresas y, especialmente, la inscripción sin necesidad de las temidas "notas de corte" propician el comienzo de una carrera universitaria en algún centro privado. Actualmente, alrededor del 8% de los estudiantes universitarios españoles cursan sus estudios en una universidad privada, motivados principalmente por la flexibilidad de las normas en cuanto a planes de estudio se refiere, unos programas más cercanos a la demanda real del mercado de trabajo y el carácter más práctico de sus estudios, gracias a los más modernos avances tecnológicos y medios puestos a disposición de los alumnos.

Sin embargo, estos centros poseen también desventajas, esencialmente en el terreno económico de las matrículas de los centros, poco accesibles para las familias de muchos estudiantes. No obstante, las universidades privadas ofertan cada vez más becas y ayudas económicas, particularmente créditos en condiciones preferentes, todo lo cual supone rebajar ostensiblemente e incluso de forma completa el precio de la inscripción en sus Facultades, facilitando así el ingreso a las aulas de mayor número de estudiantes aunque sin llegar a los niveles de masificación de las universidades públicas (Pérez, 2004).

Nombre de la Universidad
Universitat Ramon Llull (URL)
Universitat Internacional de Catalunya (UIC)
Universitat de VIC (UVIC)
Universitat Abat Oliba CEU (UAO)
EAE Business School
EADA Esc. de Alta Dirección y Administración
Fundación IQS
Escola Superior de Disseny (ESDI)
Escola Universitària d'Hoteleria i Turisme (CETT)
Fundació Universitària del Bages (FUB)
ESADE Law & Business School
Escuela Universitaria Politéc. de Mataró (EUPMT)
Centro de Estudios Financieros (CEF)
Escola Sup. de Comerç Internacional UPF (ESCI)

Tabla 1. Universidades privadas en Barcelona (España)

2.2. Educación Superior en México

La realidad de la educación superior en México está fuertemente condicionada por las características y el desarrollo de la sociedad. Las instituciones que conforman el sistema de educación superior están influidas por la suma de factores sociales, económicos, políticos y culturales. El conjunto de instituciones tiene su propia dinámica y, a su vez, ejerce una importante influencia sobre la realidad social mexicana.

La política educativa del país se fundamenta en los principios y valores que históricamente han caracterizado al modelo político de la sociedad mexicana.

Asimismo, la crisis económica ha afectado a las instituciones de educación superior en diversos aspectos, fundamentalmente en la disminución de recursos económicos para financiar sus programas y actividades académicas; en las condiciones de vida de profesores, trabajadores y estudiantes, debido particularmente al deterioro de los salarios del personal; en las posibilidades de adquisición y renovación de equipo y de materiales para el trabajo académico.

La perspectiva del desarrollo económico del país presenta un amplio margen de incertidumbre. Frente a esta situación, resulta vital reorientar el sistema de educación superior para apoyar consistentemente una nueva estrategia que requerirá la formación de un nuevo tipo de profesionales, cuyo ejercicio pueda vincularse con la búsqueda de otras opciones de desarrollo. Urge incorporar a la educación superior en la definición y puesta en marcha de una estrategia económica viable para el país (ANUIES, 2007).

Avances en la educación superior

En lo relativo a la consolidación académica, son incuestionables los logros obtenidos durante los últimos quince años. Un primer aspecto es el de las innovaciones institucionales sobre las estructuras académico-administrativas. La educación superior mexicana, en la primera mitad de los años setenta, se caracterizó por una serie de proyectos de reforma que, sustentados en concepciones distintas del quehacer académico, motivaron el desarrollo de instituciones con estructuras departamentales, organizaciones matriciales, sistemas modulares y proyectos curriculares innovadores. Durante el mismo periodo, esta línea de trabajo se fortaleció con el establecimiento de más de cuarenta maestrías sobre educación y de un grupo o centro de investigación educativa, por lo menos, en cada universidad pública. Un segundo aspecto está relacionado con la cultura de la didáctica que resultó de la generación explosiva de proyectos de investigación y desarrollo educativo, así como de publicaciones sobre planeación curricular, sistematización de la enseñanza, sistemas abiertos e individualizados, enseñanza programada, evaluación académica, entre otros.

Los programas de formación y actualización docente y los proyectos de intercambio académico y colaboración interinstitucional, fomentados por diversas instituciones educativas y organismos nacionales durante el mismo periodo, han tenido una influencia positiva, sin lugar a dudas, en la labor educativa que lleva a cabo la institución y el docente (ANUIES, 2007).

Universidades privadas familiares en México

Es relevante mencionar que las universidades privadas familiares en México tienen dos grandes antecedentes:

- Va de 1935 a 1959, el cual puede considerarse como el de la constitución de las instituciones privadas originarias, que sentaron las bases organizacionales y principales orientaciones sociales del crecimiento del sector.

- Corre de 1960 a 1980, que constituye la primera oleada de expansión institucional de la educación privada mexicana (Acosta, 2005).

La Universidad Autónoma de Guadalajara (UAG), es la primera Universidad familiar privada en México, la cual surge en 1935, en el contexto de un intenso debate político e ideológico ocurrido en el campo de la educación superior entre una concepción liberal de la universidad, que destacaba la libertad de cátedra y la autonomía institucional como rasgos fundamentales de la orientación social y la organización universitaria, y la concepción revolucionaria que el Cardenismo (1934-1940) impulso a nivel nacional, en la que la universidad debía estar al servicio del proyecto de la Revolución Mexicana 1910-1917.

La UAG fue producto de una escisión ocurrida en el seno de la Universidad de Guadalajara, en la que un importante sector de esa universidad, al no estar de acuerdo con su orientación revolucionaria, decide fundar una universidad autónoma de carácter privado, aunque de orientación religiosa, no liberal.

El segundo periodo se caracteriza por la multiplicación institucional de los establecimientos de la educación privada de nivel superior, periodo en el cual se crean 13 nuevas instituciones, instaladas en las principales ciudades del país, pero se concentran fundamentalmente en la capital mexicana.

En México existen alrededor de 995 universidades privadas/familiares localizadas en todas las entidades federativas del país. Éstas se clasifican según su nombre oficial en: universidades, institutos, centros y escuelas. En su totalidad la función predominante es la docencia; en algunas se desarrollan también actividades de generación y aplicación innovadora del conocimiento, y de extensión y difusión de la cultura (Acosta, 2005).

Nombre de la Universidad
Universidad Alva Edison
Universidad Angelopolis
Universidad Anáhuac
Universidad Anglohispanomexicana
Universidad Benito Juárez Garcia
Universidad Cuauhtémoc
Universidad de América Latina
Universidad de Ciencias de la Comunicación de Puebla
Universidad de Oriente-Puebla
Universidad de Puebla Plantel Puebla
Universidad de Música Pacelli, A.C.
Universidad del Valle de Puebla
Universidad de la Sierra, A.C.
Universidad Europea, A.C.
Universidad Hispana
Universite Hoteliere Suisse Puebla
Universidad Interamericana, A.C.
Universidad la Salle Benavente
Universidad Madero
Universidad Mesoamericana
Universidad Metropolitana de Puebla
Universidad Palafoxiana
Universidad Politécnica Hispano Mexicana
Universidad Popular Autónoma del Estado de Puebla
Universidad Realística de México
Universidad Xicotepetl, A.C.

Tabla 2. Universidades privadas/familiares en Puebla (México)

La constitución política de México establece que los particulares pueden impartir educación en todos sus tipos y modalidades. Las instituciones particulares no están obligadas a declarar ante la autoridad educativa su carácter lucrativo o no lucrativo, al solicitar el otorgamiento del Reconocimiento de Validez Oficial de Estudios (RVOE) para la impartición de un programa educativo que se incorpore al Sistema Educativo Nacional y cuyos egresados pueden obtener una cédula para el ejercicio profesional. Algunas instituciones particulares se declaran públicamente como instituciones lucrativas y en algunos casos llegan a cotizar en la Bolsa Mexicana de Valores (Dirección General de Educación Superior Universitaria, 2012).

Una vez que se da una introducción de la educación superior en España como en México se puede decir que la adopción de herramientas de mejora, como planificación estratégica, evaluación de proyectos, dirección por objetivos, gestión por competencias, calidad total y evaluación institucional, al mismo tiempo que introduce tecnologías de información y gestión ha mejorado los procesos académicos y administrativos e incrementado su eficiencia. Esto ha permitido la transparencia en la relación entre objetivos y medios y ha perfeccionado los procesos de rendición de cuentas.

Pese a esto, el nivel gerencial del personal universitario sigue siendo muy bajo, cosa especialmente delicada teniendo en cuenta que afecta a los puestos directivos, ocupados habitualmente por académicos excelentes, pero con muy poca preparación para la dirección y la gestión.

Probablemente la solución no es como algunos piensan, al importar administradores provenientes de corporaciones sin experiencia académica, sino formar a los directivos y reforzarlos con la colaboración de profesionales.

En la última década, los sistemas mundiales de educación superior han pasado a la complejidad y a la heterogeneidad. Se ha generalizado la formulación de políticas que controlan la calidad mediante la evaluación institucional y se han hecho cambios con el fin de adecuar la universidad a la sociedad del conocimiento. La orientación meramente de mercado de muchas universidades privadas, de un lado, y el concepto tradicional de autonomía corporativa, del otro, parecen ser algunos de los principales obstáculos para que se logre este cambio cualitativo (López, 2005).

2.3 Implicación de la Teoría de Caos y la Complejidad en Instituciones de Educación Superior (IES) privadas/familiares

El caos, la complejidad y la inestabilidad, son el entorno que viven las universidades actualmente en su gestión. De aquí la importancia de que se trate la participación de la Teoría del Caos y la Complejidad en el desarrollo del Modelo de Planificación en Empresas Privadas en Barcelona-España vs Empresas Familiares en Puebla-México del sector educativo de nivel universitario superior, para la comprensión de los fenómenos y problemas surgidos de los dos sistemas de educación superior (Barcelona/México).

En el entorno organizacional se ha presentado una evolución y reconfiguración hacia la adaptación de las organizaciones en situaciones cambiantes del medio ambiente; esto les ha permitido pasar a incrementar su calidad, productividad y velocidad de adaptación. No obstante, en el ambiente educativo las organizaciones se han quedado atrás y ese proceso pensante no ha hecho posible lograr los cambios dentro de las instituciones para mejorar la organización de las Instituciones de Educación Superior (IES). Y es que el cambio acelerado que requieren vivir las organizaciones va a exigir mayor velocidad de adaptación y reconfiguración (Cornejo, 2004).

Por otro lado, la cultura organizacional de las instituciones educativas se ha enriquecido a lo largo de su evolución con mitos y creencias; misma que se ha fortalecido y ha creado una propia visión interna del estado ideal de la organización en instituciones educativas; generando ceguera de taller hacia la evolución organizacional de las mismas. Muchas herramientas han probado poca efectividad cuando se enfrentan a estas enfermedades organizacionales, impidiendo la implantación de cambios de forma y fondo en las instituciones para su propio beneficio y adaptabilidad. Esto ha conducido a que dentro de las mismas se requiera de un cambio de mentalidad, para provocar acciones hacia nuevos modelos mentales de la organización para su administración (Cornejo, 2004).

Con base en lo manifestado anteriormente, es recomendable para mejorar el quehacer diario, plantear nuevos modelos para comprender la realidad organizacional de las instituciones educativas, logrando con ello anticiparse a comportamientos futuros en sus diferentes variables. En si, modelos que permitan a las instituciones de educación superior privadas/familiares, adaptarse efectivamente a las demandas del medio ambiente, logrando así mantener un alto desempeño; estableciendo cambios en ciclos cada vez más cortos.

Las instituciones educativas a la fecha no han sido consideradas como organizaciones empresariales; por lo tanto, se han dejado fuera de los estudios organizacionales. Esto es, debido a que se consideran como principal producto la generación del conocimiento, concepto un tanto intangible para su estudio. De ahí la importancia de considerar la Teoría del Caos y la Complejidad, ya que actualmente las organizaciones educativas deben contar con teorías sólidas alternas para comprender, modelar, intervenir y predecir el comportamiento de fenómenos complejos, donde las relaciones entre sus elementos sobrepasan la capacidad de entendimiento y por ende de intervención, para confrontar situaciones de alta complejidad y de rápida velocidad de respuesta. De aquí que, las instituciones educativas deben desarrollarse en la toma de decisiones desde el punto de vista del pensamiento sistémico-complejo.

El hecho de que las instituciones educativas generen conocimiento y éste se vea reflejado en los estudiantes como producto final, las convierte en organizaciones complejas, identificando la complejidad como la diversidad de elementos que componen una situación; un todo que se compone de partes que interaccionan y que estas a su vez se encuentran en contacto con su medio ambiente. Desde este ángulo, todo es complejidad ya que la vida está rodeada del concepto de complejidad (Cornejo, 2004). Por otro lado, el crecimiento de las instituciones educativas demanda gran cantidad de recursos de diferente naturaleza y no siempre se cuenta con estos; según Cornejo (2004) a esta situación se le conoce como compleja.

La variabilidad de las acciones en constante interacción, cambio y movimiento, conlleva a la generación de sistemas complejos; donde surgen necesidades para afrontarlos. Los resultados de estas acciones ayudan a alimentar procesos y conductas de otras variables estableciendo ciclos de retroalimentación para darle vida. Dentro de las instituciones educativas las variables son aún más complejas, ya que no siempre se cierran estos ciclos, dando cabida a nuevas variables; surgiendo la necesidad de establecer monitoreo y controles constantes, considerando el medio ambiente que las rodea. Esta complejidad enfrenta a las instituciones educativas bajo diferentes situaciones, las cuales en ocasiones son difíciles de manejar debido al grado de presión que tienen las mismas.

3. Metodología

La presente investigación es de naturaleza mixta – cualitativa y cuantitativa – apoyándose en ambos enfoques para validarla. Se destaca el hecho de que se aplicaron simultáneamente, en un diseño de triangulación concurrente, permitiendo que la recolección y análisis de datos fuera simultánea.

La unidad de análisis utilizada fue de directivos y administradores de las instituciones privadas/familiares del sector educativo de nivel universitario superior; aplicándose un muestreo probabilístico y fue calculada a través del programa informático STATS. Para la recolección de datos se diseñó un cuestionario con preguntas basadas en la escala de Likert y se validó utilizando el software estadístico SPSS.

4. Resultados del estudio

El estudio se realizó en universidades privadas en Barcelona (España), aplicando un cuestionario con el objeto de conocer la influencia sobre la estructura y los procesos de las organizaciones educativas, como es el medio ambiente, la visión, las estrategias, las políticas, los valores, las metas, entre otros. Este estudio reflejó datos muy interesantes que a continuación se detallan.

Primeramente, se realizó un análisis de la información arrojada en Barcelona (España), estudio que se aplicó a 13 universidades privadas (Ver tabla 1).

4.1. Barcelona (España)

Estructura

Con respecto a este punto la información arrojó, los aspectos que deben ser considerados relevantes para la correcta estructura institucional: la visión como identidad apoyada en la misión hacia el manejo de las estrategias, reguladas por políticas con un sustento en la conducta del personal establecido por medio de valores, relación de las metas personales con las organizacionales, trabajo en equipo, uso de la tecnología para lograr la innovación, servicios enfocados hacia las necesidades de los grupos de interés principalmente del estudiante, actualización de equipo, puntualizar en el perfil de ingreso de estudiantes pero también de catedráticos y administrativos, la motivación a través de incentivos y el liderazgo transformacional.

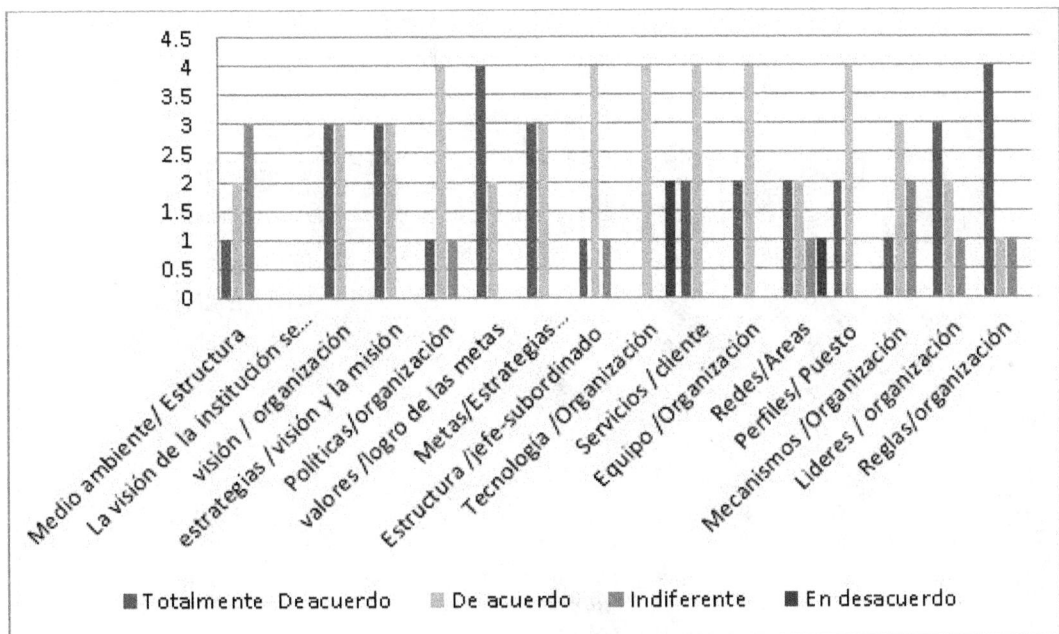

Figura 1. Estructura

Procesos

Se identifica que los principales procesos a ser atendidos en las instituciones encierran los siguientes conceptos: Es fundamental que en el proceso de planeación incluyan al personal de todos los niveles; el uso de información externa, conlleva a la mejora de la estructura organizacional; el establecimiento de la mejora continua es necesario para su sustentabilidad; realizar una adecuada administración conducirá a elegir las estrategias acordes a las necesidades internas y externas; no abandonar la comunicación como enlace entre las áreas operativas, mandos medios y las áreas estratégicas, conduciendo a la institución a una mejor toma de decisiones; enfatizar en el trabajo en equipo generando la competencia sana entre áreas; utilizar mecanismos de desempeño acordes con la teorías actuales (evaluación 360°).

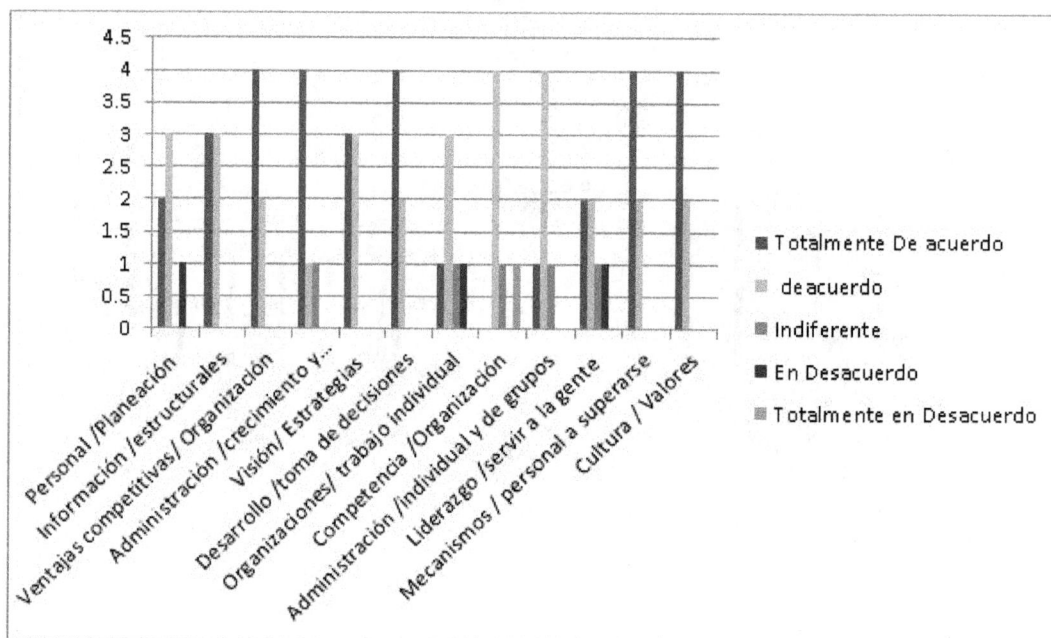

Figura 2. Procesos

Estructura-procesos

Asimismo, se encontraron aspectos importantes al relacionar la estructura con los procesos: la complejidad se manifiesta en cualquier organización, sin embargo, es necesario administrarla adecuadamente; el contar con personal identificado con las políticas organizacionales, la misión y visión de la insitución conduce a tener interés por su trabajo; debe existir una congruente relación entre la estructura y sus procesos; formar equipos autónomos de trabajo para conducir a la institución a la auto-organización.

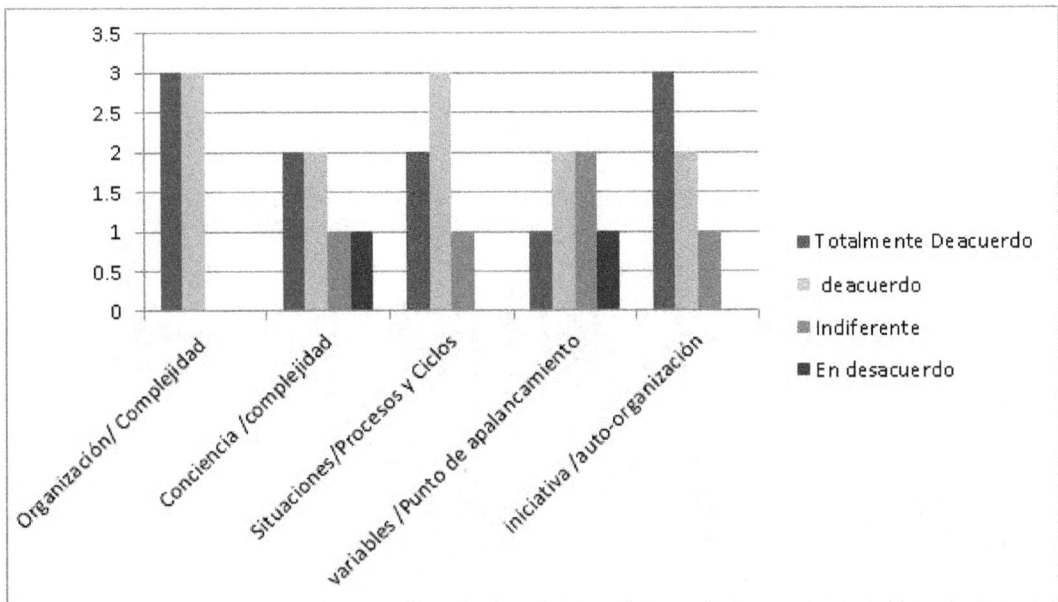

Figura 3. Estructura-Procesos

4.2. Puebla (México)

Estructura

Este aspecto se vio representado mediante la importancia de considerar la estructura adecuada al crecimiento de la institución: anteponer la identidad apoyada en la misión y visión mediante el uso de estrategias, basadas en las políticas organizacionales con base en los valores del personal, relacionados con los valores organizacionales; definir las metas personales con las organizacionales, trabajar bajo el esquema de equipo colaborativos hacia un enfoque de innovación; dirigir los esfuerzos hacia el cliente principal, que es el estudiante; considerar en el ingreso tanto de estudiantes como del personal en general el perfil de ingreso, contar con líderes transformacionales.

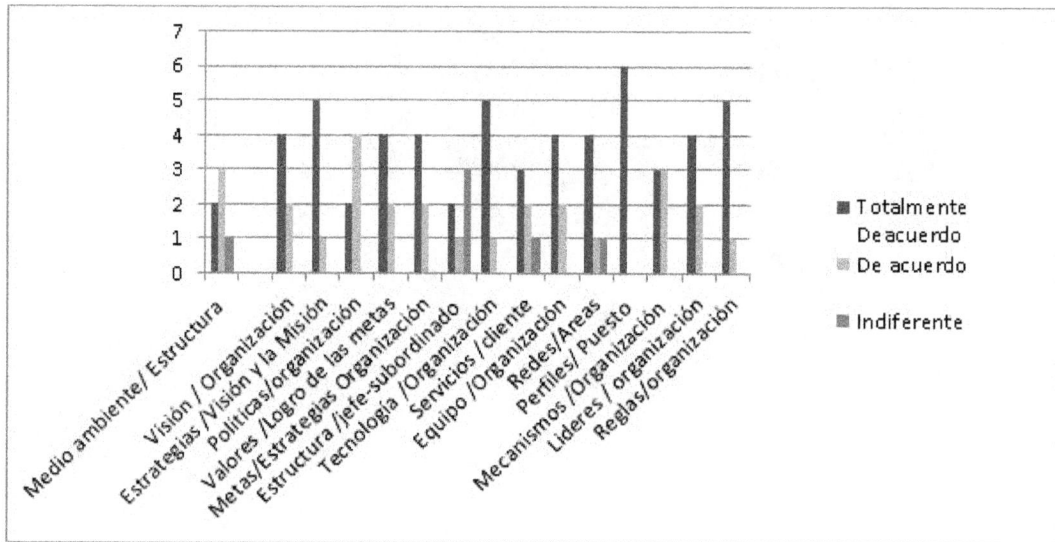

Figura 4. Estructura

Procesos

Se identifica que los principales procesos a ser contemplados por las instituciones comprenden los siguientes conceptos: es importante que el personal participe en el proceso de planeación; la utilización de información externa, permite generar cambios estructurales; el contar con ventajas competitivas conlleva la mejora continua; el realizar una adecuada administración encauza la elección de estrategias acorde a las necesidades; tener presente la visión de la organización, conduce a la institución a una mejor toma de decisiones; es importante enfatizar el trabajo en equipo en cada una de las distintas áreas de la institución; el emplear mecanismos de evaluación contribuyen a la motivación del personal; generar una cultura adecuada conforme a los objetivos de la organización.

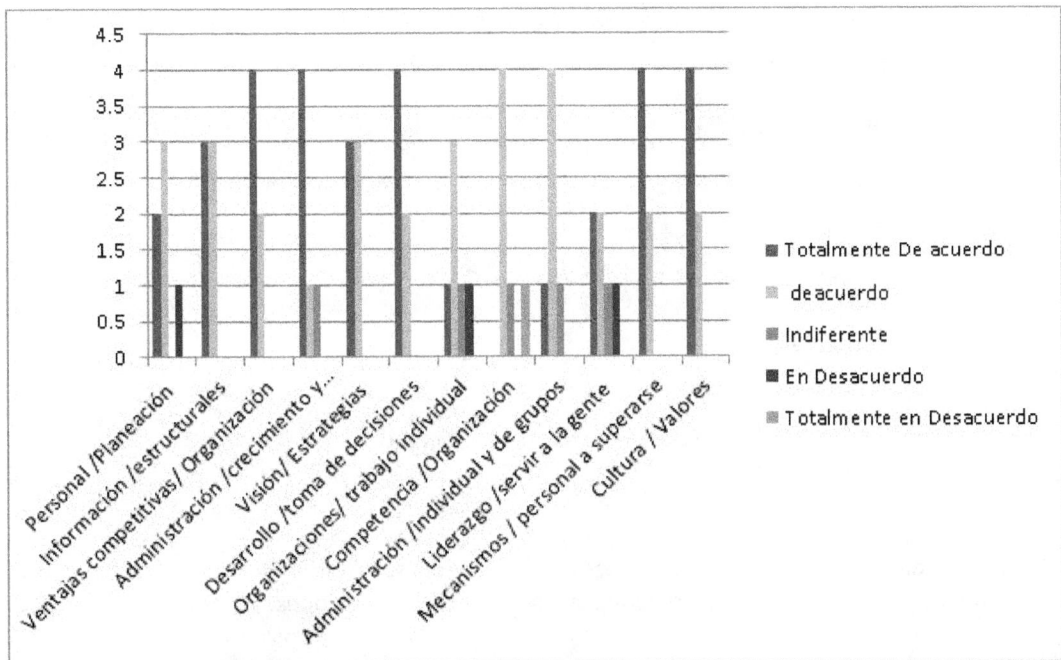

Figura 5. Procesos

Estructura-procesos

Igualmente, se localizaron aspectos importantes al relacionar la estructura con los procesos: donde la complejidad se presenta en todas las organizaciones, misma que debe administrarse adecuadamente, principalmente cuando los procesos tienen mayor crecimiento que la estructura; contar con personal identificado con las políticas organizacionales; la misión y visión de la institución conduce a tener interés por su trabajo.

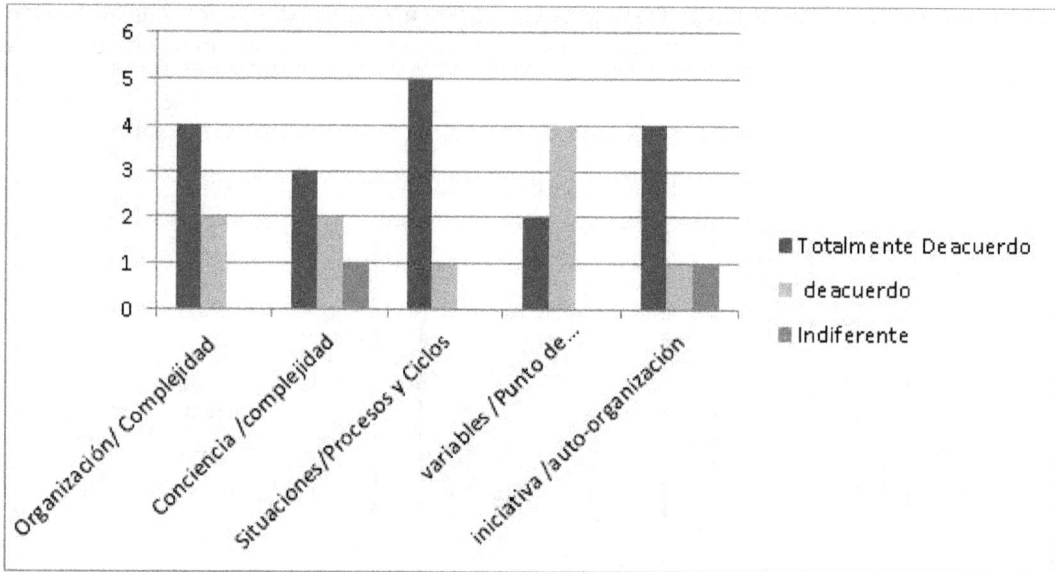

Figura 6. Estructura – Procesos

De igual forma la investigación arrojó aspectos que los entrevistados consideraron poco relevantes para el desarrollo de la estructura y sus procesos, entre otros se encontraron: el medio ambiente; la motivación del personal a través de compensaciones.

Aunque son diferentes culturas en los países investigados, ambos estudios coinciden en que la forma de liderar no es sirviendo a las personas; sin embargo, la palabra servir en una institución educativa se debe ver como servicio, mas no como una persona servil, ya que cabe hacer notar que las instituciones educativas deben tener un enfoque más humano, considerando que la generación de conocimiento va dirigido principalmente a los individuos.

4.3. Modelo propuesto

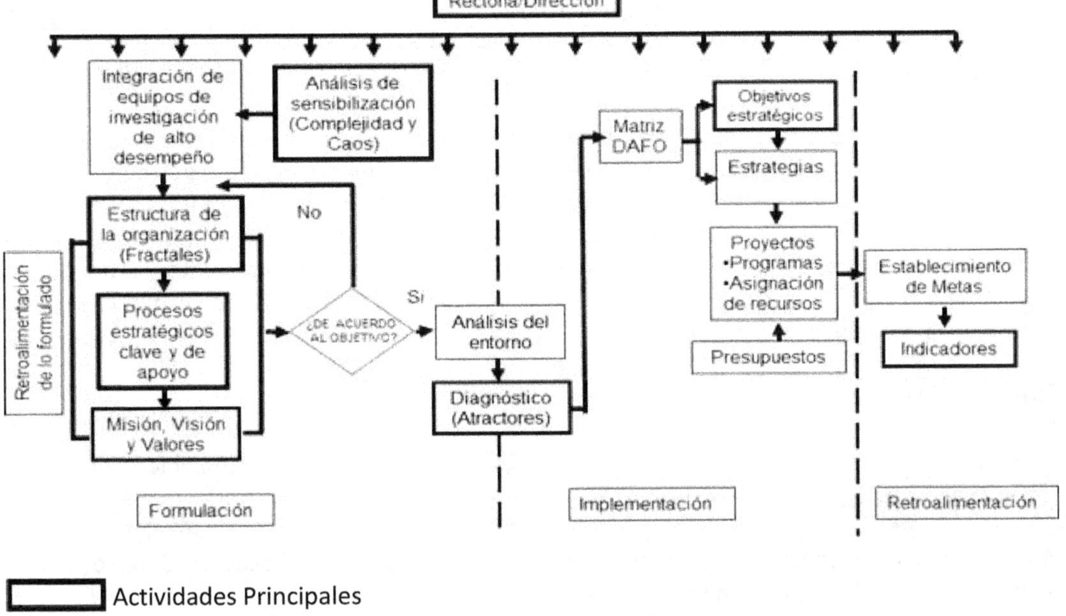

☐ Actividades Principales

Figura 7. Modelo de planificación estratégica aplicando la teoría del caos y la complejidad (Pico, 2012)

5. Conclusiones

Las empresas privadas y familiares han tomado gran importancia en la economía global, debido a que se habla de una línea completa de especialización, en la que no sólo se estudian las situaciones empresariales sino también se relacionan con los aspectos macroeconómicos y microeconómicos. Se pudo observar que actualmente la globalización de los mercados y las economías se encuentran cada vez más dependientes unas de otras, y al mismo tiempo más susceptibles a las crisis, lo que genera también un mayor grado de incertidumbre.

Resulta interesante el uso de la Teoría del Caos y la Complejidad para desarrollar planeación estratégica en instituciones educativas privadas en Barcelona-España y empresas familiares en Puebla-México de nivel universitario superior; como lo indica el modelo propuesto; permite identificar causas (atractores) que conducen al origen de las mismas.

Considerando que las universidades son por su naturaleza de servicio, complejas en sus estructuras y procesos, debido al crecimiento que en muchos de los casos no es planificado; la Teoría del Caos y la Complejidad permite cubrir esos huecos a través del análisis de los Fractales (subsistemas); desde el ámbito de sus procesos estratégicos, clave y de apoyo, mismos que permiten identificar en donde se está originando el problema o la oportunidad de mejora.

La investigación realizada denota el conocimiento que los entrevistados tienen sobre sus instituciones educativas; es importante hacer notar que aspectos como el medio ambiente y el liderazgo a través del servicio es poco importante para el desarrollo de sus procesos. Sin embargo, se tendría que recordar que una institución educativa está referida al servicio.

A veces en las instituciones educativas, la estructura supera al proceso y en otras los procesos superan a las estructuras, de ahí la importancia de plantear nuevos modelos para comprender la realidad organizacional de las instituciones educativas, logrando con ello anticiparse a comportamientos futuros en sus diferentes variables. En sí, el modelo diseñado permite a las instituciones de educación superior privadas/familiares, adaptarse efectivamente a las demandas del medio ambiente, logrando así mantener un alto desempeño; estableciendo cambios en ciclos cada vez más cortos.

Referencias

Acosta, S. (2005). La educación superior privada en México. Disponible online en: www.iesalc.unesco.org.ve , consultado el 20 octubre de 2011.

ANUIES (2005). La educación superior en el siglo XXI: Líneas estratégicas de desarrollo: Una Propuesta de la ANUIES. Disponible online en: www.anuies.mx/servicios/d_estrategicos/...estratégicos/21/sXXI Consultado el 5 de septiembre de 2011.

ANUIES (2007.). Diagnostico de la educación superior: Aspectos contextuales. Disponible online en: http://www.anuies.mx/servicios/p_anuies/publicaciones/revsup/res060/txt9.htm Consultado el 28 de agosto 2011.

Consejo Económico y Social de España (2009). Informe educativo y capital humano. Madrid, España. Disponible online en: http://www.magma-store.com/consejo/ficheros/documentos/1259667848.5_CES_Informe_Sistema_Educativo_y_Capital_Humano.pdf. Consultado el 15 de septiembre de 2011.

Cornejo, A.A. (2004). *Complejidad y Caos. Guía para la Administración del siglo XXI*. México: Ediciones Castillo.

Datos Básicos del Sistema Universitario Español (2008). Secretaría de Estado de Universidades. Consejo de Coordinación Universitaria. Disponible online en: http://www.oei.es/salactsi/Informe2008-2009.pdf Consultado el 12 de mayo del 2012.

Declaración de Bolonia (1999). Comunicado de la Conferencia de Ministros Europeas responsables de la Educación Superior. Documentación Básica. Disponible online en: http://www.eees.es/es/documentacion Consultado el 10 de octubre 2011.

Dirección General de Educación Superior Universitaria, DGESU, (2012). Universidades Particulares. Disponible online en:
http://www.dgesu.ses.sep.gob.mx/principal/subdirecciones/educacion/particulares.aspx
Consultado el 18 de mayo 2012.

Fernández, E.M. (2008). Escuela pública y privada en España: La segregación rampante. Profesorado. *Revista de curriculum y formación del profesorado, 12(2).*

Fidalgo, R.R., & García S.JN. (2007). Las directrices del Espacio Europeo de Educación Superior en el marco Legislativo del Sistemas Universitario Español. *Aula Abierta, ICE Universidad de Oviedo, 35(12),* 35-48.

López, S.F. (2005). Posibles escenarios mundiales de la educación superior. *Perfiles Educativos, XXVII*, 109-110. Universidad Nacional Autónoma de México.

Lorenzo, M.M., Santos, M.A., Touriñan, J.M., & Rodríguez, A. (1999). La función de la Universidad: Universidad, Calidad y Sociedad Civil. *Aula Abierta, 74,* 27-68.

Margolis, J.D., & Walsh, J.P. (2003). Misery Loves Companies: Rethinking Social Initiatives by Business. *Administrative Science Quarterly, 48*. http://dx.doi.org/10.2307/3556659

Pérez, E.C. (2004). La educación Universitaria en España: el vínculo entre financiación y calidad. *Revista de Educación, 335,* 305-316.

Pico, B. (2012). *Manual de Planeación Estratégica para Pymes*. Manuscrito no publicado.

Rodríguez Espinar, S. (1993). *Teoría y práctica en la orientación educativa.* Barcelona: PPU.

Rodríguez, M.M. (2005). Las demandas sociales y el mercado laboral ante la integración europea del conocimiento universitarios. *Cuadernos de integración Europea, 2,* 54-68.

Rodríguez, R.M. (2000). Sociedad, universidad y profesorado. *Revista Interuniversitaria de Formación del Profesorado, 38,* 79-99.

Sánchez, P., & Zubillaga, A. (2005). Las universidades españolas ante el proceso de convergencia europeo: Análisis de las medidas institucionales y acciones de aplicación y coordinación. *Revista de Educación, 337,* 169-187.

Vázquez, A. (2008). *La imaginación estratégica: El caos como liberación*. Barcelona, Ediciones Granica.

Referenciar este capítulo

Fuentes, D., García-Rodrírguez, L., Pico, B., Mas-Machuca, M., & Subirachs, L. (2013). Modelo de Planificación aplicando la Teoría de Caos y la Complejidad en empresas privadas/familiares del sector educativo de nivel universitario superior. En V. Fernandez (Ed.), *Nuevas investigaciones sobre la gestión de la Empresa Familiar en España* (pp. 145-164). Barcelona: OmniaScience.